긍정심리학 강점 축하 교육법

강점 기반 행복한 교실 만들기

Jennifer M. Fox Eades 저 | 김광수 · 양곤성 공역

Celebrating Strengths
Building Strengths-Based Schools

학지사

역자 서문

　사랑의 가치를 강조한 교육과 강연으로 미국 전역에서 명성을 얻어 '닥터 러브(Dr. Love)'라는 애칭으로 불렸던 레오 버스카글리아(Leo Buscaglia)의 『살며 사랑하며 배우며(Living, Loving & Learning)』라는 책이 있습니다. 이 책에는 숲속의 동물들이 보다 풍요롭고 행복한 자녀들의 삶을 위해 자신들의 지식과 노하우를 전달하는 학교를 만드는 이야기가 나옵니다. 그런데 본래 기대와는 달리 숲속의 어린 동물들은 너무 많을 뿐 아니라 자기 적성에 맞지 않는 학교 교육(달리기, 날기, 땅파기 등)에 짓눌려 다양한 스트레스, 불안, 실패, 고통을 겪게 됩니다. 급기야 어린 동물들이 정신이상을 보이거나, 신체적 장애를 얻거나, 자신감을 상실한 탓에 이미 가지고 있던 본인의 강점마저 제대로 펼칠 수 없게 되어 버립니다. 이 이야기를 단순한 우화로만 여길 수 없는 이유는 이 이야기가 오늘날 우리 학교의 일면을 보여 주고 있기 때문입니다.

아동부터 노인에 이르기까지 모두가 행복을 원합니다. 인간의 활동은 다양한 모습으로 나타나지만 모든 행동의 궁극적 목적과 바람은 행복으로 수렴될 수 있습니다. 인간이 학교를 만든 이유, 부모가 자녀를 학교에 보내는 이유, 학생이 학교에 가고 교사가 교육을 하는 이유, 그 모든 이유는 다양한 내용으로 표현될 수 있지만 궁극적 목표는 행복입니다. 그런데 오늘날 여러 가지 통계 지표에서 학생과 교사가 행복하기보다는 다양한 아픔과 문제를 겪고 있는 것으로 나타나고 있습니다. 안타까운 것은 이러한 문제들이 줄어들기보다는 점점 더 늘어 가고 있다는 사실입니다. 더군다나 온 세계가 함께 겪고 있는 코로나19는 코로나 블루(우울), 코로나 레드(분노), 코로나 블랙(절망)이라는 현상과 더불어 학교 교육이 앞으로 극복해야 할 새로운 문제와 과제들을 더하고 있습니다.

우리 사회에서 학교는 아동, 청소년, 청년들의 삶에 가장 거대한 영향을 미치는 기관입니다. 그런데 공식 교육기관인 학교가 학생들의 건강한 심신 발달을 촉진하는 데 많은 어려움과 문제를 안고 있습니다. 최근의 여러 통계 지표는 심각한 학업 스트레스, 학교폭력, 학교 부적응, 자해, 자살, 우울증, 인터넷 스마트폰 및 게임중독 등 학생들의 정신건강 문제가 중대되고 있음을 보여 줍니다. 이뿐만 아니라 교사들의 정신건강 문제, 즉 다양한 고통으로 인한 휴직과 면직 및 명예퇴직의 증가, 스트레스와 소진 및 감정노동 현상도 증가하고 있음을 보여 줍니다. 이러한 학생, 교사들의 고통은 단순히 학교만의 문제가 아니라 사회적 문제로 확대되고 있는 실정입니다.

오늘날 우리 학교 교육이 안고 있는 여러 문제를 극복하고 교육의 본질과 가치를 찾아야 한다는 필요성에 대해서는 학부모, 교사, 학생, 교육 관련 당국을 비롯해 우리나라 국민 모두 한목소리로 공감하며 절실히 바라고 있습니다. 이러한 우리의 바람과 기대에 기회이자 하나의 도전으로 다가오는 것이 최근 인간의 행복에 대해 경험 과학적 탐구를 시작한 **긍정심리학**입니다.

긍정심리학은 인간의 행복을 경험 과학적으로 연구하며 행복한 삶의 실현을 목표로 합니다. 긍정심리학의 행복론은 기존의 행복 개념들을 종합하여 분석한 후 모호하고 추상적인 행복 개념을 경험 과학적으로 측정 가능하고 구체적으로 다루기 쉬운 구성요소로 제시하고 있습니다. 즉, 행복을 '즐거운 삶(Positive Emotion), 몰입하는 삶(Engagement), 함께하는 삶(Relationships), 의미 있는 삶(Meaning), 성취하는 삶(Accomplishment)'으로 제안하고 이러한 행복의 요소(PERMA)가 균형을 갖추는 충만한 삶을 행복한 삶으로 제시합니다. 요컨대, 학업이나 일이나 다양한 활동을 통해 **긍정적 정서**를 느끼며 자신의 학업이나 일에 적극적으로 **몰입**하여 삶의 **의미**를 발견하고 자신만의 **성취**를 이루며 더불어 **나누는 삶**을 살 수 있을 때 진정한 행복을 느낄 수 있다고 말합니다.

긍정심리학에서는 인간이 행복한 삶을 살아가는 데 필요한 핵심 기술이자 경로의 하나로 성격강점(character strengths)을 제시합니다. 성격강점은 인간의 사고, 행동, 정서에 반영되고 표현되는 긍정적 특성으로, 개인과 공동체가 건강하고 행복한 삶을 살기 위해서 필요한 긍정적 자원입니다. 성격강점은 시대와 문화를 초월하여 모든 인간에게 나타납니다. 이러한 인간의 긍정적 성품인 성격강점은 긍정심리학의 핵심 연구주제입니다. 성격강점에 대한 체계적인 학술 연구의 기초는 크리스토퍼 피터슨(Christopher Peterson)과 마틴 셀리그먼(Martin Seligman)에 의해 『성격 강점과 덕목의 분류(Character Strengths and Virtues)』라는 저술로 구체화되었습니다. 이들은 여러 긍정심리학자와 함께 개인의 잠재력 발현과 긍정적 발달을 돕기 위해 성격강점 분류체계를 만들고 그 측정방법을 고안하였습니다. 그 결과, 각 시대와 문화를 통틀어서 공통적인 지성, 인간애, 용기, 절제, 정의, 초월이라는 여섯 가지 덕성을 찾아내었습니다. 그리고 각 덕성에 이르도록 돕는 구체적 성격강점들을 분류하여 각 덕성마다 3~5개씩 총 24개의 성격강점을 구성하였습니다.

성격강점 중에서도 특히 개인에게 높은 빈도로 나타나며 우세하게 발달한 상위 3~5개의 성격강점을 대표 강점(signature strengths)이라 칭합니다. 긍정심리학에서는 이 대표 강점을 발견하고 발휘하면서 살아가는 것이 자기완성과 행복에 이르는 충만한 길이라고 제시합니다. 국내외 수많은 긍정심리학 연구가 성격강점의 의미와 가치를 이해하고 자신의 대표 강점을 발견하여 이를 일, 공부, 여가와 놀이, 관계, 문제해결 등 삶의 다양한 영역에서 활용하는 것의 긍정적 효과를 보여 주었습니다. 특히 아동과 청소년을 대상으로 한 성격강점의 이해 및 활용은 다양한 부정적 문제의 예방과 해결 및 그들의 심리적·사회적 안녕과 또래관계, 학습동기, 진로 탐색 및 개발, 학업성취, 행복증진에 기여한다는 것이 실증적으로 입증되었습니다.

긍정심리학 관점에서 미국의 학교 교육을 조명하는 '학교긍정심리학' 연구는 지금까지 학교 교육이 학생의 강점을 확인하고 길러 주는 것에 소홀했음을 지적합니다. 학교 교육이 학생의 약점을 확인하고 이를 개선하는 데에 치중한 결과, 학생들의 행복과 잠재력을 최대화하는 데 실패하였다고 진단합니다. 우리의 학교 교육 역시 이 진단을 피해 갈 수 없을 것입니다.

우리 학교 교육의 이러한 현실 속에서 제니퍼 M. 폭스 에이즈(Jennifer M. Fox Eades)의 『긍정심리학 강점 축하 교육법(Celebrating Strengths)』이 시사하는 바가 큽니다. 이 책은 긍정심리학의 성격강점을 어떻게 학교 교육에 구체적으로 적용할지 그 방법과 실례들을 생생하게 이야기해 줍니다. 저자는 영국의 스컨소프에 있는 여러 학교에서 4년 동안 강점을 활용한 학생 교육을 실시하여 그 효과를 입증하였습니다. 이를 토대로 이 책을 저술하여 개인, 학급, 학교 전체 차원에서 강점을 이해하고 발견, 활용하면서 교육적 효과를 가져올 구체적 방안과 아이디어를 제시합니다. 무엇보다 교사가 쉽게 실행 가능한 방법과 아이디어들을 제시하여 현장에서 그대로 혹은 각 학교의 상황과 특성에 맞게 변형하여 적용할 수 있도록 돕고 있습니다.

'강점 축하 교육법'은 배움을 사랑하는 마음과 성격강점의 증진을 통해 모든 잠재력이 꽃피는 교육 공동체를 만드는 것을 목표로 합니다. 이 교육법을 적용하기 위해서 기존 교육과정 외에 뭔가 새로운 것을 더 해야 한다는 부담감을 가질 필요가 없습니다. 강점 축하 교육법은 기존 교육과정 속에서 실행 가능한 활동, 이야기, 축하 행사 방법을 담고 있습니다. 추가적 교육과정 없이 이미 하고 있는 교육과정에 약간의 조정을 거치면 쉽게 통합할 수 있습니다. 따라서 강점 축하 교육이 학교 교육과정에 잘 녹아든다면 기존 교육 활동 목표의 달성을 도울 뿐 아니라 학생의 행복과 잠재력의 성취를 더해 줄 수 있습니다. 그리고 그 효과는 시간이 지나면서 계속 이어지고 더 깊어질 것입니다.

오늘날 행복을 꿈꾸는 사람들, 특히 장차 교육에서 행복의 열매를 맛보길 꿈꾸며 준비하는 예비교사들, 교육 현장에서 행복을 추구하는 유치원 및 초·중·고 교사와 학부모들, 행복을 탐구하는 교육·심리·상담 전공생들과 관련 전문가들, 그리고 건강하고 행복한 교육의 설계와 지원을 위해서 고민하고 수고하는 학교관리자, 교육행정가 및 정책개발자에게 일독을 권합니다. 이 책을 읽다 보면 이미 각자가 수고하고 있는 분야에서 나만의 강점과 자원을 통합하여 더 즐겁고 의미 있는 활동을 만들어 보겠다는 동기와 열정 그리고 자신만의 아이디어가 생겨날 것입니다.

이 책을 읽고 무언가를 당장 해야 한다는 어떤 부담이나 혹은 이 책에 대한 어떤 편견이나 비판을 하려는 마음은 잠시 내려놓고, 그냥 편안한 마음으로 저자의 이야기를 즐겨 보기 바랍니다. 이 책을 다 읽은 후에도 손길이 닿는 가까운 곳에 책을 두고, 시간이 날 때마다 가벼운 마음으로 다시 책장을 넘겨 보며 그때그때 눈길 가는 장이나 부분들을 잠시 음미해 보기 바랍니다. 그러다 보면 자연스럽게 내 강점이나 내 주변(학생, 가족, 동료 등)의 강점에 대해 알고 싶고, 그러한 강점이 발휘되었던 순간이나 일화들을 떠올릴 수 있을 것입니다. 자신 속에 감추어져 있던 능력과 잠재력(강점)이 최적으로 발휘되며 느꼈던 성취나 보람을 잠시 음미해 보기 바랍니다. '그래. 이게 바로 나야(그 아이야).'라는 생각이 들게 될 것입니다.

제니퍼 폭스 에이즈의 '강점 축하 교육법'은 긍정심리학 강점 기반 교육의 유일한 사례나 이야기가 아닙니다. 각자의 가정이나 학교에서 자신과 주변의 강점을 인식하고 활용함으로써 개성 넘치는 나만의 강점 축하 이야기들을 써 내려갈 수 있습니다. 나로 시작한 강점 축하 이야기는 개인, 학급, 학교로 점점 넓게 퍼져 나갈 것입니다. 작지만 의미 있는 실천이 지속될 때 우리 가정, 학급, 학교 나아가 세상은 조금 더 나은 곳으로 변화될 것입니다. 이 책이 행복한 교육과 삶으로 나아가기 위한 길을 찾고, 나아가 서로가 협력하며 창의적으로 길을 만들어 가는 교학상장(敎學相長)에 신선한 자극과 촉매제가 되기를 기대합니다.

이 책과 더불어 기존 인성교육의 한계를 극복하고 보완하기 위해 긍정심리학 연구의 핵심 연구주제인 성격강점에 주목하여 성격강점의 이해, 인식, 계발을 통한 구체적 교육방안을 제시한 『긍정심리학 성격강점 기반 인성교육: 아동 · 청소년 행복을 위한 교육과 상담』(학지사, 2019)은 이 책의 제안과 아이디어를 우리 학교나 교육의 맥락에서 더욱 구체적으로 실천할 방법과 사례들을 살펴보고 구상하는 데 도움이 될 것입니다.

이 책은 아직 완성되지 않았습니다. 이제야 앞부분이 조금 시작되었을 뿐 앞으로 더 발전해야 할 부분이 많이 남아 있습니다. 우리 모두가 각자의 자리에서 각자의 강점을 발휘하여 계속해서 탐구하고 실천할 때 조금씩 완성해 나갈 수 있을 것입니다.

이 책의 번역과 출간을 위해서 함께해 준 모든 분에게 감사의 마음을 전합니다. 함께 읽어 가며 일부 초벌 번역에 관심을 갖고 함께해준 전 서울교육대학교 김해옥 선생님과 동료들, 서울교육대학교 상담교육전공 대학원 졸업생들에게 감사를 드립니다. 무엇보다 공동 역자로 참여하면서 조금이라도 더 우리나라의 학교 맥락에 맞게 번역하려고 애를 써 준 양곤성 선생님의 노고가 많았습니다. 특히 번역 과정에서 원서에는 없는 부분이지만 독자의 이해를 돕기 위해 원서에서 언급된 이야기의 줄거리를 좀 더 자세히 보충하였습니다. 마지막으로 코로나19 시대의 어려운 출판 상황에서도 번역 및 출간을 적극 지원해 주신 학지사의 김진환 사장님과 좋은 책으로 만들기 위해 애써 주신 편집부 박지영 대리님을 비롯한 출판사 관계자의 도움과 노고에 감사드립니다.

2021년 9월
대표 역자 김광수

CELEBRATING STRENGTHS

추천사

이번 세기 동안 영국 학교들의 가장 중요한 발전은 긍정심리학의 적용이었습니다. 지난 몇 년 동안 긍정심리학이 아동, 교사들의 삶을 향상시키는 데 중요한 역할을 한다는 가설이 서서히 실현되고 있습니다. 펜실베이니아 대학교의 마틴 셀리그먼이 개발한 긍정심리학은 미국에서 수입되었습니다. 긍정심리학은 대니얼 골먼(Daniel Goleman)의 정서지능에 대한 연구에서 비롯되었습니다. 긍정심리학의 중요한 통찰은 개인과 조직이 어떻게 번창할 수 있는지에 대해 심리학으로부터 교훈을 얻을 수 있다는 점입니다. 전통적 심리학은 결핍과 비정상을 이해하고 대처하는 것에 관심을 가졌습니다. 그것은 매우 효과적이었지만, 대다수의 정상적인 학교에는 거의 제공되지 못했습니다. 반면, 적절히 이해되고 적용된 긍정심리학은 모든 아동 및 학교 교직원에게 통찰력을 제공합니다.

학교가 아이들의 정서적 행복을 발달시킬 책임이 없다는 가정은 지난 몇 년 사이에 무너졌습니다. 학교에서 아동의 잠재력이 최대한 발휘되게 하는 데 단지 사회 및 건강 교육(PSHE), 스포츠, 문화가 섞인 전통적 과목만으로는 한계가 있다는 사실이 점점 더 드러나고 있습니다. 학교는 아동의 탄력성, 자제력, 낙관적 사고 습관 같은 주제들을 더 많이 다루어야 할 필요가 있습니다. 학교가 아이들의 행복 발달에 대한 주요한 책임을 가지고 있다는 점을 깨달으면서 학교가 행복과 관련한 긍정적 요소를 가르쳐야 한다는 새로운 사고 방식은 정신적·육체적 행복 교육에 대한 훨씬 더 체계적인 접근법으로 발전하였습니다. 고든 브라운(Gordon Brown) 영국 정부는 2007년 6월부터 정서지능 발달에 고무적 태도를 취했고, 기존 프로그램을 초등학교에서 중·고등학교로 확대하는 중입니다. 그러나 교육, 언론뿐 아니라 정치계의 많은 사람은 여전히 '웰빙'이 아동과 청소년에게 지도 가능한 것인지, 그리고 가르쳐야만 하는지에 대해 회의적입니다. 하지만 '학교에서 가르치지 않고, 가정에서도 충분히 다루지 않으면 도대체 그들이 언제 웰빙을 배울 수 있는가?'라는 물음에는 답이 없습니다.

이 논쟁에는 제니퍼 폭스 에이즈의 매우 중요한 책이 등장합니다. 독립적 교육 전문가로서 사회적으로 박탈된 지역 학교에 긍정 심리학을 소개해 온 그녀의 경험이 이 책에 잘 나타나 있습니다. 그녀는 전문 심리학자들이 쓴 복잡한 문헌에 대한 매우 명확한 이해를 가지고 있으며, 교사가 읽고 싶어 하는 책으로 번역하였습니다. 그녀의 비결은 이 책의 명쾌한 문장들뿐 아니라 책의 실용적 구성입니다. 그녀의 실제적 학교 경험은 그녀가 교사의 눈을 통해 현장을 볼 수 있도록 도왔습니다. 이 책은 교사들이 교실에서 어떻게 긍정심리학의 지혜를 적용할 수 있는지에 대한 실용적 방법들과 제언으로 가득 차 있습니다.

긍정적이고 중심을 잃지 않는 교사들은 훨씬 더 자발적·실제적 학습이 이루어지는 올바른 분위기를 조성할 수 있습니다. 현재 영국에서 벌어지고 있는 과잉 시험, 공포감 유발 검사의 부조리함은 스트레스로 이어지며, 지적인 학교 발전에 전혀 어울리지 않습니다.

제니퍼의『긍정심리학 강점 축하 교육법』의 핵심 목표는 지역학교의 발전입니다. 저는 모든 교사, 부모, 그리고 교육에 관련된 모든 사람이 이 책을 읽고 연습하도록 격려할 것입니다.

웰링턴 대학교

앤서니 셀던(Anthony Seldon)

CELEBRATING STRENGTHS

저자 서문

이 책은 강점 기반 학교를 구축하는 것에 대한 것입니다. 이 책의 목표는 교사, 학생들이 자신의 강점을 확인하고 이를 더욱 잘 활용하도록 돕기 위한 아이디어를 제공하는 데 있습니다.

강점 축하하기는 오래된 지혜를 현대의 과학적 통찰과 연결하여 긍정적 변화를 지속적으로 이끌어 냅니다. 강점 축하 프로그램의 결과는 학교에서의 지속적이고 긍정적인 변화를 가져오고 유지시키는 독특하고 강력한 방법이 되고 있습니다. 교사는 지원받을 가치와 자격이 있기 때문에, 교사를 지원하는 것은 우선적 목표가 됩니다. 새로운 세대에게 배움에 대한 사랑을 불러일으키는 일을 하는 교직은 세상에게 가장 어려운 일이면서도 가장 소중한 일입니다. 교사가 즐겁고 행복할 때 학생 또한 행복하고 발전할 수 있습니다.

이 책의 부차적 목표는 학교와 교육에 대한 즐거움을 증진하여 학생들로 하여금 평생에 걸쳐 배움에 대한 사랑을 키우고 건강하고 회복탄력적이며 긍정적인 성인이 되도록 돕는 것입니다. 이러한 일이 지금 일어나고 있습니다. 우리는 영국의 스컨소프에 있는 학교들에서 4년 동안 강점을 활용한 학생 지도를 실시하여 그 효과를 입증하였습니다. 이 학교들은 그들이 갖고 있는 강점을 계발하고 발전시키기 위하여 그들 나름의 독특한 방식으로 강점 축하하기를 사용함으로써 진정한 강점 기반 학교가 되었습니다. 교사들은 자신감이 생겼고, 학생들은 보다 성숙해지며 자존감이 증진되었습니다. 여러분의 학교도 이와 같이 될 수 있습니다. 강점 축하하기는 즐겁고 적응적이며 한 번에 조금씩 이루어집니다. 아이디어를 소개하고 이야기를 말하면서 작은 변화가 더해지고 긍정적인 차이를 만들어 냅니다. 한 번에 조금씩이지만 세상을 변화시키고 있는 것입니다. 이것이 교사로서 우리가 할 일입니다. 이 책은 바로 이 일에 도움을 주고자 하는 책입니다.

스컨소프에서 이 일을 할 수 있는 기회를 준 대릴 서머스(Daryl Summers)에게 그리고 리딩스 인펀트(Riddings Infant), 리딩스 주니어(Riddings Junior), 엔더비로드(Enderby Road) 학교의 교사들과 학생들에게 무한한 감사를 드립니다. 또한 강점 기반 작업의 잠재력을 확인할 수 있도록 도와준 모든 교사에게 감사드립니다.

이 책은 세 부분으로 구성되어 있습니다. 1부는 강점 축하하기의 토대가 되는 이론과 아이디어들을 소개하고 있습니다. 2부는 강점 축하하기가 개인과 교실 및 학교 전체에서 어떻게 실행될 수 있는지를 기술하고 있습니다. 3부는 교사와 학생이 1년 내내 강점을 기억하고 이를 축하하기 위한 이야기와 활동 아이디어(강점 건축가)

를 제공하는 일곱 가지 시기별 학교 행사 프로그램에 대한 개요를 소개하고 있습니다. 여러분은 여기에 있는 내용들을 학교 축제, 행사를 위한 기초로 활용하거나 교사, 학교의 상황에 맞게 변형시킬 수 있습니다. 이 책을 처음부터 쭉 읽어 나가든, 흥미 있는 부분부터 골라서 읽든, 이 책을 즐길 수 있기를 바랍니다. 무엇보다도 이 책이 여러분의 삶에 그리고 여러분의 아동ㆍ청소년 학생들에게 의미와 활력을 불어넣어 줄 수 있기를 희망합니다.

제니퍼 폭스 에이즈

차례

 **1부
강점 축하 교육의 3요소**

2부
개인, 학급, 학교 수준의 강점 축하 교육

3부
새 학기부터 마무리까지, 1년간 강점 축하 교육법

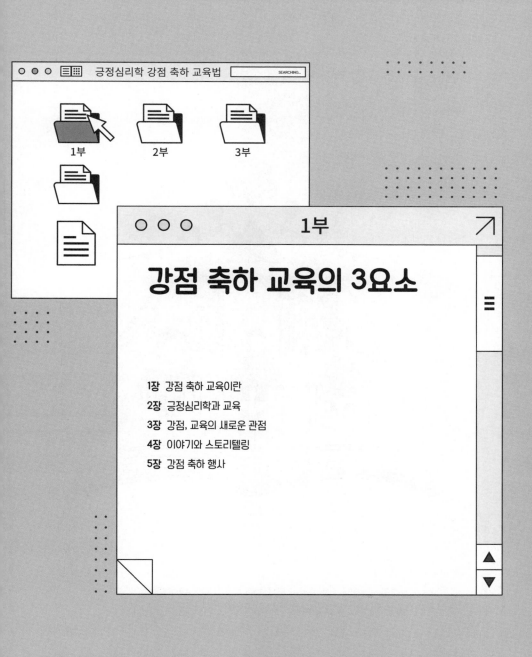

긍정심리학 강점 축하 교육법 · SEARCHING...

1부
2부
3부

1부

강점 축하 교육의 3요소

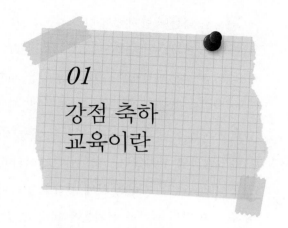

01
강점 축하
교육이란

　교사는 학생의 인생을 바꿀 중요한 사람입니다. 그리고 학교는 학생의 인생을 바꿀 중요한 장소입니다. 학교는 넓은 의미에서 볼 때 학생들이 배움에 전념하며 공동체를 경험하는 곳이죠. 학생들을 잘 돌보는 좋은 선생님은 학생에 대해, 학습에 대해, 삶에 대해 열정적입니다. 또한 학생들에게 영감을 주고 평생에 걸친 긍정적인 영향을 끼칠 수 있는 분들이 바로 선생님입니다.

　저는 이 말들이 사실이라고 확신합니다. 왜냐하면 제 아버지가 그런 선생님이셨기 때문입니다. 이 책은 아버지를 위한 책이기도 합니다. 그러나 저는 아버지의 아주 작은 부분밖에 모릅니다. 세 살 때 아버지가 돌아가셨기 때문입니다. 어느 날 아버지에 대한 추억을 찾을 수 있을지도 모른다는 생각에 'Friends Reunited'란 웹사이트를 방문한 적이 있습니다. 그곳에서 다음과 같은 말을 찾았습니다.

"선생님 덕분에 학교에서 미식축구와 크리켓을 할 수 있었다. 선생님은 참 사랑스러운 분이었고, 나의 능력과 잠재력을 믿고 알아준 나의 진정한 멘토였다. 선생님은 쉬는 시간에 창문에서 내가 골 넣는 장면을 항상 지켜보고 계셨다. 내가 목표를 향해 나아가는 모습을 지금도 선생님이 지켜봐 주시고 있는 것만 같다."

아버지의 학생이었던 그는 현재 자신의 열정을 따라 사랑하는 일을 하며, 5명의 자녀와 함께 일하고 있습니다. 진정성, 친절, 희망 같은 아버지의 작은 실천들은 비록 조금이지만 세상을 변화시켰습니다. 아버지의의 영향력은 하늘로 떠난 후에도 계속되고 있었습니다.

대부분의 교사가 아버지와 같은 일을 하고 있습니다. 이 책은 학생들을 위해 고군분투 중인 교사들을 돕고 지원할 것입니다. 우선 선생님의 강점을 찾아 축하하고 활용하도록 도울 것입니다. 그 후 학생들의 강점을 찾고 키우는 데 도움이 되는 실제적 아이디어들을 줄 것입니다. 천리 길도 한 걸음부터라고 합니다. 크고 거대한 변화보다는 작은 변화, 작은 친절, 진정성, 희망이 결국은 세상을 변화시킬 수 있습니다.

강점 축하 프로그램은 강점을 기반으로 학교를 운영하기 위해 영국에서 실시되었고 검증된 방법입니다. 강점 축하 교육은 다음과 같은 효과를 보여 주었습니다.

- 학생의 안녕감, 회복탄력성(좌절에서 회복하는 능력)의 발달
- 건강한 공동체 형성
- 자신감 증진

이 프로그램은 최근의 심리학 연구와 오래된 학습 방법을 통합·실천하여 만들어 낸 결과물입니다. 강점 축하 교육은 영국의 스컨소프 지역에 있는 4개의 유치원, 초등학교에서 3년에 걸쳐 실시되었고, 교사, 학생들의 창의성, 용기, 열정이 그 속에 녹아 있습니다. 강점 축하 교육은 강점을 인식하고 발달시키기 위해 스토리텔링, 축제, 활동 같은 실제적 기법을 소개합니다. 하지만 이 기법들이 완전히 새롭고 낯선 것은 아닙니다. 이미 선생님들이 알고 활용했던 방법일 수도 있습니다. 이 책은 낯익을 수도 있는 이 방법들이 왜 중요한지를 긍정심리학과 아동 정신건강 연구의 최근 자료들을 통해 알려 줄 것입니다. 과거에 각각 분리되어 제시되었거나 활용되었던 기법들을 결합시켜 보다 효과적으로 적용하는 데 도움을 줄 것입니다. 또한 이 책에는 교사, 학생의 개인적 강점을 발달시키고, 나아가 학교 공동체의 강점을 구축하여, 강점이 빛나는 학교를 만드는 아이디어가 담겨 있습니다.

강점 축하 교육은 새로운 무언가를 창조하는 청사진이 아닙니다. 이미 학교 현장에서 고된 나날을 보내는 선생님들에게 새롭게 무언가를 만들라고 강요해서는 안 됩니다. 이미 여러분은 있는 힘껏 최선을 다하고 있기 때문입니다. 다만 선생님의 창의성을 자극하는 힌트, 제안, 아이디어, 나아가 영감을 드리고 싶습니다. 이 책의 내용들을 선생님이 처한 환경에 맞게 취사선택하고, 재구성하여 사용해 주기를 바랍니다. 선생님에게 맞는 아주 작은 변화면 충분합니다. 하나의 작은 변화가 차이를 만들어 낼 것입니다. 변화들이 쌓여 더 큰 차이를 가져올 수도 있을 것입니다. 한 번에 하나씩 선생님이 가능한 만큼만 실천하면 된다는 것을 기억해 주길 바랍니다.

강점 축하의 목표는 모든 잠재력이 꽃피는 선생님과 학생들의 공동체를 만드는 일입니다. 지치고 피곤한 교사와 학생들은 잠재력을 발휘할 수 없습니다. 강점 축하는 즐겁게 서로를 지지하는 활동입니다. 강점 축하는 학교 공동체 모두를 새롭게 하기 위해 다른 활동들과 통합되어 실행될 수 있습니다.

강점 축하는 배움을 사랑하는 마음과 성격강점을 길러 주는 목표를 갖고 있습니다. 최근 우리는 목표, 성취에 대한 지나친 압박으로 교육의 진정한 목표와 방향을 잃어버리고 있습니다. 교육의 목표는 평생 지속될 배움에 대한 사랑을 느끼도록 돕고, 아동의 세계에 긍정적인 변화를 주며, 그들이 도덕적 개인으로 성장하도록 돕는 것입니다. 하지만 이러한 교육의 목표는 학교에서 보이지 않습니다. 이 책의 강점 축하 교육은 긍정심리와 아동 정신건강 연구들을 활용하여 아동들이 회복탄력적이고 낙관적인 사람이 되도록 조력합니다. 그러나 이러한 통찰이 가르쳐야 할 또 다른 과목이 된다면 교사에게 큰 짐을 지우는 일이 됩니다. 그래서 저는 기존 교육과정에 강점 교육을 통합하여 활용하는 방법을 제안합니다. 인성을 기르는 교육과정이나 방법은 이미 너무나 많이 존재합니다. 지금은 또 다른 내용보다는 더 많은 성찰이 필요한 시간입니다. 이 책은 우리의 학교 교육을 돌아볼 수 있는 성찰을 제공할 것입니다.

긍정적 습관 형성하기

강점 축하 교육(celebrating strengths)은 잠재력이 꽃피는 공동체를 만들기 위한 구체적인 방법을 사용합니다. 주요 방법 중 하나는 긍정적 습관 형성입니다. 변화는 습관이 될 때 지속됩니다. 예를 들어, 다이어트를 위해 식이 요법에 변화를 주려면 처음에는 의식적으로 노력해야 합니다. 그러나 반복하다 보면 점차 의식이 약해지고 자연스럽게 실천합니다. 무의식적인 작은 변화를 만든다면 그 변화는 지속될 것입니다.

강점 축하는 생각, 말, 행동의 긍정적 습관 형성 방법을 보여 줍니다. 선생님이 먼저 습관을 만들면 아이들도 선생님을 따라 하게 될 것입니다.

긍정적 사고 습관을 형성하는 방법은 다음과 같습니다.

① 먼저 부정적 생각을 알아차려야 합니다.
② 그것이 왜, 어떻게 발생했는지 생각합니다.
③ 그 결과가 무엇인지 이해합니다.
④ 마지막으로 부정적 생각에 대응하는 전략들을 배웁니다.

강점 축하 교육은 이 단계들을 가르칩니다. 그리고 이 과정이 일상에서 사용되는 방법을 보여 주고, 습관화되도록 여러 가지 즐거운 게임과 활동을 제시합니다.

긍정적 언어 습관은 강점을 강조하고 스토리텔링을 통해 만들 수 있습니다. 강점의 언어가 강점 축하 활동들 속에 스며들고, 여러 희망적인 이야기 가운데 울려 퍼질 것입니다. 아동과 교사가 점점 의식하지 않고 습관적으로 강점 언어를 사용하는 모습을 보게 될 것입니다.

긍정적 행동 습관에는 성찰과 축하가 포함됩니다. 바쁜 학교생활 속에서 선생님이 먼저 활기찬 삶의 기술들을 실천하다 보면 어떻게 아이들에게 이 기술을 가르칠지에 대한 아이디어가 떠오를 것입니다.

교육과정에 통합되는 강점 축하 교육

강점 축하 교육 프로그램은 기존 교육과정을 보완하고 지원하는 활동, 이야기, 축하 행사를 담고 있습니다. 이 프로그램을 위한 추가적 수업이 필요 없습니다. 그 덕분에 선생님이 이미 하고 있는 일에 약간의 조정을 거치면 쉽게 통합이 가능합니다. 이를 통해 기존 교육 활동 목표의 달성을 도울 뿐 아니라 학생의 행복과 잠재력의 성취를 더해 줄 것입니다. 만약 강점 축하 교육 프로그램이 교육과정에 잘 녹아들었다면 교사가 바뀌더라도 효과는 계속 이어질 수 있을 것입니다.

강점 축하 교육의 모든 활동은 교육과정의 목표 달성과 더불어 다음과 같은 추가적인 효과를 가져옵니다.

• 학생의 듣기 실력이 향상됩니다. 특히 책 없이 들어야 하는 이

야기를 적극적으로 듣게 됩니다.

- 생각하는 기술을 사용하게 됩니다. 이를 통해 자신만의 이야기를 만들고 친구들 앞에서 이야기를 풀어내게 됩니다.
- 협동작업에 참여하며 협상하고, 격려하는 방법을 배웁니다.
- 이야기 공간을 창작하고 함께 작업할 소품을 선택하며, 창조적이고 예술적인 경험을 합니다.
- 프레젠테이션 기술을 배웁니다. 이야기 공간을 만들 때, 학생들은 무대에서 학습한 기술들을 보이고 관객의 주목을 경험합니다.
- 이야기를 재구성해 봅니다. 말하기, 듣기, 쓰기의 기초가 되는 전통적 이야기 언어들을 사용해서 이야기를 재구성합니다. 말하기 활동은 항상 쓰기 활동보다 우선되어야 합니다. 이 활동에 쓰이는 것은 전통적 이야기 혹은 타 문화의 이야기, 지역의 이야기, 오싹한 이야기가 될 수 있습니다.

강점 축하 교육을 위한 교실 환경

강점 축하 교육에는 물리적 환경이 많이 필요합니다. 우리는 긍정적 이미지와 메시지로 가득 찬 교실 환경을 만들 수 있습니다. 이 환경은 학생들이 느끼는 순간적 감정에 진정한 차이를 가져옵니다. 예를 들어, 교실 환경의 색깔, 소리는 학생들이 느끼고 학습하는 방법에 영향을 줍니다. 이 모든 요소가 강점 축하에서 사용되며 후에 교실 환경을 위한 많은 아이디어가 제시될 것입니다.

　　교실 환경은 간접적 교수법의 한 예입니다. 강점 축하는 직접 교육과 간접 교육의 통합을 통해 작동됩니다. 강점 활동, 모임이 직접 교육의 한 예입니다. 교실 환경, 스토리텔링, 강점 축제는 간접적으로 강점에 대한 메시지를 전달합니다. 저는 이것을 '무의식적 교육 (sneky teaching, 배운다는 의식 없이 이루어지는 교육)'이라고 부릅니다. 이 비밀스러운 방법이 직접 교육과 결합될 때 더욱 효과적입니다.

모델링

　　강점 축하에 사용되는 중요한 교수법은 모델링입니다. 모델링은 다른 모든 교육법의 기초가 되는 방법이며 가장 효과적인 교수법입니다.

　　정서지능(emotional literacy)을 가르치는 일을 요청받았을 때 저는 생각했습니다. '정서지능을 어떻게 가르쳐? 너무 낯선 개념이잖아?' 정서지능은 실패를 견뎌 내고 계속 나아가는 경험, 위험을 감수하고 새로운 아이디어를 시도하는 경험, 반성하고 통찰하는 경험을 통해 발달합니다. 수업 또는 활동을 통해 단기간에 성장할 수 있는 능력이 아닙니다. 평생 동안의 긴 과업 속에서 성장합니다. 저는 끝없는 성장과 발전을 의미하는 '정서적 성숙'이라는 용어를 더 선호합니다. 정서적 성숙은 죽기 전까지 지속될 것입니다. 하지만 우리는 정서적 성숙이나 정서적 소양을 직접적으로 가르치지 않습니다. 대신 우리는 말, 행동, 삶을 통해 정서적 성숙을 보여 줍니다. 훌륭한 모델과 학생과의 인간관계를 통해 그것을 나타내고,

보여 주며, 격려합니다.

강점 축하의 모든 활동도 마찬가지입니다. 강점 축하는 아이들뿐 아니라 교사, 부모를 포함한 모두를 위한 것입니다. 이 방법은 정신건강 증진을 목적으로 미국, 영국의 회사, 군대에서 사용된 방법입니다. 학생에게 맞춰 수정했지만 기본적으로 개인의 잠재력을 실현하도록 돕는 보편적 원칙에 기초하고 있습니다. 아이를 가르치는 성인들 스스로가 웰빙을 즐길 때, 웰빙을 가장 효과적으로 교육할 수 있습니다. 성인들이 잠재력을 꽃피울 때, 아이의 잠재력도 개발할 수 있습니다. 성인들이 자신의 정서를 이해할 때, 아이의 정서적 성숙을 촉진할 수 있습니다. 저는 제 인생에서, 직장에서, 그리고 가정에서 강점 축하의 모든 활동을 직접 활용합니다. 여러분도 저와 똑같은 경험을 하기를 희망합니다.

강점 축하 교육의 세 기둥

강점 축하 교육은 강점, 축제, 이야기라는 세 기둥(요소)으로 이루어집니다. 그리고 개인, 학급, 전체 학교의 세 단계로 작동합니다. 실제로 어떤 기둥이나 어떤 단계에서든 시작할 수 있습니다. 한 가지만 할 수도 있고, 모든 것을 함께 할 수도 있습니다. 강점 축하 교육의 모든 측면을 실행하려면 저의 경험에 기초해 볼 때 3년 정도가 필요합니다. 어떤 사람들은 조금 더 짧게, 어떤 사람들은 더 긴 시간이 걸릴 것입니다. 하지만 3년 정도가 적절히 고려해야 할 시간입니다. 진정한 변화를 위해서는 시간이 필요하기 때문입니다.

강점이란 무엇일까

강점(strengths)에 초점을 두는 근본적인 이유는 무언가에 집중할 때 많은 것을 얻을 수 있기 때문입니다. 강점은 용기, 친절, 끈기, 호기심 및 사랑과 같이 우리를 가장 잘 묘사하는 기본적이고 긍정적인 성격 특성을 뜻합니다.

심리학은 물론 경영학 분야에서도 약점의 교정보다 강점의 확인·증진이 개인과 기업체의 성장에 더 효과적이라는 많은 연구가 있습니다. 이미 존재하는 여러분의 강점에 성장·성공을 위한 잠재력이 있습니다. 이러한 인식에 기여한 새로운 학문 분야인 긍정심리학은 긍정 감정, 행복 증진을 연구하는 학문입니다. 긍정심리학에서는 행복의 증진을 위해 강점의 인식 및 사용을 강조하며 이를 지지하는 과학적 증거들을 발견해 왔습니다. 강점 축하는 이러한 통찰과 발견을 교육에 적용하고자 하는 프로그램입니다.

이 프로그램은 심리학자 크리스토퍼 피터슨(Christopher Peterson)과 마틴 셀리그먼(Martin Seligman)의 연구에 기초[1]하고 있지만, 학교 현장에 적합하게 강점 목록을 수정했습니다. 강점을 발전시킨다면 긍정 정서와 탄력성(어려움을 극복하는 능력)을 높이고 행복과 안녕을 증진시키며 더욱 성공적인 성취를 이룰 수 있습니다. 이 책은 여러분이 강점을 인식하고 강점을 활용할 수 있는 실제적인 아이디어를 제공해 줄 것입니다. 교사들도 자신의 강점이 무엇인지 간단한 온라인 설문을 통해 알아볼 수 있습니다. 자신의 강점이 무엇인지 설문을 통해 직접 알아보세요(3장에 소개).[2] 여러분은 집중하는 만큼 많은 것을 얻을 수 있습니다. 여러분의 강점에 집중해 보는 건 어떨까요?

강점 축하 교육은 고대부터 이어져 온 두 가지 교육 방법에 강점을 접목시켰습니다. 그것은 바로 축제와 이야기입니다. 축제와 이야기는 수천 년 동안 공동체의 가치와 아이디어를 전달하는 데 사용되었습니다. 저는 축제와 전통적 이야기에 강점을 접목시켜 이를 학생, 교사, 학교에 뿌리내릴 때 그 변화가 오래 지속된다는 사실을 확인하였습니다. 전통과 이야기는 계속 이어집니다. 강점 축하 교육 안에서 긍정심리와 강점에 대한 최신 연구 결과가 두 가지 전통적 교육 방법인 스토리텔링 및 연례 축제와 결합되어 나타납니다.

강점 축하란

'축하하기'는 일종의 기술입니다. 영국에서 지금까지도 개최되는 축하 행사는 생일과 크리스마스 두 가지뿐입니다. 그러나 우리의 생활 속에서 축하할 일은 훨씬 더 많습니다. 새로운 시작과 마무리, 봄의 첫날, 신앙 축제 외에도 여러 개인적 일을 축하할 수 있습니다. 또한 공동체 구성원으로서의 나 그리고 세계인으로서의 우리를 축하할 수도 있을 것입니다.

과거 영국에서는 많은 사람이 교회에 정기적으로 출석했고 이에 따른 삶의 체계와 리듬이 존재했습니다. 삶의 체계와 리듬은 우리의 정신건강에 매우 중요합니다. 하지만 오늘날 현대 사회는 체계와 리듬의 많은 부분을 잃어버렸습니다. 강점 축하 축제는 체계,

리듬, 축하하기와 같은 과거 삶의 핵심적이었던 기능을 학교에 되돌려줄 수 있습니다. 원래 존재하던 학교 행사의 일부에 즐거운 축제를 포함시켜 심리적 탄력성과 유연성을 기르는 행복한 추억으로 만들 수 있습니다. 평소 수업, 스토리텔링에서 다루는 강점들을 축제와 연관 지을 수도 있습니다. 특히 개인의 대표 강점을 활용하는 것만으로도 즐겁습니다. 모든 강점은 각자 나름의 가치가 있는데, 강점과 축제 프로그램을 연결하는 일은 강점을 더욱 주목할 수 있게 도울 것입니다. 그리고 우리는 집중하는 것에서 더 많은 것을 얻으며 그만큼 더 성장할 수 있습니다.

이야기와 강점

이야기는 매우 강력한 교육 방법이지만 현대 교육은 이를 소홀히합니다. 그래서 저는 학교에서 활용될 수 있는 이야기를 주제로 책을 쓰기도 했습니다.[3] 강점 축하 교육에서 이야기는 간접적·무의식적 교육 방법으로 축제와 강점을 함께 묶어 주는 접착제입니다. 전통적으로 이야기는 축하 의식의 필수 사항이었습니다. 그리고 스토리텔링은 읽기, 쓰기, 듣기, 말하기 기술 연습은 물론 강점을 이해하고 강화할 기회를 제공할 것입니다.

좋은 이야기는 단 하나의 주제에 대해서만 말하지 않습니다. 저는 단 하나의 주제만 말하는 이야기(흥부처럼 착하게 살면 복을 받고 놀부처럼 나쁘게 살면 벌을 받는다는 매우 단순한 이야기들)를 싫어합니다. 이야기는 한 가지 주제가 아닌 다양한 주제를 전달해야 합니다. 강점 축하 교육은 복합적 주제를 가진 전통적 이야기를 사용합니다. 이런 종류의 이야기는 사람마다 의미를 다양하게 해석할 수 있습니다.

좋은 이야기는 강점을 직접적으로 설명하지 않습니다. 좋은 이야기는 행동, 상황을 통해 강점을 보여 줍니다. 저는 축제와 특정 강점을 보여 주는 이야기를 접목시킵니다. 이야기는 축제에서 다루는 강점을 상기시키고 강점 활용 장면을 보여 주는데, 아이들은 이를 알아챌 수도 있고 그렇지 않을 수도 있습니다. 이것이 간접적·무의식적 교육 방법이 될 수 있습니다.

이야기를 그저 소리 내어 읽는 것과 달리 실감나게 전달하는 스토리텔링은 이야기의 힘을 크게 향상시킵니다. 또한 스토리텔링은 교사 개인의 창의성, 교수 기술 성장에도 큰 도움이 됩니다.

개인 차원의 강점 축하 교육

개인 차원에서 강점 축하 교육은 교사, 학생이 자신의 강점을 인식하고 증진시키는 새로운 방법들을 제시해 줍니다. 강점 체육관(strength gym)이란 활동 속에 강점 건축가(strengths builders)들이 있습니다. 마치 헬스장에서 근육을 키우는 것처럼 강점을 형성·증진시키는 활동들을 강점 건축가라고 부릅니다. 특정 강점을 형성·연습하는 데 사용될 수 있는 구체적 활동, 여러 강점을 동시에 길러 주는 활동 등 여러 활동 중에서 원하는 것을 선택해 쓸 수 있습니다. 선생님과 학생이 새로운 강점 건축가 활동을 만들어 목록에 추가할 수도 있을 것입니다.

강점 건축가는 성인 대상의 코칭 프로그램, 기업 임원 리더십 프로그램, 긍정심리학 프로그램을 기반으로 개발되었습니다. 필요하다면 학생용 버전이나 교사용 버전을 만들 수도 있습니다. 제 경험상 많은 사람이 성인용보다 학생용 활동을 더 즐겁게 사용합니다. 저는 긍정직장연합(Positive Workplace Alliance)[4]이라는 국제기구에서 이 활동들을 코치, 상담가, 심리학자, 기업임원, CEO들과 공유했습니다. 항상 그 열광적 반응에 놀라고는 합니다. 성인을 대상으로 활동하는 많은 동료가 저의 학생용 활동, 도구를 빌려 사용합니다. 이 책의 활동들은 학생만이 아닌 선생님이 직접 사용하셔도 즐겁게 참여할 수 있을 것입니다.

학생들은 자신에게 맞는 개별 강점 건축가를 선택·사용할 수 있습니다. 개별 강점 건축가를 통해 교사가 인식한 학생의 강점을 학생 스스로 키우도록 격려할 수도 있습니다. 또한 대표 강점을 활용할 기회를 제공하기 위해서 강점 건축가를 사용할 수도 있습니다. 교사나 학생이 강점을 활용하는 만큼 학교생활은 더 즐거워질 것입니다. 학교에서 잘하지 못하는 일에 모든 시간을 할애해서는 안 됩니다. 우리 모두는 잘하는 일, 즐거운 일을 더 많이 하고 싶어 합니다. 잘하고 즐거운 일이 바로 강점의 영역이 될 수 있습니다. 나의 대표 강점이 친절이라면, 친절을 사용할 수 있는 새로운 방법들을 즐겁게 찾을 것입니다. 대표 강점이 호기심이라면, 호기심을 만족시키는 활동을 즐길 것입니다. 이를 위해 선생님 자신도 강점 건축가를 직접 시도하고, 학생과 함께 실천해 보기 바랍니다.

교실 차원의 강점 축하 교육

대부분의 강점 건축가 활동은 학급 단위로 설계되었으며, 강점 증진과 실천을 목표로 합니다. 짧은 활동도 있지만 일부 활동은 한 학기 혹은 그 이상 지속됩니다. 강점 건축가는 동기 유발, 수업 분위기 즐겁게 만들기, 교육과정 목표 달성을 위한 도구로 사용될 수 있습니다. 수업의 일상적 패턴에 통합해 습관화한다면 그 효과는 더 커질 것입니다.

강점 축하 행사와 이야기 활용 수업을 통해 학급 학생들의 강점을 파악할 수도 있습니다. 교실 환경 미화 및 강점 축하 행사 주제에 선생님이 가르치고자 하는 강점을 결합시킬 수 있습니다. 미술 수업과 통합해 강점을 드러내는 이야기를 예술 작품으로 표현할 수도 있을 것입니다. 강점과 관련된 축제, 이야기, 환경 미화, 미술 활동 등 여러 활동 속에서 무의식 중에 강점과 관련된 많은 단어를 사용하고, 아이들의 새로운 강점을 인식하고 언급하는 자신을 발견할 수 있을 것입니다.

모든 강점 건축가를 사용할 필요는 없습니다. 그리고 모든 강점에 집중할 필요는 없습니다. 나에게 맞는 두세 가지 정도의 강점이면 충분합니다. 우선 선생님이 좋아하는 1개의 강점과 연관된 강점 건축가 활동을 하나 선택해 시작해 보기 바랍니다. 모든 강점과 모든 활동이 선생님과 딱 맞을 수는 없습니다. 선생님의 직감을 믿고 선생님의 열정이 향하는 곳, 가장 즐거운 길을 찾아 따라가면 됩니다.

학급 전체가 함께 즐기고 토의할 수 있는 이야기 같은 강점 건축가 활동이 있을 것입니다. 이러한 활동은 즐거운 학급 분위기를 만들어 줄 것입니다. 이야기나 강점 건축가는 힘든 날의 기분을 풀어 주거나, 축하할 일이 있을 때 함께 즐기기 위해 할 수 있는 활동을 담은 상자와 같습니다. 함께 즐거운 활동을 하는 일은 교실 내에 긍정적 관계를 형성하는 데도 큰 도움을 줍니다. 따라서 재미있는 이야기와 즐거운 활동들은 반복해 줄 필요가 있습니다.

선생님이 발견하여 강화하고 축하해 줄 필요가 있는 학생 나름의 특별한 강점들이 숨어 있습니다. 이것이 학생의 개인적 강점일 수도 있고, 학급 집단의 강점일 수도 있습니다. 강점의 측면에서 학급을 바라보는 일은 선생님에게 새로운 시각을 갖게 해 줍니다. 또한 약간 다른 방식으로 학생들을 생각하게 만들고, 새로운 교육 방법에 대한 정보와 아이디어를 주기도 합니다. 학급의 최고의 강점이 무엇인지 발견한다면 학생들에게도 새로운 관점으로 자신과 친구들을 바라보는 기회가 주어질 것입니다.

선생님이 축제를 만들 때, 축제의 일부가 될 수 있는 각 학교만의 전통이 있을 것입니다. 혹은 선생님이 한 달에 한 번, 학기 말에 한 번 씩 축제를 여는 새로운 학급 전통을 만들 수도 있습니다. 이를 통해 학생들은 축제를 즐기며 자신과 친구들을 바라보는 새로운 관점을 배울 것입니다.

학교 차원의 강점 축하 교육

전체 학교 공동체는 학생, 교사뿐만 아니라 행정 직원, 조리사,

운영위원, 학부모 등 다양한 구성원으로 이루어져 있습니다. 강점 축하 프로그램은 학교 공동체 모두가 즐길 수 있으며, 더 많은 사람이 참여할수록 효과적입니다. 전체 학교가 함께 강점 건축가를 사용할 때 공통의 경험과 추억을 만들고 공통의 가치를 강화할 수 있습니다. 학교 축제를 통해 전체 학교의 강점 프로그램이 통합될 수 있습니다. 또한 강점을 축하하는 활동을 하는 교사 모임, 학생 모임이 만들어지기도 합니다.

학교 환경 미화 역시 축제에 반영될 수 있습니다. 학교에서 강조하는 강점을 전시물들을 통해 나타낼 수 있을 것입니다. 제가 함께 작업했던 학교는 전시물과 강점을 연결하는 데 매우 능숙했습니다. "우리는 이 꽃을 그리기 위해 창의력 강점을 발휘했습니다." "건강한 식습관을 위해 신중성 강점을 사용해 식단을 선택합니다." 만약 선생님의 학교에서 특정 강점을 추구한다면 그 강점과 관련된 인용구를 벽에 장식해 놓을 수도 있을 것입니다.

스토리텔링은 학교생활의 일부가 될 수 있으며, 학교 교육과정이 강조하는 가치를 표현하기 위한 방법이 될 수 있습니다. 강점에 집중하고, 긍정 정서를 키우고, 즐거운 학습 환경을 만드는 것이 중요하다는 긍정심리학의 통찰이 학교의 이념, 정신에 반영되어야합니다. 학교 구성원으로서 선생님의 강점과 학교의 강점을 함께 발견해 나간다면, 학생들도 이를 보고 배우며 자신의 강점을 깨닫고 서로 도울 수 있을 것입니다.

지금 시작하세요!

각 장의 마지막 부분에는 선생님 스스로 시도할 수 있고 동료 교사들에게도 소개할 수 있는 강점 건축가 활동들이 제시되어 있습니다. 강점 축하 교육 프로그램의 가장 중요한 원칙은 이것입니다.

'강점을 즐기라!'

강점 건축가의 모든 활동은 즐거워야 합니다. 그렇다고 이 활동들이 쉽다는 뜻은 아닙니다. 선생님의 끈기, 용기, 많은 창의성이 필요합니다. 그것들을 사용할수록 선생님의 강점들은 더 성장할 것입니다.

강점 축하 교육 프로그램의 또 다른 중요한 원칙은 '실천하며 배운다'입니다. 학생에게 정서적 능력을 전달할 수는 없습니다. 다만 학생들은 선생님이 정서적 능력을 사용하는 행동을 보고 배울 뿐입니다. 자신의 강점은 물론 학생들의 강점도 말이 아닌 행동에서 찾을 수 있습니다. 각 장의 끝부분에 있는 강점 건축가 활동들은 선생님이 강점을 직접 경험해 볼 기회를 줍니다. 선생님 각자의 상황에 맞게 그것을 사용해 보고 그 결과를 살펴보기 바랍니다. 동료와 학생들과 함께 활동할 수 있는 아이디어들도 제시되어 있습니다. 모두에게 소개해 주기 바랍니다. 쉽고 작은 활동부터 시작해 보세요. 작은 변화가 더해진다면 교사는 세상을 조금씩 바꿀 수 있습니다.

강점 건축가: 무엇이 잘 되었지?(WWW)
-희망, 끈기, 감사, 겸손 강점 증진-

WWW란 '무엇이 잘 되었지?(What Went Well?)'를 뜻하는 약어입니다. 하루, 한 주의 끝에 이 기법을 사용해 보세요. 종이를 준비한 후 당신이 생각해 낼 수 있는 모든 긍정적인 것을 적어 보기 바랍니다.

- 교사가 되어 내 일을 즐기고 있다.
- 암 같은 심각한 병에 걸리지 않고 건강하다.
- 어제 숙면을 취해 개운하다.
- 지하철이 딱 맞게 도착해 지각하지 않을 수 있었다.

이 활동은 하면 할수록 쉬워집니다. 나쁜 날이었어도 찾아보면 분명 운이 좋았던 일, 즐거웠던 일들이 있습니다. 잘 된 것에 대해 돌아보는 습관은 성공 경험을 쌓고 발전하도록 도와줍니다.

연습 아이디어: WWW

동료 선생님, 학생들에게 심리학자들이 만든 부정 편향(부정적 사건을 쉽게 인식하고 반복해 생각하는 성향)을 극복하기 위해 개발된 기법이라고 소개할 수 있습니다. 부정 편향은 인간 발달 과정의 진화적 유산입니다. 과거 인류는 실재 위험과 잠재적 위험을 발견하고 대비한 사람들의 자손입니다. 하지만 현대 사회에 들어서서 부정 편향은 우울증의 주요한 유발 원인이 되었습니다. 우리의 두뇌가 선천적인 부정적 편견에 맞서도록 연습함으로써 우리는 더 낙관적이고 성공적인 인간, 정신적으로 건강한 사람이 될 수 있습니다.

연습 삼아 지난주에 무엇이 잘 되었는지 확인해 보세요. 처음 시작은 어려울 수 있습니다. 시작이 어려운 것은 정상입니다. 그러나 일단 시작하면 점진적으로 우리 인생의 긍정적인 면을 떠올리기가 점점 쉬워집니다.

'무엇이 잘 되었지?' 활동은 뇌도 성장하고 변화할 수 있는 능력을 지녔다는 '뇌의 신경 가소성(neuro-plasticity)'이란 개념에 기초합니다. 연습할수록 긍정적 사고가 뇌에 채널을 만듭니다. 긍정적인 생각을 많이 하면 할수록 뇌 세포에 더 깊고 강한 연결이 만들어져 긍정적 사고가 쉬워집니다. 물론 정반대의 부정적 생각도 마찬가지로 많이 할수록 뇌의 연결은 강해집니다. '무엇이 잘 되었지?(WWW)' 활동의 궁극적 목표는 뇌에 긍정적인 경로를 구축하는 것입니다.

02
긍정심리학과
교육

현명한 내 오랜 친구 토니가 말했습니다. "불행할 때를 대비해서 행복한 추억들을 쌓아 놓으렴." 그는 이 말이 사실이라는 것을 경험적으로 알고 있습니다. 저 또한 그렇습니다. 이 말은 과학적 연구로도 증명됐습니다. 할머니들이 "네가 받은 복을 세어 보자."라고 말한 적 있을 것입니다. 최근 심리학 연구는 자신의 축복을 세어 보는 것이 우울을 낮추고 행복을 높이는 데 효과적임을 보여 줬습니다.[1]

이 사실은 새로운 정신건강 이론인 긍정심리학에서 밝혀진 사실입니다. 대표적인 긍정심리학자 셀리그먼은 그간 심리학이 인간의 정신병리 연구에 치우쳐 긍정적 측면에 대한 연구가 부족했다고 말합니다. 심리학이 행복, 강점뿐만 아니라 재능 있고 잠재력을 꽃 피우는 사람들을 연구해야 한다고 주장합니다.

긍정심리학은 만족, 희망, 낙관성, 즐거움, 몰입과 같은 긍정 정서를 연구합니다. 그리고 사랑, 용기, 창의력, 시민의식, 관용, 책임 같은 긍정 특성을 연구합니다. 또한 긍정심리학은 '뛰어난' 개인들을 보고 그들이 어떻게 살아가는지 탐구합니다. 또한 보통 사람에게는 무엇이 효과적이며, 더 나아지기 위해 무엇이 필요한지 연구합니다. 긍정심리학은 과학적으로 엄격한 실험 방식을 적용하여 인간의 행복과 번영을 탐구하고 이를 위한 아이디어와 직관들을 제시합니다.

선생님들은 명랑하고 쾌활한 반이 가르치기 더 쉽다는 것을 이미 알고 있습니다. 이 직관은 과학적으로 입증된 사실입니다. 과학적 연구에 따르면 쾌활한 아이가 더 효과적으로 학습합니다. 수업을 시작하고 5분간 아이들과 즐거운 게임을 하는 일은 프레드릭슨(Fredrickson)의 긍정 정서의 '확장 및 구축이론'[2]과 일치하며 교육적 효과가 입증되었습니다. 긍정심리학은 긍정 감정의 유익과 인간의 잠재력을 키우는 과학적 방법을 제시합니다. 이는 교사뿐 아니라 사람을 다루는 직업인에게 유용한 통찰력과 아이디어를 제공합니다.

긍정 습관 형성하기

긍정심리학은 생각, 말, 행동에 대한 긍정적인 습관 형성을 돕습니다.

우리는 우리가 집중하는 분야에서 더 많은 것을 얻을 수 있습니다. 선생님이 습관적으로 학생의 약점 개선에만 집중한다면 학생의 성장을 이끌기가 힘듭니다. 반대로, 선생님이 학생의 강점에 초점을 맞춘다면 그들이 훨씬 더 발전하도록 도울 수 있습니다. 만약 제가 매일, 하루 종일 컴퓨터 프로그래밍을 해야만 한다면 무척 비참할 것입니다. 저는 워드, 이메일 사용 방법을 아는 것만으로 충분합니다. 그런데 프로그래밍을 하려면 모든 것을 새로 배워야 합니다. 제 시간과 에너지 모두를 프로그래밍 학습에 쓰게 된다면, 저는 불행할 것입니다. 또한 아무리 많은 시간을 투자해도 프로그래밍은 뛰어난 저의 특기가 되지 못할 것입니다. 왜냐하면 컴퓨터 프로그래밍은 제가 잘할 수 있는 일(강점)이 아니기 때문입니다. 이에 대해 긍정심리학에서는 다음과 같이 주장합니다.

약점 제거와 강점 향상은 다르다!

만일 당신이 −5에서 +5 사이의 수직선을 긋는다면, 기존 심리학과 교육은 학생을 −5에서 0으로 바꾸는 것을 목표로 합니다. 0은 'OK' '괜찮음' '적절히 대처'를 나타냅니다. 기존 심리학과 교육은 번영의 실제 영역인 +5에 도달하도록 돕는 일을 소홀히 했습니다.

−5	0	+5
취약함	괜찮음	번영

저는 교사로서, 부모로서 아이들이 '괜찮은지' '잘 대처하는지' 여부에만 집중하지 않습니다. 여기에도 어느 정도 시간을 할애하지

만, 정말 집중하는 일은 아이들이 자신의 강점을 사용하고, 열정을 확인하여 따라가고, 번영하고, 잠재력을 꽃피우며, 세상을 변화시키는 방법을 가르치는 일입니다. 약점 제거와 번영, 잠재력 성취는 같은 일이 아닙니다. 약점 제거는 학생을 단지 보통으로 만드는 일입이다. 필요하지만 충분하지 않습니다. 중요한 것은 학생의 강점을 발견하고, 강점을 사용할 충분한 기회를 주는 것입니다. 학생의 번영은 교육의 핵심이 될 수 있습니다.

'우리가 집중하는 것에서 더 많은 것을 얻을 수 있다.' 이 말은 우리의 문제의식이 우리의 현실을 창조하고 그에 영향을 미친다는 것을 의미합니다. 약점에 집중하면 선생님은 약점을 그만큼 더 발견할 것입니다. 선생님의 시간, 에너지를 약점에 사용하면 선생님의 시야는 약점에 제한됩니다. 과거 미국 교육심리학은 '왜 할렘 지역의 많은 학생의 성취도가 낮은가?'에 대해 연구했습니다. 그 결과, 가족 붕괴, 빈곤, 교육 부족, 약물남용에서 그 원인을 찾았습니다. 그런데 몇몇 연구가 다른 방식의 질문을 제기하였습니다.[3] "할렘의 일부 아이는 어떻게 성공하는 것일까?" 이에 대한 해답으로 회복탄력성(좌절이나 역경에 굴복하지 않고 극복하는 특성)이란 개념이 등장했습니다. 같은 어려운 환경에서 성장했음에도 사회적 지원, 낙관성, 삶의 의미 추구, 강점에 집중하는 능력, 목표에 집중하는 능력과 같은 뛰어난 성취를 거두는 학생들의 특성을 밝혀냈습니다.

긍정심리학은 '어떻게 약점을 극복할까?'가 아니라 '어떻게 잠재력을 발휘하고, 탁월하게 달성할 수 있을까?'라고 습관적으로 생각하도록 그리고 이러한 관점을 갖도록 도와줍니다.

'어떻게 하면 훌륭한 행동을 자주 하도록 이끌까?'

'나는 가르칠 때 무엇이 즐거운가?'

'어떻게 하면 즐거움을 더 많이 느낄 수 있을까?'

행복이 정말 중요할까

아리스토텔레스(Arisotle)는 긍정심리학에서 여러 번 인용됩니다. 그는 행복이 최고의 선이며, 우리가 궁극적으로 추구할 유일한 것이라고 말합니다. 아리스토텔레스는 우리가 추구하는 모든 것(사랑, 우정, 돈, 권력 등)은 행복해지기 위해서라고 말합니다. 행복은 분명 중요한 주제입니다. 그런데 행복이 학교에서도 중요한 주제일까요?

심리학자들은 행복의 영향을 측정하는 연구를 하고 있습니다. 행복은 과학적 용어로 안녕감(well-being) 혹은 주관적 안녕감으로 불립니다. 주관적 안녕감은 장수, 행복한 결혼생활, 신체건강 향상, 부정적 사건 극복 등과 관련이 있습니다. 이 연구 결과들은 행복이 나쁜 일들을 막아 주지는 않지만, 선생님이 직면한 어려움, 고통에서 더 빨리 회복하도록 돕는다는 것을 보여 줍니다.

교실에서도 행복은 매우 실제적이고 중요한 영향을 끼칩니다. 교육은 시대 상황에 따라 변화합니다. 과거 몇 세기 동안 위협, 두려움이 주요 학습 동기로 사용되었습니다. 다행스럽게도 전통적 학습 동기는 보다 중립적 접근(배움은 지루하지만 유익을 주니 해야만 한다는 식의 생각)으로 대체되었습니다. 현대 심리학자들은 효과적 학습이 행복이나 즐거움과 연관되어 있다고 확신합니다. 가장 행복하고 낙관적인 사람이 일반적 학습뿐 아니라 여러 삶의 영역에서도 가장 효율적으로 학습한다는 사실이 입증되고 있습니다.

긍정 감정은 인지적 변화를 가져옵니다.[4] 연구에 따르면 행복감은 집중력과 주변에서 일어나는 일을 알아차리는 능력을 증진시킵니다. 이러한 능력은 우리에게 더 나은 작업기억, 언어적 유창성, 정보의 개방성을 제공합니다. 저는 교실에서 끊임없이 놀이를 통해 재미를 제공해야 한다는 생각에는 강하게 반대합니다. 하지만 유머, 열정, 즐거움, 활기가 학습을 용이하게 한다는 과학적 증거들이 너무 명백해 받아들일 수밖에 없습니다. 즐겁고 행복한 아이들은 매우 개방적이고 기꺼이 배웁니다.

심리학자 셀리그먼이 강조하는 행복과 안녕감에 필수적인 세 가지 요소가 있습니다.[5] 그것은 행복한 기억, 몰입, 희망(낙관성)입니다. 모두 교육과 높은 관련성이 있습니다. 이 요소들은 과거, 현재, 미래에 대한 우리의 감정과 관련이 있는데, 우리는 이 세 가지(과거, 현재, 미래에 대한 감정) 모두를 학생의 학습과 교사의 가르치는 즐거움 향상을 위해 활용할 수 있습니다.

행복한 기억은 중요하다

과거에 대한 감정은 현재 느끼는 감정, 기능에 극적인 영향을 미칩니다. 과거의 실수를 끊임없이 되새기고, 부족한 점만 인식하고, 지나간 기회에 분노하고 슬퍼하며, 과거 실패로 절망하는 일은 현재 삶을 망가뜨립니다. 교실에서 매일 어제 잘못한 일만 계속 되새기고, 자신이 잘한 일은 흘려 버리는 학생은 도전, 역경에 직면했을 때 쉽게 좌절합니다. 좌절감에서 빠져나오지 못합니다. 절망에서 빠져나와 성장하기 위해서는 다음과 같은 능력이 필요합니다.

- 매일 자신의 긍정적 행동, 성격 특성을 알아차리는 능력
- 실패를 재도전을 위한 필수적인 경험으로 재구성하는 능력

행복한 기억을 만드는 일도 하나의 기술이고, 긍정적 습관이며, 교실에서 길러 줄 수 있는 기술입니다. 제가 즐거운 축제를 만들어 진행하는 중요한 이유 중 하나는 행복한 기억이 우리를 탄력적으로(좌절을 유연하게 극복하게) 만든다는 사실 때문입니다. 내 친구 토니가 말했습니다. "행복한 기억은 힘겨운 시기를 견뎌 내도록 도와주는 희망의 창고와 같다."

즐거운 순간을 알아차리고, 행복한 경험을 마음에 담고, 학생이 원할 때마다 행복한 기억을 구체적으로 다시 불러 낼 수 있게 만드는 일은 학생의 미래를 위한 풍부한 내적 자원을 만들어 주는 일입니다. 강점 축하 프로그램은 학생들의 행복한 기억을 만들어 좌절 극복 능력, 삶의 즐거움을 향상시키는 것이 목적입니다.

기억은 강력한 도구입니다. 행복한 사건, 웃는 순간을 떠올리는 순간 뇌에는 엔도르핀이 생성되는 화학적 변화가 일어납니다. 이 변화는 실제 행복한 경험을 할 때 나오는 뇌의 반응과 같습니다. 행복한 기억을 회상하는 연습(강점 건축가: 기억의 진주들)을 통해 아이들이 감정의 무력한 희생자가 되지 않고 감정을 적극적으로 변화

시킬 수 있는 방법을 배울 수 있습니다.

이 사실은 과학적 연구에 의해서도 검증되었습니다. 셀리그먼은 아이들에게 수학 시험을 보는 실험을 계획했습니다. 아이들을 세 그룹으로 나누었습니다.

- A 그룹: 바로 시험 봄
- B 그룹: 초콜릿을 받은 후 시험 봄
- C 그룹: 너무 즐거워 위아래로 뛴 후 시험 봄

실험 결과 B 그룹과 C 그룹은 A 그룹보다 성적이 좋았습니다.[6] 행복한 시간을 기억하는 데서 오는 즐거움은 강력한 교육적 도구가 될 수 있습니다.

실패와 나쁜 사건을 어떻게 바라볼지도 매우 중요합니다. 삶에서 때때로 좌절은 피할 수 없기도 합니다. 우리가 장기적으로 성공하기 위해서는 이러한 좌절을 다루는 방법이 중요합니다. 좌절로부터 배우고, 자신을 추스리며 앞으로 계속 나아갈 것인가, 아니면 포기할 것인가? 앞서 경험한 좌절을 우리가 어떻게 받아들이는지에 따라 앞으로의 길이 결정됩니다. 좌절을 비관적으로 볼지, 낙관적으로 볼지가 매우 중요합니다. 심리학자들은 일이 잘못됐을 때 우리가 스스로에게 하는 이야기를 사건에 대한 '설명 양식(explanatory style)'으로 부릅니다.[7]

출근 전, 차에 시동이 걸리지 않는 상황을 상상해 봅시다. 이때 비관적 생각이 폭주합니다.

비관적 설명 양식

이러다 늦을 거야. 항상 이래. 오늘 약속한 고객은 내가 불성실하다고 생각할 거야. 예약은 취소되겠지. 소문이 퍼지면 다른 계약들도 취소될 거야. 회사에서 잘리고. 다시는 일할 수 없을지 몰라. 우리 집은 망할 거고. 우리 애들은 굶어 죽을지도 몰라!!!

여러분도 이런 생각을 할 때가 있지요? 저는 특별히 더 잘합니다. 중요한 것은 이런 생각 중에도 머릿속 한쪽에서는 제대로 된 대처 방법이 작동하는지의 여부입니다.

낙관적 설명 양식

난 늦을 거야. 좋은 일은 아니지. 하지만 전화를 걸어 미리 알려 줄 수 있어. 이번에 사과해야 할 거야. 그래도 나는 대체로 믿을 만한 사람이지. 누구나 나쁜 날은 있는 법이야. 나는 인간이니까!

앞의 두 설명 양식은 같은 사건을 매우 다르게 느끼고 있습니다. 다른 시각은 다른 정서적 결과로 이어집니다. 우리가 비관적 설명 양식을 사용한다면 계속 좌절감, 우울, 불안을 느끼게 됩니다. 교사가 명심해할 것은 학생들은 주변 어른의 설명 방식을 학습한다는 점입니다. 주변 어른이 "나에겐 항상 나쁜 일이 일어나. 다 잘못 될 거야. 나한테 아무도 신경 쓰지 않아."라고 말하면, 아이들도 비슷한 '이야기'를 사용하기 시작하고 이는 그들의 성장 잠재력을 약화시킵니다.

긍정 습관은 전염성이 있습니다. 이를 학생들에게 전해 주기 위해 선생님이 긍정적 사고 습관, 낙관적 설명 양식을 사용하는 것이 매우 중요합니다. 6장에서 소개할 강점 건축가는 선생님, 학생들이 긍정적인 사고 습관을 만드는 데 활용할 수 있을 것입니다.

준비하고 개선하기

앞에서 쾌활한 감정이 학습에 미치는 긍정적 영향을 살펴보았습니다. 이는 반대로 마음이 불행한 아이들은 효과적으로 학습하기 힘들다는 것을 의미합니다. 학생이 피곤하거나 지치거나 귀찮아지면 학습의 효과는 떨어집니다. 이때에 행복한 추억, '기억의 진주들'과 같은 강점 건축가를 학습 시작 전에 잠깐 활용할 수 있습니다. 유머나 재미있는 동영상을 보여 줄 수도 있습니다.

조용한 성향의 선생님이 노래와 춤을 사용하는 것은 힘든 일입니다. 자신에게 맞는 방법을 찾아야 합니다. 제가 제일 좋아하는 방법은 이야기를 들려주는 것입니다. 저는 이야기 듣기를 싫어하는 아이(심지어 성인)를 만나 본 적 없습니다. 스토리텔링 도중 놀라움, 즐거움, 안식을 만들어 내기 위해 정적과 침묵을 사용하기도 합니다. 촛불을 켜고 방을 어둡게 만들기도 하고, 예상치 못한 초콜릿으로 놀라운 감정을 느끼도록 하기도 합니다. 시험 전에 초콜릿을 줘 보세요. 예기치 않은 초콜릿을 받은 학생들이 높은 성적을 얻었다는 실험 결과를 기억하기 바랍니다. 강점 건축가의 활용은 즐거워야 합니다. 학습 준비를 위해 즐거운 활동을 하는 것은 글자를 가르치기 위해 연필, 종이를 준비하는 것만큼 필수적입니다.

또한 이 같은 활동들은 일이 안 풀릴 때, 화나는 일이 생겼을 때, 갑작스레 심술이 날 때 사용할 수 있습니다. 이러한 부정적 정서는 학습을 방해합니다. 예기치 않게 부정적 정서가 찾아올 때 기억의 진주들 같은 강점 건축가가 학습 활동의 준비 및 개선을 도울 것입니다.

몰입

즐거운 활동으로 학습을 준비하는 일은 몰입이론과 일치합니다. 탁월한 심리학자 미하일 칙센트미하이(Mihaly Csikszentmihalyi)는 '몰입(flow)'을 집중할 때에 경험하는 감각으로 정의합니다. 그는 예술가, 체육인, 전문가들이 자신의 역량을 최대한 펼치는 순간을 연구했습니다. 그들은 돈이나 명예를 위해서가 아니라 재미있어서, 내면의 필요와 욕구로 인해 순간의 배고픔과 피로를 망각했고, 강한 동기 부여 경험을 했습니다. 몰입하는 동안에는 시간이 빨리 지나가고, 한 사람의 역량이 최대한으로 발휘됩니다. 배우고, 성장하고, 목표를 향해 나아가는 동안 아무것도 그들의 주의를 돌리지 못했습니다. 몰입 중에는 자기 자신조차 의식하거나 느끼지 못합니다. 왜냐하면 몰입은 현재 과제에 완전히 집중하는 상태이기 때문입니다.

몰입의 여파는 엄청납니다. 몰입한 후에는 성취감으로 편안함과 행복을 느낍니다. 저는 언제 제가 몰입하는지 알고 있습니다. 저는 글을 쓸 때, 뜨거운 차가 식을 때, 아들을 학교에 데리러 갈 때 시간 가는 것을 잊어버립니다.

몰입은 대개 우리가 선택한 일을 할 때 일어납니다. 심리학자 크리스토퍼 피터슨은 학교 활동 중 학생들이 몰입을 거의 경험하지 못한다고 주장합니다.[8] 왜냐하면 대부분의 학교생활에서 선택이 결여되어 있기 때문입니다. 저는 그가 지나치게 비판적이라고 생각하지만, 한편으로는 모든 교사가 이 말을 심사숙고해야 한다고 생각합니다.

제 경험상 학생들, 특히 어린 학생들은 학교에서 몰입하지만, 우리가 원하는 만큼 자주 몰입하지는 못합니다. 반면 어린아이들은 놀이 중에 매우 자연스럽게 몰입하고, 주변에서 일어나는 일을 잊은 채 놀고, 배우며 성장합니다. 이 흡입력을 공식적인 교육 현장에 가져올 수 없을까요? 더 자주 몰입하고, 완전히 기능하는 교실을 만든다면 얼마나 놀라운 일이 벌어질까요? 과연 '몰입'하는 교실이란 어떠한 모습일까요?

몰입은 어떤 과목의 달인이 되어야 일어나는 것이 아닙니다. 기술과 도전 사이에 적절한 균형이 있을 때 일어납니다. 너무 쉬운 도전은 학생을 지루하게 만들고, 너무 어려운 과제는 학생을 불안에 떨고 좌절하게 만듭니다. 각 아동의 수준을 알아차리고, 그에 맞게 목표를 따라가도록 격려하는 교사가 학생들을 몰입하게 만들 수 있습니다. 그러므로 선생님은 학생이 기꺼이 도전할 만한 너무 쉽지도, 너무 어렵지도 않은 과제를 제시해야 합니다. 또한 도전 중 언제든지 나올 수 있는 실수, 실패에 불안해하지 않도록 편안한 분위기를 제공해야 합니다. 학생을 안전지대에서 도전 장소로 밀어넣을 수 있어야 합니다. 그곳이 몰입과 학습이 일어나는 곳이기 때문입니다. 학생들이 더 많이 몰입할수록 더 행복하고 더 성취하게 될 것입니다.

　저는 명상과 몰입 간의 관계에 관심을 가지고 있습니다. 명상은 고도로 초점화된 주의집중입니다. 저는 몰입하는 수업을 시작하기 위한 방법으로 '명상 활동'을 사용합니다. 30초 정도 지속되는 활동으로 아이들이 학습에 앞서 스스로 마음을 모으는 침착하고 집중적인 운동입니다. 최고의 운동선수들은 시합 전 '구역(zone)'에 들어가기 위한 정신적 준비의 중요성을 알고 있습니다. 교사, 학생 역시 학습을 위한 정신적 준비의 중요성을 알고 실행할 필요가 있습니다. 강점 건축가의 몇 가지 활동[예: 레인 스틱 듣기(3부에 소개)]은 명상을 응용합니다. 또 다른 강점 건축가 활동인 '이야기 공간 만들기'는 내면의 집중력, 차분함을 길러 줍니다.

스트레치 존, 실패와 자존감

　우리 모두는 안전지대 바깥에 서 있을 때 배웁니다. 그곳은 몰입을 경험하는 동시에 두려운 곳이기도 합니다. 저는 이 장소를 '스트레치 존(Stretch Zones)'이라고 부릅니다. 심리학자 탈 벤-샤하르

(Tal Ben-Shahar)는 우리가 안전지대에서 벗어나 불안정하고 위협을 느끼는 장소로 들어갈 때 학습하고 성장한다고 말합니다.[9] 우리는 편안할 때가 아니라, 도전할 때 학습합니다. 이를 위해 불안을 견디고, 용기를 내는 연습도 필요합니다.

이 스트레치 존 바깥은 공포의 영역이며, 그곳에서는 학습이 불가능합니다. 큰 용기를 가지고 잠시 동안 그곳에서 버틸 수는 있지만 오랫동안은 불가능합니다. 저는 학생들에게 말합니다. "너희가 공포 지역에 있는 자신을 발견했을 때는 꼭 도움을 요청해야 해." 아이들을 공포 지역에서 다시 스트레치 존으로 이끄는 것이 어른의 역할입니다.

안전 지역	스트레치 존 (학습/자존감/용기)	공포 지역 (도움 요청하기/용기)

단단한 자아존중감이 형성되기 위해선 용기의 실천이 요구됩니다. 저는 실패가 자존감을 손상시키는 것이 아니라고 생각합니다. 실패는 우리가 성장하고 배우는 데 필수적 과정이기 때문입니다. 실패라는 단어는 '연기된 성공'으로 다시 정의되어야 합니다. 자신이 '실패'했다고 정의하고 쉽게 안전지대로 돌아가는(포기) 습관이 자아존중감을 손상시키는 것입니다.

샤하르가 말했듯이 우리는 실패하는 것을 배우거나 혹은 배우는 것을 실패합니다. 학생에게 실패는 정상적이고, 일어날 수 있는 일이며, 오히려 환영하라고 말해 주어야 합니다. 왜냐하면 실패가 학생들로 하여금 자아를 확장하는 기회를 주기 때문입니다. 학생이 실패했을 때 홀로된다는 느낌을 갖지 않도록 도와야 합니다. 실패는 학생 '개인'의 문제가 아니라 '우리'의 문제로서 함께 해결해 나가야 합니다.

성공을 통해 우리가 무엇을 얻는지 다시 생각해 볼 필요가 있습니다. 만약 성공이 전 과목 100점을 받거나 명문대학교 진학을 의미한다면 성공하는 사람은 거의 없을 것입니다. 성공은 다시 정의 내려져야 합니다.

성공이란?
우리가 최선을 다하고, 세상을 좀 더 나은 곳으로 바꾸기 위해
우리의 강점을 사용하는 것

선생님은 세상을 더 나은 곳으로 만들고 있는 사람입니다. 최고의 교육 전문가들은 학문적 기량만으로 학교의 가치를 평가해서는 안 된다고 말합니다.

결과의 칭찬보다 과정의 용기, 인내, 노력을 칭찬해 주는 것이 중요합니다. 오늘은 A 등급을 받았어도 같은 노력을 한 시험에서 B 등급을 받을 수도 있습니다. 문제의 난이도가 올라갔기 때문입니다. 이럴 때 A 등급만을 고집한다면 학생은 매우 불안해지고 결국에는 포기할 것입니다. 결과가 아닌 자신의 노력과 용기를 주변에서 높게 평가한다면 좀 더 편안한 마음으로 평소와 똑같이 노력할 수 있습니다.

용기를 실천할 때, 안전지대 밖에서 성취를 위해 계속 노력할 때 자아존중감이 형성됩니다. 자존감은 노력, 용기, 인내를 필요로 합니다. 교사로서 우리의 역할은 학생의 노력, 용기, 인내를 알아봐 주고 격려하는 것입니다. 알아봐 주기는 학생들에게 스티커나 보상보다 훨씬 더 가치 있습니다. 격려 또한 교육의 핵심 열쇠입니다. 격려란 학생을 인정하고, 그들의 노력을 인식하고, 협조적 행동에 감사하는 마음을 뜻합니다.

희망과 낙관성

교육은 용기뿐만 아니라 희망과도 밀접한 관련이 있으며 또한 그래야만 합니다. 희망은 지금 교실에서 배운 것이 이후 인생에서 성장하고 잠재력을 꽃피우는 데 도움이 될 것이라는 믿음입니다. 선생님은 희망적인 사람이 되어야만 합니다. 선생님이 학생에 대한 희망이 없다면 학생들도 자신에 대한 희망을 버릴 것입니다. 낙관적 학생들은 낙관성이 결여된 학생들보다 학습에 더 많은 인내력과 더 높은 성취를 보입니다. 그러므로 낙관성 증진은 교육에서 매우 중요한 주제입니다. 셀리그먼은 낙관적 사고가 학습 가능한 기술이라고 주장합니다.[10] 저는 그의 통찰력을 강점 건축가 활동에 적용했습니다(3부에 소개).

낙관성은 교사, 학생들을 탄력적으로 만드는 특성입니다. 탄력적인 사람들은 좌절에서 쉽게 다시 회복합니다. 탄력적인 아동은 트라우마, 박탈감을 경험했어도 행복하고 성공적인 어른이 될 가능성이 큽니다. 탄력적인 사람은 감정을 통제하고 알아차리는 능력, 자존감, 자기효능감이 높습니다. 탄력적인 사람은 자신의 강점과 약점을 명확히 인식합니다. 성공과 실패 모두 필요한 경험이라고 생각하고, 주변과 좋은 관계를 맺습니다. 이 모든 것이 학습 가능하고, 향상될 수 있는 삶의 기술입니다.[11]

탄력적인 사람의 또 하나 두드러진 특징은 어려운 시기를 대비해 행복한 기억들을 쌓아 두는 능력을 가졌다는 점입니다. 보물상자 강점 건축가 활동으로 '행복 저축'을 시작할 수 있습니다. 보물상자는 행복한 기억을 담아 두는 상자 또는 앨범입니다. 학생별로 개별적인 보물상자를 가질 수 있고, 학급 전체의 보물상자를 만들수도 있습니다. 정말 즐거운 경험을 글로 쓰거나, 그리거나, 사진을 찍어 상자에 넣어 놓고 힘들고 우울할 때 혹은 영감을 원할 때 열어 볼 수 있습니다.

강점 건축가: 좋은 추억들, 보물상자
-감사, 희망, 자기조절 증진 방법-

조용하고 부드러운 음악을 틀고 종이와 색칠도구를 준비하세요. 눈을 감고 행복한 기억들을 떠올려 보세요. 최근 있었던 일도 좋고, 더 오래된 과거의 일도 좋습니다. 할 수 있는 한 최대로 세세하고 생생하게 기억을 떠올려 보세요. 그 기억 속의 냄새, 색깔은 어땠나요?

당신의 마음속에서 아름다운 영화를 상영해 보세요. 그곳으로 돌아가 그 영화를 다시 경험하세요. 날씨는 어땠나요? 어떤 감정을 느꼈나요? 당신 주변에는 무엇이, 누가 있었나요? 주위 것들을 알아차리고, 즐거운 기분을 최대한 만끽해 보세요. 그리고 자신에게 웃어 주세요.

이제 눈을 뜨고 펜을 들고 이 영화를 그려 보세요. 정확히 그려야 한다는 걱정을 할 필요는 없어요. 다만 당신이 그 영화 속에 계속 머무를 수 있도록 낙서하듯이 편하게 그려 보세요.

펜을 놓은 후 당신의 기분, 당신의 에너지가 어떻게 변화했는지 알아차려 보세요.

행복한 기억을 저장하기 위해 이 과정을 여러 번 반복해 보세요. 이 기억은 '보석'이라고 부를 수 있습니다. 이 보석들을 상자 속에 넣고, 필요할 때 한 번씩 꺼내 본다면 긍정적 생각들이 다시 떠오를 수 있을 것입니다.

 연습 아이디어: 기억의 진주들

좋은 추억 떠올리기는 어떤 종류의 모임이든 모임을 시작하기에 좋은 활동입니다. 좋은 추억의 강력한 영향력을 동료 선생님, 학생에게 설명할 수 있습니다. 학기 초에 이 활동을 할 수도 있습니다. 그래서 모든 학생의 상자, 책상 속에 이 보석을 담아 두도록 격려할 수도 있습니다.

03
강점, 교육의
새로운 관점

강점이란 무엇인가

강점이란 어떤 특정한 방식으로 생각하고, 느끼고, 행동하는 능력과 관계가 있습니다. 우리가 강점들을 사용할 때 활기가 넘치고, 최상의 모습이 나타나며 이룰 수 있는 가장 높은 목표들을 성취합니다. 동서양을 포함한 모든 문화에서 인간의 강점(때로는 '가치'라고 불림)들에 관해 인식하고 있습니다. 문화들마다 어떤 강점이 중요한지에 대한 관점의 차이가 있지만 훌륭한 인간, 시민에게 필요한 핵심 강점, 덕목들에 대한 보편적 동의가 존재합니다. 친절, 희망(낙관성), 용기, 창의성 같은 강점들이 그 예입니다.

이 장에서는 강점 축하 교육 프로그램에서 사용하는 강점 목록을 소개합니다. 이 목록은 크리스토퍼 피터슨과 마틴 셀리그먼에 의해 만들어진 VIA(Value In Action) 강점 분류체계를 참고했습니다.

강점 목록

- 지성(wisdom & knowledge)
  - 창의성(creativity)
  - 학구열(love of learning)
  - 호기심(curiosity)
  - 개방성(open-mindedness)
  - 지혜(wisdom)
- 인간애(humanity)
  - 사랑(love)
  - 친절(kindness)
  - 우정/사회지능(friendship, social intelligence)
- 용기(courage)
  - 열정/활력(enthusiasm, vitality)
  - 끈기(persistence)
  - 용감성(bravery)
  - 진실성(authenticity, honesty)
- 절제(temperance)
  - 관용/용서(generosity, forgiveness)
  - 신중성(prudence)
  - 자기조절(self control)
  - 겸손(modesty)
- 정의(justice)
  - 공정성(fairness)
  - 협동심/시민의식(teamwork, citizenship)
  - 리더십(leadership)

- 초월(transcendence)
  - 감사(gratitude)
  - 영성(spirituality)
  - 유머(humour)
  - 희망/낙관성(hope. optimism)
  - 심미안(appreciation of beauty & excellence)

우리 모두는 이 모든 강점 특성을 어느 정도씩 가지고 있습니다. 그중 몇몇 특성은 다른 것들보다 더 많이 존재합니다. 자신이 가장 많이 가진 강점 특성을 대표 강점(signature strengths)이라고 부릅니다. 인간은 대표 강점들을 사용할 때, 자기실현을 가장 강하게 경험하고, 큰 성공을 이루며, 행복감을 느낍니다. 또한 대표 강점 속에 우리가 성장할 가장 큰 가능성이 존재합니다. 대표 강점들을 활용하면서 보낸 하루는 행복하고, 기운이 넘치며, 충만한 날이 됩니다. 반면 대표 강점 중 어느 것도 사용할 수 없었던 하루는 지루하고 소진된 하루가 됩니다.

학생도 마찬가지이기 때문에 강점 축하 교육은 교사, 학생 모두가 자신의 대표 강점을 알아 가고 가능한 한 많이 활용하도록 장려할 필요가 있습니다. 각 강점들의 소개와 강점을 증진하기 위한 활동들은 3부를 통해 자세하게 살펴보겠습니다.

결점과 강점

지금까지의 교육은 무엇이 잘못되었는지 찾고 고치려는 '결손 모델(deficit model)'에 주로 기반을 두었습니다. 긍정심리학은 자신의 결점에 집중하는 일에서 벗어나 잘하는 것들에 더욱 집중하고 그 것들을 더 실천하는 방향 전환을 요구합니다. 학생들은 잘 못하는 것을 할 때 더 쉽게 지치고, 더 쉽게 좌절하며, 자신감이 떨어집니다. 반면 학생이 자신의 대표 강점들을 활용할 때, 자신감과 자존감이 증진되고, 성취할 수 있는 최고의 것을 성취하며, 배움, 학교생활, 나아가 삶을 즐길 수 있습니다.

물론 항상 대표 강점만 활용하는 삶을 살 수는 없습니다. 수학을 싫어한다 하더라도 기초 수준의 연산은 배워야만 합니다. 그러나 연산에만 집중하여 평생을 보낸다면 저는 자신감을 잃고 좌절할 것입니다. 반면 강점들을 활용하는 일은 제게 에너지와 자신감을 줍니다.

물론 모든 강점이 중요합니다. 대표 강점들 외의 다른 강점들을 개발하는 것도 학생을 발전시킵니다. 이는 강점 모두가 인간 성장에 필요한 중요한 자원이기 때문입니다. 예를 들어, 용서는 저의 대표 강점은 아니었지만 제 삶의 중요한 특성 중 하나입니다. 용서의 결핍은 저를 괴로움, 불행으로 이끌 수 있기 때문입니다. 아마 앞으로도 용서는 저의 상위 다섯 가지 강점(대표 강점)이 되지는 못할 것입니다. 하지만 용서에 대해 깊게 생각해 보는 시간을 갖는 일, 용서 강점을 활용한 사람들의 사례에 대해 생각해 보는 것, 삶 속에서 용서 강점을 더 개발해 나가는 일은 삶을 더 풍요롭게 만들 것입니다. 용서가 대표 강점이 되지는 않을지라도, 계속 용서 강점을 길러 간다면 이전보다 더 많은 용서 강점을 가질 수 있을 것입니다.

모든 강점이 중요하기 때문에 강점과 연관 지어 축제를 열 수 있습니다. 정기적으로 축제를 연다면 정기적으로 강점에 대해 생각해 보는 시간을 가질 수 있을 것입니다. 자신의 대표 강점들과 연관된 축제일수록 학생들은 더 즐거워할 것입니다. 축제 안에서 대표 강점들을 활용하고, 강점을 빛낼 많은 기회를 찾을 것입니다. 자신의 대표 강점이 아닌 다른 강점들에 초점을 맞춘 축제일지라도 학생들은 성장하고 발전할 수 있습니다. 나와 전혀 관련 없다고 생각했던 강점에 친밀감을 느끼는 자신에게 깜짝 놀랄지도 모릅니다. 또한 그런 강점들을 활용하는 도전을 즐기게 될 수도 있습니다.

약점 인식에서 강점 인식으로

우리는 자신이 더 집중하는 분야에서 더 많은 것을 얻습니다. 약점에 집중한다면 선생님에게 주변 동료, 학생, 학교의 약점과 문제점들이 보일 것입니다. 반면 강점에 집중한다면 선생님은 동료, 학생, 학교의 강점들에 대한 증거와 강점이 발휘되는 모습을 보게 될 것입니다.

지금 선생님의 학급에는 선생님을 괴롭히고, 난처하게 만들고, 친구들을 어렵게 만들며, 스스로를 불행하게 만드는 학생이 있을 것입니다. 그런 학생들을 다룰 때 강점의 개념과 언어가 큰 도움이 될 수 있습니다. 계속해서 교사에게 도전하고, 선생님, 친구들과 싸우고, 모두에게 이래야 한다 저래야 한다고 요구하는 남학생 때문에 힘들어 하던 선생님이 있었습니다. 저와 강점에 대해 함께 작업한 후 그 선생님께서는 말했습니다. "선생님, 그 애는 타고난 리더예요. 모두가 필요로 하는 리더가 될 자질이 있어요." 이처럼 강점의 언어는 도전적인 학생을 보는 관점을 긍정적으로 재구조화해 줍니다. 선생님 학급의 그 아이는 단지 파괴적인 학생일까요? 아니면 나름대로 자신의 대표 강점인 활력, 열정을 표현하기 위해 애쓰고 있는 것일까요?

저는 부모님과의 애착문제로 인해 학교생활에 어려움(폭력적·파괴적 행동)을 겪는 남학생 A를 지도한 적이 있습니다. A학생은 부모님을 위해 자신의 행동을 고쳐 보고자 했지만 실패했습니다. 그런데 그의 대표 강점은 의외로 돌봄, 사랑이었다는 것을 알게 됐습니다. 단지 A의 강점을 안 것만으로 행동을 변화시키지는 못했지만 A에 대한 저의 생각, 느낌이 바뀌었습니다. 또한 그것은 저와 관계 맺는 방식을 변화시켜 줄 단서를 제공하였습니다. 저는 A에게 그의 대표 강점을 말해 주었습니다. "너는 정말로 너의 가족을 많이 사랑하고 있고, 너는 가족에게 매우 많은 관심을 보여 주고 있구나." 이 말은 실제로 A로 하여금 자신에 대한 인식을 새롭게 만들었습니다. 또한 A를 변화의 길로 이끌어 주었습니다.

학생의 강점에 대한 선생님의 통찰을 부모와 공유하기 바랍니다. "이 아이는 가만히 앉아 있지 못해요."라고 말하는 대신 "어머님, 이 아이는 정말 많은 열정과 에너지를 가졌어요."라고 말할 수 있습니다. 선생님의 통찰은 아이에게 얘기하는 부모의 언어를 새롭고 긍정적인 언어로 바꾸는 계기가 될 수 있습니다. 어쩌면 부모들이 자녀를 바라보는 시각을 변화시켜 줄 수도 있습니다. 이는 학생의 자존감 향상에 긍정적 효과를 가져올 것입니다.

강점과 교육

많은 성인이 자신의 강점들을 확인하고 그에 대해 말하기를 꺼립니다. 자기 자랑처럼 보이기 때문입니다. 그러나 할머니, 할아버지, 부모님, 유전적·문화적 유산들, 우리의 경험, 믿음, 노력들이 지금의 나를 만들었습니다. 이런 나에 대해 이해하고 감탄하는 일은 자랑이 아니라 우리의 조상들, 유산들, 우리의 삶을 느끼고 감사하는 아름다운 행위입니다. 나를 잘 이해할수록 더 겸손할 수 있습니다. 왜냐하면 자신의 강점들을 더 많이 인지할수록, 그리고 더 많이 활용할수록 스스로 부족한 영역에 대해 인정하기 쉽고, 이를 편안히 받아들일 수 있기 때문입니다.

부모님들과 학생의 강점, 가치에 대해 공유하는 일은 부모님의 마음을 열어 줍니다. 부모님과 미리 학생의 강점을 공유했다면, 선생님이 학생의 부족한 부분을 전달할 때도 부모님의 불안은 줄어들고, 더 편안하게 들을 수 있습니다.

강점 연구가 교육에 주는 중요한 통찰이 있습니다. 최근 미국의 신규 교사들에 대한 연구에서는 열정(활력), 유머 강점이 높은 교사들이 그렇지 않은 교사보다 뛰어난 학급 운영을 하고 있음을 보여 주었습니다.[1] 웃음, 재미, 기분 좋은 자극은 교실에 즐거움을 더하고, 학생의 배움에 효율성을 더해 줍니다. 교사들은 자신의 대표 강점을 활용할 때 가르치는 것을 더 즐기게 됩니다. 또한 만족감과 소속감이 높아지며 그 열정은 학생들에게 전달됩니다.

학구열(love of learning)은 교사가 가져야 할 그리고 학생에게 전달하고 장려해야 할 가장 중요한 강점 중 하나입니다. 배움이 하나의 신나는 모험, 즐거움으로 보이는 교실에선 자연스럽게 학생의 인생에 학구열을 심어 줍니다. 교사들 스스로 배움을 지속하는 학교는 더 발전합니다. 선생님이 좋아하는 과목, 새로운 교수법 또는 라인 댄스 등 무엇이든 상관없습니다. 선생님은 무엇인가 배우고 있고 학생들이 그 사실을 알기만 하면 충분합니다. 다만 시험 통과를 위해 공부하는 것(성적 집착)은 오히려 학구열 발달을 저해할 수 있습니다. 교사와 학생들이 그들의 흥미와 열정을 따라가도록 하는 것, 그저 배움의 즐거움, 성취의 짜릿함을 느낄 때 배움의 열정이 평생 이어질 것입니다.

대표 강점들은 개인뿐만이 아닌 집단에도 존재합니다. 관리자는 집단의 대표 강점이 무엇인지 고려해야 합니다.

- 우리 학교에서 뛰어나게 두드러지는 분야는 어디인가?
- 혹시 채워야 하거나 누락된 부분은 무엇인가?
- 학교 전체로서 보면 어떠한가?
- 배움 공동체로서 대표 강점은 무엇인가?

이 질문들이 우리 학교에 대한 관점을 변화시킬 수 있습니다. '우리 학교의 대표 강점들은 사랑, 친절과 학구열이다.' '우리 대표 강점들은 개방성(열린 마음), 창의성, 학구열이다.' 제가 작업한 학교에서는 복도 입구에 이러한 문구들을 전시해 놓았습니다. 학생들로 하여금 학교의 강점들에 대해 생각해 보고 의견을 표현하는 일은 매우 소중한 시간이 될 것입니다.

강점 체육관

강점 체육관(strengths gym)은 강점 축하 교육의 중요한 부분입니다. 강점 체육관은 직접적 방법과 간접적 방법의 두 가지로 구성됩니다. 강점 체육관의 직접적 요소는 강점을 증진하도록 돕는 강점 건축가(strengths builders)입니다. 체육관에 근육 증진을 위한 아령, 러닝머신들이 있듯이 강점 건축가는 각각의 강점들을 기르는 재미있는 게임, 활동들을 제안합니다. 예를 들어, '용감성 명상(이후 소개)'과 같은 강점 건축가는 마치 체육관에서 운동을 통해 근육을 키우는 것처럼 용감성을 더 활용하고 강화하는 아이디어를 제공합니다.

교사들은 강점 건축가 활동을 스스로를 위해 활용할 수도 있고, 학생 개인에게 추천할 수도 있으며, 모두가 참여하는 학급 활동으로 활용할 수도 있습니다.

간접적 방법은 이야기입니다. 좋은 이야기들은 1개가 아닌 여러 강점을 구체적 행동으로 보여 줍니다. 이야기를 들으면서 학생들은 자신의 강점을 간접적으로 확인하고 활용 방법을 배울 수 있습니다.

모든 강점 건축가와 이야기는 긍정적 생각, 말, 행동 습관을 형성하는 데 도움을 줍니다.

몇몇 강점은 다른 강점보다 삶의 만족도에 더 큰 영향을 끼칩니다. 학생은 그 특정 강점을 길러 주는 강점 건축가에 특히 초점을 맞춰야 합니다. 예를 들어, 감사, 사랑, 활력, 호기심, 낙관성은 인간을 행복하게 해 주는 강점들입니다. 이 강점들을 개발하는 일은 전인교육의 핵심 요소가 될 수 있습니다.

강점 건축가는 긍정심리학과 경영·관리 코칭 분야에서 개발되었습니다. 강점 건축가는 비즈니스와 산업계의 리더뿐만 아니라 더욱 성공적인 삶을 살고 싶은 개인들에게도 적용될 수 있습니다. 교사와 학생 또한 이 떠오르는 분야의 통찰을 공유할 권리가 있습니다.

강점 건축가는 학생 개인 혹은 학급 전체에게 활용될 수 있습니다. 이 활동들은 선생님들의 토의를 통해 현장에 맞게 수정·보완될 수도 있습니다. 선생님들이 모여 학교의 강점과 그것들이 어떻게 활용될 수 있는지 함께 생각하며 축제(활동, 행사)를 통해 이 강점들에 집중하는 시간을 가질 수 있습니다. 축제는 리더십이 대표 강점인 학생들이 강점을 발휘할 수 있는 좋은 기회입니다. 그들이 축제를 기획하고 주도해 갈 수 있도록 격려해 주면 좋을 것입니다.

이 책에는 24가지 강점을 증진하는 다양한 강점 건축가들이 수록되어 있습니다. 강점 건축가들은 각 장의 끝 부분과 3부에서 자세히 소개될 것입니다.

강점과 회복탄력성

강점들과 회복탄력성(좌절에서 회복하는 능력)은 서로 공통되는 부분이 많습니다. 회복탄력성의 요소인 낙관성, 정서 조절, 자기조절, 자기효능감은 특정한 강점들과 비슷한 성격을 가집니다. 예를 들어, 자신의 감정을 조절하고 관리하는 방법을 아는 것은 사회지능 강점의 중요한 부분입니다. 이 강점은 여러분을 타인은 물론 자신에게도 좋은 친구가 되도록 돕습니다. 또한 자기조절에도 도움이 됩니다. 자기효능감은 어떤 일을 성취하고 변화를 만들어 내는 자신의 능력에 대한 신뢰감을 뜻합니다. 자기효능감은 희망, 낙관성 강점의 한 측면이 될 수 있습니다.

이 강점들과 회복탄력성은 학습을 통해 증진할 수 있습니다. 이러한 특성은 또한 삶의 성공에 크게 기여하기 때문에 공교육의 일부분이 되어야 합니다. 강점과 회복탄력성을 가진 학생은 좌절을 극복하고, 친구, 교사와 좋은 관계를 형성하며, 아마 학업성취 및 다른 분야에서도 높은 성취를 거둘 것입니다. 또한 이러한 기술은 종종 사업, 직장에서 성공과 실패 사이의 차이를 만들어 내기도 합니다. 그러므로 강점, 회복탄력성 같은 기술들은 읽기, 쓰기처럼 미래 삶을 위해 준비해야 할 특성과 역량이기에 학교에서 배우고 익혀야 합니다. 앞으로 제시되는 강점 건축가들을 참고하기 바랍니다.

축제 또한 회복탄력성 기술들을 강화시킬 수 있습니다. 예를 들어, 긴장을 푸는 능력은 감정 조절의 중요한 요소입니다. 이 능력을 가르친다는 것은 학생들이 자신의 감정을 인식하고, 안 좋은 기분을 스스로 풀며, 화나거나 긴장했을 때 이를 진정시키는 방법을 알려 주는 일입니다. 여기 소개하는 축제들에는 명상, 고요한 반성 같은 강점 건축가가 포함되어 있습니다. 여러분은 명상의 고요함 속에서 자신의 감정들을 알아차릴 수 있습니다. 또한 명상은 긴장을 풀 수 있는 능력, 자기조절력을 길러 주고, 기분도 한층 나아지게 만듭니다.

각 강점과 관련된 강점 건축가 활동은 많습니다. 앞으로 하나씩 소개해 드리겠습니다. 교사들은 자신의 강점과 관련된 강점 건축가를 찾아 활용할 수 있습니다. 모든 활동을 무조건 다 할 필요는 없습니다. 읽기만 해도 하품이 나는 활동은 하지 마세요. 선생님의 흥미를 끌거나, 마음이 움직이는 활동을 선택하시기 바랍니다. 선생님의 열정을 따라가세요. 선생님의 열정을 통해 선생님은 가장 효과적으로 가르칠 수 있습니다. 강점 건축가 활동의 효과가 나타나려면 이 활동이 먼저 선생님과 그리고 선생님의 학급과 맞아야 합니다. 선생님이 그 활동을 즐긴다면 선생님의 일부분이 될 때까지 그 활동을 지속할 것입니다. 그리고 그것은 긍정적 생각, 말, 행동 습관을 만들 것입니다.

강점 실천하기

강점 축하 교육 활동은 단지 지식 전달에만 그치지 않고, 우리 학교 전체를 위한 코칭 도구가 될 수 있습니다. 특히 강점 건축가들은 다양한 수준에 따라 접근 가능하도록 제작되어 있어서 학생 친화적일 수 있지만, 분명 학생만을 위한 것이 아닌 교사, 성인 모두를 위한 것이기도 합니다.

저는 이 기술들을 매일매일 생활에서 언제나 사용합니다. 성인 코칭 고객들 및 전문가 그룹에서도 이 기술들을 사용합니다. 이 기술을 학생에게 적용하기 전, 자신을 위해 선생님이 직접 시도할 필요가 있습니다. 만약 선생님이 비관적이라면 학생에게 더 낙관성을 가지라고 격려해도 결국 실패할 것입니다. 선생님의 말과 행동이 다르기 때문입니다. 선생님 자신을 위해 먼저 이 책에서 소개하는 낙관성을 길러 주는 강점 건축가 활동(예: 비관이의 생각)을 시도해 보세요. 나쁜 사건들을 자신에게 어떻게 설명하는지 알아차리고, 선생님의 사고가 더 현실적이 되도록 연습해 보세요. 선생님이 낙관적 사고의 모델이 된다면, 낙관적 사고는 교실의 자연스러운 일부분이 될 것입니다.

강점 건축가: 나의 대표 강점 찾기
-겸손, 감사, 활력, 우정/친밀(사회지능), 영성,
자기조절 강점을 증진하는 방법-

24개 강점 목록을 살펴보고 가장 많이 사용하는 다섯 가지 강점을 선택해 보세요. 그리고 온라인 성격강점 검사(평가)를 해 보길 바랍니다.

- https://inpsyt.co.kr(유료): 오른쪽 하단 심리검사 구매 버튼을 누르고 성격강점 검사를 구입해 검사해 보세요.

- https://viacharacter.org(무료): 영문 사이트로, 왼쪽 상단 메뉴에서 언어를 한국어로 변환한 후에 오른쪽 검사 버튼을 누르고 검사해 보세요.

내가 생각한 강점과 강점 검사 결과를 비교해 보세요. 당신이 생각하기에 어떤 것이 가장 진정한 당신(대표 강점)인 것 같은가요?

🔅 연습 아이디어: 이것은 누구의 강점일까요?

이것은 즐거운 협동 활동입니다. 동료 혹은 학생에게 나의 5대 강점(대표 강점)들을 선택하고 추천하게 하세요. 단, 아무와도 결과를 공유하지 않습니다. 그리고 모두 한 장의 종이에 이름 없는 대표 강점을 적어 상자에 넣으세요. 상자를 연 후, 5대 강점 목록과 동료 혹은 학생들을 연결해 보세요.

왜 이 강점들이 그 친구의 강점인지, 그리고 그 사람에 대한 긍정적인 생각들을 표현할 기회를 주세요. 마지막으로, 각 사람은 자신의 목록(대표 강점)이 무엇인지 밝혀 보세요. 이때 다른 사람들이 그 사람의 대표 강점 이외에 주변에서 관찰한 다른 핵심 강점들도 추가로 이야기해 주세요.

다음의 강점 카드를 활용하면 친구의 강점 찾아 주기, 강점 골든벨, 강점 경매 등 다양한 게임, 활동들을 통해 대표 강점 탐색이 가능합니다. 이 카드는 인터넷 서점에서 구매 가능합니다.

아동 성격강점카드(초등학생용)

청소년 성격감정카드(중 · 고등학생용)

출처: 김광수, 김경집, 기경희, 양곤성, 하요상, 한선녀(2016). **아동 성격강점카드**. 서울: 인싸이트.
　　　 김광수, 김경집, 하요상, 기경희, 양곤성(2019). **청소년 성격강점카드**. 서울: 인싸이트.

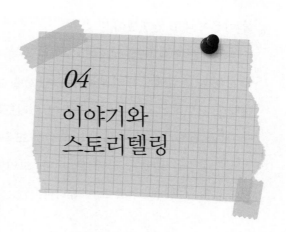

04
이야기와
스토리텔링

이야기와 스토리텔링은 강점 축하 교육과 모든 축제를 하나로 이어 줍니다. 이야기와 스토리텔링은 강점을 기념하고, 강점이 교육과정 안에 살아 숨 쉬게 하며, 강점이 구체적 행동으로 드러나게 만듭니다. 이야기에는 마법 같은 힘이 숨어 있습니다. 이야기를 통해 자신의 강점을 생각해 보고, 그 강점이 무엇인지 반복해서 확인할 수 있습니다.

스토리텔링은 오래전부터 강점 축하 교육에서 사용해 왔으며 강점 개념과 긍정적 생각들이 학생 개인, 교실, 학교 안에 뿌리내리게 하는 교육법입니다. 학창시절 수업 내용은 까맣게 잊어버렸지만 우리는 이것만은 기억합니다. "홍길동은 평등을 추구했고, 토끼와 거북이 이야기의 거북이는 끈기와 열정을 보여 줬으며, 오성과 한음은 어린 나이에도 지혜로웠고, 윤봉길 의사는 자신의 용기 모두를 이끌어 내고 발휘했어."

　이야기는 오랫동안, 심지어 수백 년 후까지 기억됩니다. 이야기를 강점의 관점에서 바라보는 것은 강점을 이해하고, 자기 강점에 대해서 고민하게 만들며, 그 강점이 오래도록 지속되게 도와줍니다. 강점 건축가 활동이 직접적인 강점 교육이라면 이야기는 간접적으로 강점을 보여 주고 가르칩니다. 그리고 긍정적 사고, 말, 행동 습관의 구체적 모범을 보여 줍니다.

이야기, 잠재적 교육도구

　좋은 이야기는 복잡하고 다양한 이야기를 담고 있습니다. 저는 몇백 년 전의 이야기나 고전 동화를 주로 사용합니다. 오래된 이야기는 그만큼 가치가 있기에 여러 방법으로 전해져 몇백 년 동안 살아남을 수 있었습니다. 이런 이야기는 한 가지 메시지만을 담고 있지 않고 다양한 메시지를 동시에 담고 있습니다.

　이야기는 학생이 눈치 못 채는 숨겨진 잠재적 교육 도구입니다. 이야기는 "이렇게 돼야 해, 저렇게 돼야 해."라는 식으로 말하지 않습니다. 이야기는 어떤 세계 속으로 학생을 초대합니다. 여러 인물을 소개하고 어떤 일이 일어날지 궁금하게 만듭니다. 이야기의 사건을 따라가며 그것이 무엇을 의미하는지, 무엇을 말하는지 학생 스스로 판단하고 결정하게 만듭니다. 가끔 이야기는 어떤 것을 분명하게 가르치기도 합니다. 그래서 모든 위대한 스승은 교육에 이야기를 사용했습니다. 그러나 설교적 방법은 아니었습니다. 어떤 생각을 제시하고 학생이 그것을 받아들이든 그렇지 않든 다양하게 다른 방식으로 해석할 자유를 주었습니다. "친절해라."라고 말하는 대신 이렇게 이야기합니다. "여기 한 소년이 있었습니다. 이 소년 은 ……한 사정으로 제비에게 친절을 베풉니다. 그리고 ……한 일 이 벌어집니다. 여러분은 이 이야기에 대해서 어떻게 생각하나요?"

이야기는 전달하고자 하는 메시지를 간접적으로, 때로는 선택적 으로 제공하는 굉장히 자유롭고 공손한 교육 방법입니다. 이야기 를 듣는 학생이 메시지를 거부할 자유가 있을 때 메시지를 진심으 로 받아들일 가능성도 그만큼 커집니다. 메시지에 동질감을 느끼 면 그것을 받아들입니다. 강요가 아닌 선택에 의한 것이므로 그 메 시지는 학생의 생각에 더 깊이 뿌리내립니다.

"……했었다. 그러니 철수는 착하게 살아야 한다."
"……했었다. 영희는 자신감을 가져야 한다."

이런 직접적이고 단순한 이야기에 교육적 효과는 없습니다. 학 생들은 이런 이야기들을 싫어합니다. 세상에는 풍부하고 다양한 내용을 다루는 좋은 이야기가 넘쳐 납니다. 잭이 콩나무 줄기를 자 르고 거인을 무찌른다는 놀라운 이야기는 "잭은 자신감을 가져야 한다."라고 직접적으로 언급하지 않습니다. 그런 말을 쓸 필요가 없기 때문입니다. 거인을 무찌른 잭에게 이보다 더 큰 자신감이 필 요할까요?

이야기가 내포하는 메시지를 직접적으로 드러낼 필요가 없습니 다. "희연이의 부모님이 이혼을 한다."라는 이야기는 화목한 가정에 있는 학생에게는 흥미를 끌지 못합니다. 반면 비슷한 가정사를 가진 학생은 이 이야기에 주목합니다. 만일 부모님의 부재로 갈등을 겪는 아이에게 「백설공주(Snow White)」를 읽어 준다면, 이 이야기에서 아이는 큰 위로를 얻습니다. 백설공주가 집에서 쫓겨나 부모님 없는 세상에서 도움의 손길을 만나고, 우정을 경험하며 마침내 해피엔딩을 맞기 때문입니다. 왜 특정 이야기가 끌리는지 설명할 필요도 없습니다. 아이들은 왕과 계모는 부모님을 의미하고 난쟁이들은 친구, 도와주는 손길이며 집 밖의 흥미로운 모험을 의미한다는 것을 자연스럽게 알게 됩니다. 이야기의 은유법은 다양한 의미를 내포하고 있어서 이야기 구절마다, 등장인물마다 다른 의미로 다가올 수 있으며, 각 학생에게 다른 의미로 해석됩니다. 「백설공주」「헨젤과 그레텔(Hansel and Gretel)」「신데렐라(Cinderella)」같은 이야기들은 이미 부모님의 이혼을 겪은 학생에게 도움이 될 수 있습니다. 이혼을 설명하기 위해 직접적으로 메시지를 전달하거나 다른 자료를 일부러 제시할 필요가 없습니다. 그저 그 이야기를 들려주면 됩니다.

　죽음이라는 무거운 주제도 이야기로 다룰 수 있습니다. 「굿바이 모그(Goodbye Mog)」[1]는 죽음에 관한 멋진 이야기입니다. 이것은 훌륭한 작가가 쓴 사랑받는 캐릭터의 아름다운 이야기입니다. 여기서 죽음이라는 심각한 주제는 이야기에 전혀 방해가 되지 않습니다.

「굿바이 모그」

고양이 모그가 나이 들어 죽자, 가족은 모두 슬픔에 잠긴다. 하지만 모그의 영혼은 집을 떠나지 않고 계속 가족 주변을 맴돈다. 어느 날 엄마가 집에 아주 조그만 고양이를 데려오지만 그 고양이는 제대로 적응을 하지 못한다. 모그는 아기 고양이가 가족과 잘 지내게 도와주었다. 가족은 아기 고양이를 새 가족으로 받아들인다. 그리고 난 후 모그는 마음 편히 하늘나라로 떠난다.

이야기, 강점을 담는 공간

처음 피터슨과 셀리그먼의 강점과 덕목을 접했을 때, 저는 이미 학교에서 이야기를 사용하고 있었고, 이야기를 여러 축제의 주제로 다루고 있었습니다. 그리고 이야기와 스토리텔링이 교육과정을 강화하고 긍정적이고 건강한 정신을 갖게 한다는 내용의 책을 쓰는 중이었습니다.[2] 인물의 강점과 축제와 이야기를 연관 짓는 것은 자연스러운 구조이며, 이렇게 하면 선생님과 학생들이 한 해의 특정 시기마다 어떤 강점에 대해 집중하고, 매년 그 축제가 돌아오면 이야기와 강점을 다시 볼 수 있습니다.

이런 방법으로 학생들과 강림절[3]을 기념했던 것을 기억하고, 영적 부분, 소망, 삶을 생각할 때 다시 그 기억을 되살립니다. 또 학생은 강림절 축제 기간에 들은 「크리스마스 이야기(Christmas Story)」

「신데렐라」 같은 이야기들을 기억할 것입니다. 이 이야기들은 학생의 마음에 강점으로 자라날 것이고 「신데렐라」를 들으면서 소망했던 것을 기억하게 될 것입니다. 어떤 학생은 공연 예술 축제에서 대표로 노래했던 기억을 떠올릴 수도 있고, 선생님이 칭찬했던 일을 기억할 수도 있습니다. 또 축제와 어떤 이야기를 강점과 연관지어 생각하게 될 수도 있습니다. 예를 들어, 「캐드먼과 첫 번째 시 (Caedmon and The First Poem)」[4]를 생각하고 이 이야기에서 말하는 강점을 생각하게 될 수도 있을 것입니다.

어떻게 해야 이야기가 좋은 역할을 할지 생각하며 이야기를 전하는 것도 중요합니다. 복합적인 주제가 담겨 있고, 수 세기에 걸쳐 전해진 것들이 좋은 이야기입니다. 같은 이야기라도 사람에 따라서 다양한 의미를 갖습니다. 이야기와 인물이 가진 강점을 통해 인물의 특정한 힘을 깨닫게 됩니다. 이를 통해 학생은 자신의 강점을 확인하고, 강화하며, 나아가 행동으로 드러나게 할 수 있습니다.

저는 제이드라는 7세 소녀를 보고 이야기가 등장인물이 가진 강점을 통해 학생의 강점을 강화할 수 있다는 사실을 깨달았습니다. 제이드는 학교 공연 페스티벌에서 홀로 노래를 부르기로 되어 있었습니다. 저는 아이들에게 「캐드먼과 첫 번째 시」 이야기를 들려주었습니다. 제이드는 교장 선생님에게 말했습니다. "저는 캐드먼처럼 정말 걱정돼요. 하지만 숨 한 번 깊게 쉬고 캐드먼처럼 용기를 내볼게요." 저는 제이드에게 용기를 가지라고 말하지 않았습니다. 용기에 대한 이야기가 간접적으로 용기를 내는 방법을 알려 주고, 용기를 내고 싶다는 동기를 높여 준 것입니다. 제이드는 그 이야기 속에서 용기를 발견했고, 결국 이야기가 제이드에게 용기를 내도록 도왔습니다.

저는 모든 이야기 속 등장인물이 보여 주는 강점과 축제를 연결하는 작업을 해 왔습니다. 모두 50개가 넘는 이야기를 연구했고, 이 책에서 그 일부를 소개합니다. 이야기는 등장인물의 강점을 간접적으로 보여 줍니다. 각각의 이야기에서 다양한 강점을 사용하는 인물들을 만날 수 있습니다. 저는 결코 "너희도 이 이야기처럼 용기 있게 살아야 해."라고 말하지 않습니다. 대신 이렇게 이야기합니다. "이 이야기에서 두려움이나 용기에 관해 쓰인 부분을 찾아볼까? 다른 강점은 어떤 게 있을지 찾아볼래?" 이렇게 학생 스스로 이야기를 해석하고 자기에게 필요한 부분을 발견하도록 도울 수 있습니다.

저는 학생들이 이야기에서 자신의 강점을 발견한다는 것을 깨달았습니다. 저는 초등학교 3학년 학생을 데리고 대표 강점을 찾는 강점 발견 수업을 한 적이 있습니다. 아이들에게 「여왕벌(The Queen Bee)」(책 뒷부분에 소개)을 읽어 주며 어떤 강점을 발견했는지 물었습니다. 이 이야기는 용기와 친절함을 말하고 있었죠. 하지만 아이들의 대답은 매우 놀라웠습니다. 제가 미처 알아차리지 못한 무려 11개의 강점에 대해서 말했기 때문입니다. 어떻게, 어느 부분에서 그 강점을 발견했냐고 물었습니다. 그때 저는 아이들이 발견한 강점이 아이들 자신의 강점과 비슷하다는 것을 발견했습니다. 이야기를 통해 학생은 이전에는 생각하지 못했던 새로운 방법으로 강점을 사용할 수 있다는 것을 배웁니다.

「아기돼지 3형제(The Three Little Pigs)」는 오직 호기심만 말하는 이야기가 아닙니다. 물론 돼지들은 호기심을 가지고 바깥세상으로 나아가 새로운 경험을 합니다. 그 과정에서 다른 여러 강점이 나타납니다. 「빨간 망토(Little Red Riding Hood)」는 오직 신중성만 말하는 이야기가 아닙니다. 이 이야기에는 여러 강점이 드러나고 또한 특정 강점의 부족을 보여 줍니다. 많은 동화가 이와 같습니다.

수업 시간에 다룰 강점에 대해 미리 알려 주면, 학생은 이야기를 들으며 자신에게 필요한 강점을 더 잘 감지하게 됩니다. 이야기 속에서 학생 스스로 필요한 강점을 인지하는 것은 굉장히 가치 있는 일입니다. 직접적으로 "이 이야기는 ○○에 관한 거야."라고 가르치는 것보다 훨씬 효과적입니다. 저는 간접적·잠재적 교육의 힘을 믿기 때문에 이렇게 이야기합니다. "이제 이 이야기에서 친절을 보여 준 부분을 누가 말해 볼까? 아니면 불친절함을 떠올린 부분이 있니? 친절 말고 다른 교훈이나 강점은?"

학생에게 균형 잡힌 생각을 하도록 유도하고, 학생이 느낀 강점에 대해서 말할 수도 있습니다. 이야기에서 드러나는 여러 가지 생각, 교훈을 학생이 스스로 자각하게 해야 합니다. 선생님의 생각을 주입하지 않는 것이 중요합니다. 학생은 언제나 자신의 생각보다 어른의 생각을 우선시하기 때문에 선생님과 생각이 다를 경우 자신감을 잃어버리고 생각을 멈추게 됩니다. 아이들은 이렇게 생각할 것입니다. '내가 틀렸어. 선생님 생각이 정답이야.' 하지만 선생님의 답보다 아이들의 답이 더 나을 수 있습니다.

어떤 특정 강점에 대해 토론하기 위해 이야기를 이용할 수도 있습니다. 예를 들면, 「코끼리와 엄마(The Elephant and His Mother)」(3부에 소개)라는 이야기에 대해 이렇게 질문할 수 있습니다. "누가 어떻게 친절한 행동을 보여 주었다고 생각하니?" 이 질문을 받고 학생은 스스로 아이디어를 생각하고 실생활에서 어떤 것이 친절인지 생각하게 됩니다. 그리고 학교에서 이와 비슷한 방법으로 친절을 보여 줄 수 있는지 혹은 다른 방법으로 보여 줄 수 있는지 질문할 수 있습니다. 핵심은 학생이 이야기를 통해 자신만의 아이디어를 갖는 것입니다. 학생에게 이야기의 의미를 직접적으로 전하지말고 스스로 찾게 하세요!

스토리텔링, 강력한 교육 도구

저는 학생이 이야기를 직접 읽든, 영화로 보든, 오디오북으로 듣든, 아무 상관없다고 생각합니다. 어떤 식이든 이야기는 학생에게 매우 유익합니다. 그래도 가장 좋은 방법은 스토리텔링이라고 생각합니다. 선생님이 이야기를 들려주면 학생은 직접 읽는 것보다 더 풍부한 내용을 얻게 되기 때문입니다.

선생님은 내용을 각색해서 보다 생생하고 드라마틱하게 전달할 수 있습니다. 너무 오래되어 현실과 맞지 않는 고전이라면 새로운 버전으로 바꿀 수 있고, 자신만의 어휘로 전달할 수 있습니다. 스토리텔링은 단순히 이야기를 읽어 주는 것이 아니라 역동적으로 이루어지는 교육 활동입니다.

책 없이 아이들 앞에 서는 것은 생각보다 겁나는 일입니다. 많은 선생님이 스토리텔링보다 책 읽기를 선호하는 이유도 이 때문입니다. '이야기가 기억이 안 나면 어쩌지? 애들이 내 말을 안 들으면 어쩌지? 내 말이 재미가 없지는 않을까?'와 같은 두려움이 몰려옵니다. 스토리텔링을 많이 해 본 선생님들도 마찬가지입니다. 책을 덮었기 때문에 책 핑계를 댈 수 없고 오로지 자신만을 의지해야 합니다.

하지만 선생님의 학생들이 선생님의 말에 매혹되는 놀라운 경험을 할 수 있을 것입니다. 어떤 수업보다도 선생님은 만족감을 느낄 수 있습니다. 더불어 선생님 자신에게도 좋은 교육입니다. 아이들의 다양한 생각을 알아낼 수 있고 목소리 톤을 이용해 수업 분위기와 아이들의 행동을 조절할 수 있습니다. 또한 신체 언어나 침묵으로 아이들과 소통하는 방법도 알게 됩니다.

스토리텔링을 할 때 취하는 자세 혹은 침묵만 해도 점점 더 아이들이 영향을 받게 될 것입니다. 스토리텔링으로 학생들을 조용히 시킬 수도 있고 시끄럽게 만들 수도 있습니다. 학생을 위로할 수도 있고 그들에게 도전정신을 심어 줄 수도 있습니다. 지루한 시간에는 학생을 웃게 만들 수도 있어서, 수업을 마치거나 하루 일과를 마칠 때 학생이 만족감을 느끼게 할 수 있습니다.

정기적으로 스토리텔링을 하면 언어를 효과적으로 사용하는 감각을 얻을 수 있습니다. 스토리텔링을 통해 창의성을 계속 훈련하게 되고, 강점 사용의 효과도 더 커질 수 있습니다. 이야기가 늘어날수록 창의성도 늘어납니다. 이런 모든 것이 수업을 더 즐겁게 하고, 교육 효과를 높여 줍니다.

스토리텔링은 학생에게도 만족감을 줍니다. 감정이 풍부한 어른이 이야기를 전달하기 때문입니다. 감정이 풍부하고 생각이 많은 어른일수록 말 대신 다른 방법으로 메시지를 전합니다. 이야기는 선생님의 감정을 전달하는 정말 좋은 수단이고, 이를 통해 선생님이 학생을 얼마나 아끼는지가 무의식적으로 전달됩니다. 선생님은 무의식적으로 학생에 대한 사랑, 학생의 감정과 강점, 환경을 이야기에 집어넣습니다. 학생은 무의식적으로 선생님의 감정을 감지하고 마음을 이해하게 됩니다.

학생에게 이야기를 전달할 때 이상한 일이 일어납니다. 이것은 선생님에게 굉장히 익숙한 경험입니다. 어떤 선생님들은 굉장히 불편하게 느끼기도 합니다. 바로 선생님이 각 학생들과 단 둘이서만 있는 것 같은 느낌입니다. 특히 눈 맞춤을 통해서 모든 학생과 개인적으로 연결되고 있다고 느껴집니다. 학생은 직접 표현하지 않지만 선생님이 용기 내서 나의 편에 서서 소중한 어떤 것을 주고 있다고 느낍니다. 선생님만의 버전의 이야기를 아이들에게 들려주게 되는 것이고, 선생님 자신의 어떤 부분을 학생에게 나눠 주고 있는 것입니다. 스토리텔링은 학생과의 관계에서 따뜻함, 신뢰를 만들어 줍니다. 학생들은 평생 동안 이렇게 기억할 것입니다.

'저 선생님이 나에게 재밌고 훌륭한 이야기를 말해 주셨어.'

이야기, 강점과 교육과정의 연결

지금까지 우리는 용기, 친절을 직접 가르치는 것을 목표로 삼지 않았습니다. 이야기 전달에만 목적을 두었을 뿐입니다. 관계에 대한 강점을 보여 주는 이야기가 있다면, 이를 통해 강점 교육이 가능합니다.

영국은 고전을 스스로 각색해 발표하는 과정이 국가 교육과정에 포함되어 있습니다. 초등학교 1학년생들은 고전을 옛날 어투로 고쳐 이야기하고, 5학년생들은 동화 구연(스토리텔링) 방법으로 자신만의 유머를 더해 이야기합니다. 학생이 동화 구연 기술을 완벽하게 익히길 바라는 것은 어려운 일이며, 가르치는 교사에게도 스트레스가 될 것입니다. 그런데 선생님은 스토리텔링의 역할 모델이 될 수 있습니다.

스토리텔링 활동을 통해 학생은 많은 것을 배울 수 있습니다. 언어적 창의성, 몸짓, 목소리 톤, 표정으로 청취자들을 사로잡는 방법, 이야기 진행 방법 등을 배웁니다. 이 기술은 학생의 읽기, 쓰기 능력에 확실한 도움이 될 것입니다. 스토리텔링으로 향상되는 것은 비단 읽기, 쓰기 능력만이 아닙니다. 누군가에게 재미있게 사건을 전달하는 방법을 배우는 것은 사람들과 친밀감을 만들고, 타인의 이목을 집중시키고 자신 있게 말하고 행동하도록 도와줍니다. 또한 자기 감정에 친숙해지고 자연스럽게 표현하도록 도와줍니다.

우리 자신과 관련된 스토리텔링은 많은 강점을 활용하게 해 줍니다. 또한 배움의 즐거움도 있습니다. 물론 인내심이 필요합니다. 말을 통해 이야기를 완전하게 구현하는 데는 시간이 걸리기 때문입니다. 창의성도 필요합니다. 이야기는 말할 때마다 새롭게 편집되고 다른 어휘를 사용하기도 하며, 조금씩 다른 그림을 말하게 됩니다. 우정과 공감도 필요합니다. 유능한 이야기꾼은 자신을 드러내는 데 불편함을 느끼지 않고, 이야기에서 느껴지는 자기 감정을 잘 전달하며, 듣는 사람들의 감정에도 주의를 기울입니다. 또한 이야기꾼에게는 리더십 능력도 필요합니다. 누군가와 협업하는 경우에는 팀워크 기술도 사용합니다. 그리고 이야기꾼에게는 소망과 사랑도 필요합니다. 소망, 사랑 없는 이야기는 아무것도 아니기 때문입니다. 유머도 한몫합니다. 이렇게 보면 사실 스토리텔링과 관련 없는 강점을 생각해 내는 것이 어렵습니다. 스토리텔링은 수많은 강점을 길러 주는 강점 건축가입니다.

이야기, 가치와 감정을 연결하는 매개체

학생은 세계 곳곳의 다양한 이야기를 들어 봐야 합니다. 동화, 고전을 통해 수많은 나라의 문화유산이 전달되기 때문입니다. 또한 이야기 안에서 인류가 공유하는 강점을 발견하기도 하고 서로 다른 차이도 알게 됩니다. 강점은 전 세계에 존재합니다. 중국 이야기 「요술 그림 붓(The Magic Brush)」(3부에 소개)에서 우리는 정직의 가치를 보여 주는 인물을 만납니다. 조지 워싱턴 이야기에서도 같은 강점을 발견할 수 있습니다. 이를 통해 인간은 많은 공통점을 공유한다는 것, 그래서 인종, 문화에 관계없이 우리가 함께할 수 있다는 것을 받아들이게 됩니다.

종교 관련 이야기도 중요합니다. 모든 종교는 이야기를 통해 가치, 신념을 다음 세대에 전합니다. 이야기를 통해 다른 나라의 종교도 배울 수 있습니다. 이야기는 낯선 종교를 이해하는 좋은 도구입니다. 이야기는 학생과 그 주제 간에 감정적 유대를 만들어 줍니다. 이야기 속으로 들어가 나와 다른 눈으로 세상을 보는 경험을 제공합니다.

또 이야기는 문학적 감성을 개발시키는 강력한 도구입니다. 또한 학생 자신과 타인의 감정을 이해시켜 줍니다. 좋은 이야기는 인간의 모든 감정을 다루기 때문입니다. 기쁨과 행복, 절망과 잔인함, 부끄러움과 포악함까지 다루고 있습니다. 학생들도 이런 강렬한 감정을 느낍니다. 다양한 감정이 나타나는 이야기를 전달함으로써 실제로 학생이 종종 느끼는 강한 갈등, 감정이 혼자만의 것이 아님을 알려 줄 수 있습니다.

우리 모두는 인간의 모든 종류의 감정을 느낍니다. 느끼고 싶지 않은 증오, 두려움, 잔인함도 느낍니다. 이야기는 감정은 일부러 만드는 게 아니라 자연스레 생기는 것이며, 이런 감정을 느낀다고 해서 우리가 이상하거나 나쁜 사람이 아니라는 것을 확인시켜 줍니다. 우리는 불편한 감정들을 가둡니다. 하지만 이야기를 통해 이 감정들을 직면하고 해소할 수 있습니다. 복수하는 이야기를 들으며 잠시 동안 복수하고 싶은 마음을 배출합니다. 받아들이기 힘든, 사회가 금지하는 감정들도 이야기를 통해 해소할 수 있습니다.

공격적이거나 슬프거나 두려운 자신의 감정을 이야기에 투영하는 학생은 현실에서 부정적 감정을 직접 배출하려는 욕망이 줄어듭니다. 이야기는 어떤 감정은 누그러뜨려 참을 만한 정도로 만들어 주고, 또 그 감정에 대해 생각해 볼 공간을 제공합니다. 이야기에 대한 토론을 통해 학생은 간접적으로 자신의 감정을 투영할 수 있습니다. 내가 아닌 등장인물의 감정을 다루기 때문에 보다 안전하게, 적극적으로 부정적 감정에 대해 대화를 나눌 수 있습니다.

이야기, 분위기를 고조시키는 도구

이야기는 재미있습니다. 사람들은 이야기를 듣고 말하는 것을 모두 좋아합니다. 만약 선생님 자신에게 할 이야기가 없다고 생각한다면 스스로를 돌아보시기 바랍니다. 농담도 이야기 중 하나이고, 라디오에서 들리는 소리도 이야기로 가득하며, 텔레비전에서도 이야기가 계속 나옵니다. 이야기는 감정을 고양하기 때문에 수업에 유용하게 사용되며, 긍정적 마음을 갖게 하여 수업 참여도를 높여 줍니다. 특히 수업 내용과 전혀 관련 없는 이야기라면 아이들은 선생님이 주는 특별 선물로 받아들일 수 있습니다. 이야기는 선생님과 학생을 잇는 훌륭한 매개체로서 놀라운 결과를 보여 줄 것입니다.

스토리텔링을 통해 학생뿐만 아니라 선생님의 기분도 좋아집니다. 그래서 선생님이 좋아하는 이야기를 들려줘야 합니다. 선생님이 싫어하는 이야기는 선택하지 않기를 바랍니다. 또는 이야기를 수정할 수도 있습니다. 학생은 선생님이 말하는 '내용'보다 선생님의 열정과 태도에서 많은 것을 얻습니다. 학창시절에 어떤 선생님이 당신에게 영향을 주었는지 기억해 보세요. 그 선생님이 무엇을 가르쳤는지가 기억나나요? 아니면 그 선생님이 보여 준 열정, 유머 같은 것들이 기억나나요? 중요한 것은 선생님이 느끼는 감정입니다.

싫어하는 이야기를 말할 때 그 불편한 감정이 학생에게 전달됩니다. 감정은 홍역같이 전염이 되기 때문입니다. 제가 교사였을 때, 좋아하지 않는 책은 교실에 두지 않았습니다. 학생이 「바비가 쇼핑하러 가다(Barbie Goes Shopping)」라는 책을 가져왔을 때 학생의 기분을 맞춰 주기는 했지만 읽어 주지는 않았습니다. 제가 느끼기에 끌리지 않는 이야기였기 때문입니다. 그때 학생들은 제 열정에 사로잡혔습니다. 학생이 그 유머를 이해하는지는 중요하지 않습니다. 「엉망이야(What a Mess)」[5]를 학생에게 읽어 주는 동안에

제가 크게 웃었습니다. 학생들은 웃지는 않았습니다. 그런데 아이들은 그 부분을 가장 흥미롭게 느꼈고, 한동안 학생들은 「엉망이야」를 제일 좋아하는 책으로 꼽았습니다.

저는 최근 「요술 그림 붓」이라는 중국 이야기를 다른 버전으로 만들었습니다. 우리가 계획했던 축제 주제에 맞는 책이고 학생들이 굉장히 좋아했습니다. 하지만 저는 이 이야기가 좋지 않았습니다. 그래서 다른 선생님에게 스토리텔링을 맡겼습니다. 좋아하지 않는 이야기를 전달하는 데 시간을 낭비하기에는 인생이 너무 짧습니다. 대신 저는 그 이야기를 새로 썼습니다. 더 단순하고 역동적으로 태극권을 추가하고 요술 그림 붓으로 교실 여기저기에 그림을 그리는 이야기를 추가해 제가 원하는 이야기로 바꾸었습니다. 선생님의 입맛에 맞는 이야기를 만들어 보기 바랍니다.

이야기, 긍정적 생각의 습관을 만드는 역할

저는 학생에게 희망적이고 낙관적인 이야기를 전달합니다. 심리학자 베틀하임(Bettelheim)은 해피엔딩은 희망을 보여 주며, 진정한 동화란 해피엔딩이어야 한다고 말했습니다.[6] 베틀하임에게 「성냥팔이 소녀(The Little Match Girl)」 같은 이야기는 동화가 아닙니다. 심리학자들은 우울이 세상에 전염되고 있다고 말합니다. 현재 점점 더 많은 사람이 정신 질환에 시달리고 있으며, 정신 질환은 더욱 이른 나이에 시작되고 있습니다. 물론 학생에게 낙관적이고 희망적인 이야기를 들려준다고 우울증이 금방 치료되지는 않습니다.

하지만 긍정적 인생의 그림을 그리는 데 있어서 낙관적인 이야기를 들려주는 일은 큰 도움이 됩니다.

우리가 무언가 생각을 할 때마다 두뇌 속에서는 어떤 길(뉴런)이 형성됩니다. 계속해서 우울하고 부정적인 생각을 한다면 부정적인 길을 늘리는 것이고, 앞으로 더 부정적인 생각을 할 가능성이 큽니다. 긍정적 생각을 할 때마다 긍정적 길이 형성되고, 긍정적으로 생각하는 역량이 증진됩니다. 희망적이고 낙관적인 이야기는 긍정적인 생각, 말, 행동의 습관을 만들어 줍니다.

이야기, 인생의 어두운 면을 위한 공간

그렇다고 해서 슬픈 이야기는 삶에 전혀 도움이 되지 않고, 학생에게 절대 전달해선 안 되는 것은 아닙니다. 저는 보통 낙관적인 이야기를 전하지만 균형도 필요하다고 봅니다. 누구나 슬플 때가 있고 인생이 어둡게 느껴질 때가 있습니다. 슬픔, 잔인함을 담고 있지만 위로를 받을 수 있는 이야기들도 있습니다. 저는 비극적 이야기이지만 「피리 부는 사람(The Pied Piper)」을 좋아했습니다. 배경왕국이 산 아래 있다는 것이 마음에 들었고, 모든 아이가 그 신비한 피리 부는 사람과 함께 산다는 것도 좋았습니다. 저는 이 이야기에 제 소망을 투영해서 이야기를 만들었습니다. 베틀하임의 정의에 따르면, 「피리 부는 사람」은 동화라기보다는 유럽에 전해져 내려오는 이야기인데 지역마다 여러 종류로 전해집니다. 실제 있었던 일일 수도 있습니다. 학생이 좋아할 내용이고 또 문화유산으로

서도 들려줄 가치가 있습니다.

낙관적 이야기라고 그 속에 고난이 없지는 않습니다. 동화에는 종종 폭력, 슬픔, 두려움, 죽음 같은 요소들도 담겨 있습니다. 이야기에 들어 있는 죽음, 폭력, 두려움을 저는 현대식으로 수정하지 않고 되도록 있는 그대로 전달합니다. 모순적이게도 어른이 인생의 어두운 면을 감추면 아이들은 그 부분에 더 집중하고, 더 크게 긴장하기 때문입니다. 또한 그런 어두운 면을 다루지 않는다면 사실상 슬픔, 폭력, 죽음 같은 주제는 어른에게조차 너무 버거워서, 이를 직면하고 살아남기조차 벅차며, 아이들은 더 이를 이겨 내지 못한다는 메시지를 전달하는 거나 다름없기 때문입니다. 그러므로 인생의 어두운 면도 되도록 함께 전달하는 것이 좋습니다.

한편 학생들은 폭력과 죽음을 다룬 이야기를 굉장히 좋아합니다. 이 이야기를 들려줄 때 저는 나직한 목소리로 사실적으로 말합니다. 이 어려운 문제들을 이야기를 통해 다루고, 학생이 원한다면, 이 문제에 대해 더 깊이 생각하고 토론할 수 있습니다.

물론 이런 이야기를 전할 때 민감해질 필요가 있습니다. 저는 7세 아이들에게 독일 고전동화 「룸펠슈틸츠킨(Rumpelstiltskin)」(3부에 소개)를 말해 준 적이 있습니다. 이야기 마지막에 룸펠슈틸츠킨은 한쪽 발을 빼내자마자 바닥에 난 구멍으로 사라져 버렸습니다. 어린 소년들이 소리쳤습니다. "멋있다!" 더 어린 유치원생에게 이 이야기를 해 줄 때, 저는 조금 부드럽게 다듬어서 "룸펠슈틸츠킨이 발도장을 찍자마자 사라졌습니다."라고 이야기해 줍니다. 중학생에게 전달할 때에는 룸펠슈틸츠킨을 '바보'라고 부르며 이야기를 수정했습니다. 저 역시 끔찍한 이야기를 대하기가 어려웠기 때문입니다.

다양한 종류의 스토리텔링

이야기꾼에게는 각자의 스타일이 있습니다. 어떤 이야기꾼은 인물이 말하는 부분과 줄거리 부분을 엄격히 구별합니다. 제스처나 목소리를 바꾸는 방법을 싫어하기도 합니다. 어떤 이야기꾼은 줄거리와 인물의 대사를 넘나들며 등장인물로 분장해 이야기를 더 역동적으로 만들기도 합니다. 음악과 노래를 넣기도 합니다. 잘 알려진 곡조에 가사를 바꾸어 이야기에 넣는 것도 좋은 방법입니다. 소도구를 사용하거나, 그림을 그려 넣거나, 마스크를 쓰거나, 꼭두각시 인형을 사용해서 이야기를 현실화하기도 합니다. 모든 일이 그렇듯 자신의 강점에 맞는 방법을 선택하면 됩니다.

저는 조용한 것을 좋아하는 편이며 생각에 잠기는 것(명상)을 즐깁니다. 몬테소리 종교 교육(Godly Play)[7]에 영향을 받은 저는 학생들을 조용히 집중시키며 스토리텔링을 시작합니다. 몬테소리 교육에서는 등장인물을 대표하는 조각상을 조용하게 옮겨 가며 종교적인 이야기를 전달합니다. 스토리텔러는 학생과 눈도 마주치지 않은 채 조각상만 쳐다보며 이야기합니다. 이야기마다 별개의 소도구들이 사용됩니다.

저는 종교적 · 전통적 이야기를 전달할 때에도 구슬, 조개, 나무, 벽돌 같은 중립적 도구를 사용합니다. 이런 소도구는 어떤 이야기에도 활용될 수 있습니다. 저는 이 방법이 실제의 동물, 왕자 모형을 사용하는 것보다 학생의 상상력을 키워 준다고 생각합니다. 또한 비용 대비 매우 효율적이기도 합니다.

매우 조용하게 이야기를 시작하는 것은 훌륭한 방법입니다. 도구로 관중의 시선을 사로잡기 때문에 스토리텔러는 조용한 분위기에서 편안함을 느끼며 이야기를 시작할 수 있습니다. 도구를 천 위로 천천히 움직이면, 학생들은 색다른 방법에 집중하게 됩니다. 스토리텔러는 이 도구를 보며 자신이 어느 부분을 이야기하는지 기억할 수 있어 좋습니다. 학생들도 자신의 스토리텔링에 어떤 도구를 쓸 것인지 스스로 선택하기를 좋아합니다.

스토리텔러로서 배운 조용히 말하는 기술은 학생을 조용히 시키고 편안한 수업 분위기를 만들고 싶을 때 사용할 수 있습니다. 종례 시간이나 집중이 필요한 수업 전에 사용하면 좋습니다. 점점 자신감이 생기면 다른 스토리텔링 기술도 사용할 수 있을 것입니다.

강점 건축가: 오늘 스토리텔링을 시작하라
-용기, 창의성, 끈기 증진 방법-

지금까지 스토리텔링을 시도해 본 적이 없다면, 지금이 바로 좋은 출발점이 될 수 있습니다. 오늘이 바로 스토리텔링을 시작할 날입니다. 이렇게 시작해 보기 바랍니다.

"춥고 어두운(밝고 햇빛이 비치는) 12월(6월)의 어느 날, ○○이 잠에서 깨어나 하품을 하고, 침대에서 나와…… 그래서 ○○이……."

이런 식으로 지금 현재까지의 이야기를 말해 보세요. 이렇게 이야기하는 것이 쉬워지면, 반대로 현재부터 시작해서 아침에 일어났을 때까지 거꾸로 이야기해 보기 바랍니다.

 연습 아이디어: 스토리텔링 수업

동화 구연의 가치에 대해서 설명하고 스토리텔링을 할 만한 좋은 이야기를 결정해 보기 바랍니다. 동료와 짝을 이루어 간단한 도구를 가지고 스토리텔링을 연습해 보세요. 도구는 많으면 안 됩니다. 저는 10개 이상을 사용한 적이 없습니다. 모든 등장인물이나 물건에 대해서 도구를 준비할 필요는 없습니다. 연습을 통해 자신감이 생기면 선생님은 자신의 학급 혹은 다른 학급에서도 원하는 이야기를 말해 줄 수 있을 것입니다.

05
강점 축하 행사

강점 축하 교육에서 사용된 스토리텔링, 축제, 기념 행사는 고대부터 이어진 오래된 교수법으로 긍정적 생각, 말, 행동을 길러 주고 긍정적 습관이 지속되도록 도와줍니다. 축제, 기념 행사를 통해 각 문화의 중요한 가치들이 전달되어 왔는데 이 또한 학교에서도 가능합니다. 축제가 학예회와 같이 전교생이 참여하는 큰 행사일 필요는 없습니다. 여기서 말하는 축제와 기념 행사란 강점을 기르는 다양한 작은 활동과 행사를 의미합니다.

축제와 정신건강

저는 학교가 어떻게 학생의 정신건강, 행복을 증진시킬 수 있을

지에 관심을 가져왔습니다. 저는 특수교사로 훈련받았고, 신체·정서 장애 아동들을 연구했습니다. 저는 학생의 안정감을 증진시키고 스트레스를 줄이는 방법들을 많이 배웠습니다. 장애 학생에게 도움이 되는 것은 일반 학생들, 특히 과도기적 스트레스를 경험하는 사춘기 학생들에게도 도움이 될 수 있습니다.

사실 모든 학생이 매일 어느 정도의 스트레스를 받습니다. 『교수·학습의 정서적 경험(The Emotional Experience of Learning and Teaching)』이란 훌륭한 책이 있습니다.[1] 저자는 아동 심리치료사로서 교육 환경을 연구했습니다. 그는 연령과 관계없이 학습 상황에서 누구나 불안을 경험하고 상처받을 수 있음을 강조합니다. 이해하지 못함, 실패, 비웃음에 대한 두려움은 모두에게 보편적 감정입니다. 성인들도 이런 종류의 두려움을 느낍니다.

더욱이 아동·청소년의 감정은 시시각각 변하기 때문에 어른들에게 맞춰진 세계에서 아동·청소년들은 자신을 더 무력한 존재로 느낍니다. 아이들은 원래 실수가 많습니다. 그런 아이들이 자신들에게 영향력을 행사하는 까다로운 어른을 상대하는 법을 배워야 합니다. 가정, 학교 등 여러 다른 환경에 적응하고 다양한 기대에 부응하는 법도 배워야 합니다. 부모와 떨어져 다른 어른, 또래와 관계를 형성하는 방법도 학습해야 합니다. 독립적인 성인이 되어 변화되는 과정을 잘 헤쳐 나가기 위해 수많은 것을 학습해야 합니다. 또한 수학, 과학, 외국어 등 여러 가지 까다로운 시험에도 통과해야 합니다.

가정생활이 안정되고 건강한 환경에서 자란 학생조차 이러한 압박과 문제에 직면합니다. 별거, 이혼, 가족의 사망 등 다양한 스트레스를 경험한 학생들은 이에 더하여 또 다른 종류의 문제와 어려움을 경험합니다. 저는 이런 문제의식을 가지게 되었습니다.

'학생들을 정서적으로 지원하고, 학생과 교사가 함께 성장하도록 하기 위해 새로운 것을 만들기보다는 이미 학교에서 하고 있는 일들을 어떻게 개선할 수 있는가?'

축제의 사이클

몇 가지 아이디어를 모아서 각 학교에 맞는 독창적인 축제, 주기적 기념 행사를 만들자는 구상을 했습니다. 몇 년 전 스페인에서 휴가를 보낼 때 이 아이디어가 떠올랐습니다. 우리 일행이 말라가의 마을을 방문했을 때 우연히도 축제가 한창이었습니다. 성인 여성, 소녀, 작은 아이들이 제가 지금까지 보았던 중 가장 아름다운 드레스를 입고, 그에 잘 어울리는 머리핀, 목걸이, 신발까지 완벽하게 착용하고 있었습니다. 그들은 이러한 치장에 엄청난 노력을 들인 것 같았습니다. 남성들은 우아하고 지적인 복장을 하고 있었습니다. 모두가 매우 행복해 보였고, 그 축제를 모르는 낯선 관광객인 우리도 예상치 않은 환영을 받고 축제에 참여했습니다. 기념 행사는 하루 종일 밤늦게까지 계속되었습니다. 마을 전체가 행사를 크게 즐기고 있었습니다. 그때 불현듯 제게 어떤 생각이 떠올랐습니다. '영국에는 왜 이러한 기념 행사가 거의 없을까?'

또 다른 아이디어는 제가 부모로서 얻은 경험과 정신분석 공부를 통해 떠오른 것입니다. 저는 무엇이 행복한 가정과 건강한 아이를 만드는지 면밀하게 탐구하기 시작했고, 그 결과 좋은 가정에는 의례와 전통이 있음을 깨닫게 되었습니다.

'성탄절에 우리는 항상 마을 중앙에 있는 아기침대를 보러 가요.' '학기 마지막 날에 우리 엄마는 항상 특별한 차를 끓여 주셨어요.' '금요일마다 푸딩과 팬케이크를 먹곤 했어요.'

전통이란 고정된 것이 아닙니다. 전통은 아이들이 성장하고 상황이 바뀌면서 함께 진화합니다. 하지만 변하지 않고 계속되는 것이 항상 존재하고, 무엇보다 기념 행사를 함께 하기 위해 모이는 분명한 시기가 있습니다. 이런 기념 행사는 성탄절, 생일보다 가족 내에서 더 중요할 수 있습니다.

과거에 우리는 지금보다 무언가를 기념할 기회가 훨씬 더 많았습니다. 오늘날도 스페인 같은 일부 가톨릭 국가는 교회 축제일에 여전히 지역사회가 한데 모여 지난날을 되돌아보고 떠들썩하게 축제를 엽니다. 기념하는 법을 배우고 사람들과 함께 있는 것을 즐기며, 노래, 춤, 맛있는 음식과 음료를 적절히 즐기는 경험은 공동체가 제공하는 실용적인 삶의 기술이 됩니다. 축제를 통해 사람들은 즐거운 시간을 공유하고 보다 친밀한 유대관계와 굳건한 공동체를 형성할 기회를 갖습니다.

기념과 회고

기념하는 것은 인생의 좋은 점에 주목하는 일입니다. 이미 언급한 바와 같이 우리는 우리가 집중하는 것에서 더 많은 것을 얻습니다. 정기적으로 무언가를 기념하면 우리는 기념할 무언가를 더 많이 찾을 수 있습니다. 게다가 기념하는 것은 공동체, 성인과 아이들 간의 관계를 더욱 돈독하게 만듭니다. 모두 같은 시간에 같은 일을 할 때, 공통의 유대감과 공유할 기억이 생깁니다.

모든 교사가 잘 알고 있듯, 잘 형성된 관계는 좋은 교육의 핵심적 요소입니다. 학교에서 성인과 아이들이 편안한 마음으로 함께 즐기는 기회를 갖는 것은 좋은 학습 공동체를 만드는 일과 같습니다.

기념 행사는 기분을 좋게 만들며, 좋은 기분은 학습 효율을 올립니다. 교사 역시 행복할 때 더 좋은 교사가 될 수 있습니다. 이런 이유로 즐겁고 의미 있는 기념일, 축제는 학교의 분위기를 개선하고, 교사와 학생의 회복탄력성 및 긍정적 태도를 증진시킵니다.

회고는 기념에 있어 매우 중요한 부분입니다. 교회의 기념 행사나 떠들썩한 축제의 막바지에는 대개 조용한 시간을 갖는데, 이때 신앙에 대한 이야기가 전달됩니다. 또한 공동체가 믿는 것, 가치를 두는 것이 무엇인지에 대해 말합니다. 아이들은 이런 기념 행사의 중요성과 행사가 전달하는 가치를 함께 동경해야 한다는 것을 배웁니다.

우리에게 마지막이자 유일한 축제로 남은 크리스마스에 대해 "성탄절은 아이들 축제야."라고 이야기하는 어른들의 말은 안타까움을 자아냅니다. 크리스마스는 희망, 사랑, 관용을 기념하는 날입니다. 희망, 사랑, 관용은 절대 아이들만을 위한 가치가 아닙니다. 크리스마스는 예수와 기독교 이야기를 들려줍니다. 우주의 창조주가 사람이 되어 이 땅에서 모든 아픔을 느끼고 고통을 경험한다는 놀라운 이야기입니다. 그런데 왜 성탄절이 아이들만을 위한 날이라고 할까요? 사실 여부에 상관없이 이는 강력한 이야기이며 서양 문화가 만들어 낸 예술, 문학, 음악의 중심에 깊게 자리 잡고 있습니다. 그런데도 이 이야기가 정말로 어른과는 아무런 관련이 없다고 말할 수 있을까요?

회고의 시간과 기념 행사가 공존하는 축제는 건강한 공동체와 건전한 삶을 위해 필요한 중요한 부분이 됩니다. 이런 관습은 아이들만 아니라 모든 사람에게 유익합니다. 만약 학교 축제가 열린다면 공동체의 구성원 모두를 위한 축제가 되어야 합니다. 축제 중 조용한 시간, 내면을 함께 살찌울 시간도 우리 모두에게 중요합니다. 축제는 이러한 것들을 제공하기 위한 시간입니다.

계절이 주는 경험

축제는 계절이 주는 색다른 경험을 제공합니다. 오래전부터 계절은 삶에 리듬을 만들고 체계를 형성해 주었습니다. 그러나 현대 사회는 삶의 리듬을 잃어버렸습니다. 지금 우리는 땅, 기후와 동떨어진 삶을 살고 있습니다. 이제는 계절의 변화와 상관없이 여름에도 딸기를 먹을 수 있게 되었고, 기대의 즐거움, 수확의 기쁨은 낯선 경험이 되어 버렸습니다. 우리가 계절에 맞는 음식(제철음식)을 먹는 식단으로 돌아가야 한다고 주장하는 사람들이 있습니다. 환경적 이유도 크지만 그 계절에만 맛볼 수 있는 경험들이 정신건강에 긍정적 영향을 주기 때문입니다. 인간의 기쁨 속에는 세 가지 측면이 있습니다. 기대, 순간을 음미함, 좋은 경험의 기억입니다. 일년 내내 원하는 것을 언제든 쉽게 얻는다면 기대의 즐거움은 사라집니다. 무언가를 얻으려면 내년까지 기다려야만 한다는 상황이 기대감, 즐거움을 더해 줍니다. 반대로 늘 있는 무언가는 즐거움을 주지 못합니다. 5월에 딸기를 마음껏 만끽했던 즐거움, 이를 되돌아보고 기억하는 기쁨이 사라졌습니다. 오히려 딸기는 겨울에도 흔한 과일이 되어 버렸습니다.

학교에서 정기적으로 여는 계절 축제는 학생들의 불안을 줄여 주고, 기다림과 기대의 욕구를 채워 줍니다. 매해 개최되는 즐겁고 특별한 행사는 시간의 경과를 알려 주고, 학생이 계속적 변화에 잘 대처하도록 돕고, 학교 밖의 현실에서도 효과적으로 대처할 수 있는 능력을 길러 줍니다. 학교에 와서 축제가 무엇인지 이해하고 다음 번 행사는 언제인지, 언제 가장 좋아하는 이야기를 들을 수 있는지 알게 됩니다. 가장 즐거운 축제를 기대하게 되고, 이후 되새기는 기회, 다시 다가올 축제를 기대하는 경험은 즐거운 추억을 만듭니다.

저는 유치원, 초등학교에서 행사들을 기획하였습니다. 각 학교에서 가장 고학년 아이들에게는 특별한 책임이 주어졌습니다. 그들은 초에 불을 붙이거나 복도와 장소 정리를 돕고, 스토리텔링에 직접 참여했습니다. 이를 지켜보는 저학년 학생들은 자신들도 고학년이 되면 똑같은 임무를 맡을 것을 압니다. 이렇게 학생이 동경할 역할을 만들어 주면서 전통이 확립됩니다.

축제의 사이클을 학교에 작용하면 다음과 같은 이점을 누릴 수 있습니다.

- 계절 변화와 예측가능성이 주는 유익
- 행복하고 즐거운 정기 기념 행사 경험
- 조용하고 즐거운 음미, 회고
- 행복한 기억을 학교생활에 통합

선생님도 여유를 갖고 학생과 함께 특별한 행사를 즐기도록 축제가 기획되어야 합니다. 선생님도 보다 새로운 방식으로 자신의 강점을 활용하고 조용히 이를 음미하는 시간과 기회를 가져야 합니다. 우리 모두에게 기념 행사가 필요하고 우리는 기념 행사가 주는 즐거움을 누릴 자격이 있습니다.

무엇을 기념해야 할까

이 질문에 대한 가장 간단한 대답은, 좋아하는 것은 무엇이든 기념하면 된다는 것입니다. 이 책에서는 잉글랜드 동부 스컨소프의 한 학교에서 고안한 축제에 대해 간략히 소개하겠습니다. 이를 참고해서 각 공동체에 맞게 개발, 수정, 추가 및 축소하여 활용할 수 있을 것입니다. 그것이 제가 기대하고 바라는 것입니다.

우리가 시작했던 축제는 강림절(성탄절 전 4주간)이었습니다. 성탄절은 영국에서 유일하게 남은 축제이기에 모두가 성탄절을 기대합니다. 성탄절에는 가족 모두 모여 의미 있는 방식으로 함께 시간을 갖습니다. 그런데 모두가 기쁨과 행복감을 기대하지만 가끔은 매우 스트레스를 받기도 합니다. 만약 고대 강림절 전통과 성탄절

전 교회에서 행했던 준비 기간을 회복하여 천천히 고요하게 영적인 성탄절을 준비한다면 성탄절이 주는 스트레스는 없어지지 않을까요?

강림절을 회복하였더니 이를 처음 경험한 교직원들은 지금껏 보낸 성탄절 중 가장 평화롭고 영적인 성탄절이었다고 말했습니다. 성탄절 오후 교실에 있는 트리의 불빛 옆에서 특별한 성탄절 이야기를 해 주었던 마지막 시간조차 매우 평화로웠습니다.

저는 시작과 끝의 개념을 생각해 보았습니다. 시작과 끝은 개인과 공동체의 삶에서 중요합니다. 인류학을 배울 때 저는 인생의 한 시기에서 다른 시기로 넘어가는 전환점에 의식이 매우 중요한 기능을 한다는 것을 깨달았습니다. 또한 정신분석과 아동 정신건강을 공부한 덕분에 시작과 끝에 대한 불안을 알게 되었습니다. 시작은 신이 나는 만큼이나 두려울 수 있습니다. 끝은 안도감을 주고 새로운 도전을 알림과 동시에 슬픔을 줍니다.

시작과 끝의 전통이 있다면, 그래서 두 시기에 해야 할 일을 알고 있으면 관련된 감정을 보다 긍정적인 방식으로 표현할 수 있습니다.

추수 또한 당연히 축제에 포함시키고 발전시켜 나갈 필요가 있습니다. 대부분의 학교는 어떤 방식으로든 추수를 기념하고 있습니다. 추수 시기는 우리 삶의 풍요로움에 감사하고, 풍요롭지 않은 세상의 많은 사람에게 너그러움을 보일 수 있는 좋은 시기입니다. 어떤 종류의 추수감사는 매우 오래된 고대의 관습인데, 학교에서도 이러한 관습을 세워 나갈 필요가 있습니다.

교사들은 이후 제게 부활절을 축제 주기에 포함시켜 달라고 부탁했습니다. 기독교 2대 주요 축제를 기념하는 것이 중요하다고 생각했기 때문입니다. 부활절은 사랑, 친절, 우정의 강점에 주목할 수 있는 매우 좋은 기회입니다. 학생이 기독교 신앙 안에서 축제들이 연결되어 있음을 깨닫도록 부활절과 크리스마스 간 연결점을 만들었습니다.

스컨소프의 학교에는 각 학기마다 기념할 만한 축제가 있지만 초여름을 기념할 특정한 축제가 없었습니다. 그래서 우리는 스컨소프 지역사회 축제를 새로 만들었습니다. 학교 공동체를 넘어 국가, 세계를 포함한 더 넓은 공동체에 초점을 두었습니다.

다른 신앙 축제

우리가 강점 축하를 시작한 두 신앙 축제는 강림절과 부활절이었습니다. 이 축제는 다른 종교의 가르침과도 연관됩니다. 예를 들어, 불교의 「코끼리와 엄마」(3부에 소개) 이야기는 부활절의 친절 강점과 매우 잘 들어맞습니다. 라마와 시타 이야기는 정직과 청렴을 강조하는 우리 공동체 축제의 핵심입니다. 유대인과 무슬림, 힌두교인의 기도도 다양한 모임에서 사용됩니다.

초기에 저는 기독교인이라는 단순한 이유 때문에 타 종교 신앙 축제를 만들지 않았습니다. 예를 들어, 저는 하누카 이야기(유대교)를 듣거나 하누카의 전통에서 자라지 않았기에 하누카 축제를 만들 수 있으리라 생각하지 못했습니다. 관련 자료를 읽고 연구를 해서 축제를 만들 수 있겠지만, 핵심인 것과 핵심이 아닌 것, 하누카

를 믿는 사람과 믿지 않는 사람들로 구성된 학교 공동체에서 하누
카 축제를 열 수 있을지 판단하기 어려웠습니다. 내가 경험하지 않
은 전통일 경우 판단이 더욱 어렵습니다.

지금은 힌두 대학과의 협력을 통해 라마와 시타의 여행 이야기
를 기반으로 모임을 만들었고, 이와 연관된 강림절 축제를 빛의 축
제로 확장시킬 수 있어서 매우 기쁩니다. 우리는 또한 추수감사 힌
두 의식인 락샤 반드한(Raksha Bandhan)의 요소를 추수감사 축제
와 결합시켰습니다. 자세한 내용은 책 후반부에 소개됩니다.

이와 같이 다른 종교의 축제를 채택하거나 참고하여 학교 공동
체에 적절하게 활용하고 학교만의 고유한 축제를 만들어 가길 바
랍니다. 이를 통해 축제와 관련된 강점들은 보편적이라는 것, 하지
만 각 종교의 특정한 이야기를 통해 독특한 차이가 있다는 것도 알
수 있습니다.

성찰

앞서 축하의 일부로서 성찰의 중요성을 살펴보았습니다. 잠시
멈춰서 지금까지 좋았던 것을 성찰해 보는 습관을 기르는 강점 건
축가도 이 책에서 소개됩니다. 저는 이 행사들을 모두 '성찰적 스토
리텔링'이라 이름 붙였습니다. 이 기회를 통해 긍정적인 행사를 성
찰하고, 실제로 이야기해 보며, 그 이야기에 공감하고, 소회를 적어
보거나 생각을 해 보는 기회를 가질 수 있습니다. 특정 축제 기간
동안 이 활동들을 통합시킬 수 있습니다. 저는 '기억의 진주들'이

란 활동에서 학생에게 과거 며칠간을 성찰하며 정말 좋았던 점을 찾고, 그 후 옆 사람에게 이야기해 보도록 해 본 적이 있습니다. '기억의 진주들'은 특히 학기 말이나 학년 말에 활용할 수 있는 적절한 활동입니다.

학생과 할 수 있는 다양한 종류의 명상 활동도 있습니다. '레인스틱 듣기'(3부에 소개)는 초보에게도 쉬운 가장 단순한 명상법인데 천천히 고요한 상태로 활동을 하며 완전히 집중한다는 점에서 명상의 성격을 갖고 있습니다. 색깔 상자와 이야기 공간 만들기 활동은 조용한 상태에서 집중하는 명상으로 시작됩니다. '나선 걷기'라는 활동은 걷기 명상입니다. 「예루살렘으로 가는 길(Road to Jerusalem)」이라는 부활절 이야기 전체를 말하는 활동은 이야기 형식의 시각적 명상입니다. 이 강점 건축가들은 3부에서 자세히 소개됩니다.

이야기

축제에는 항상 이야기가 포함되어 있습니다. 종교 축제에서는 하나 이상의 신앙 이야기를 들려줍니다. 지역마다 지켜지는 전통에는 그 전통에 맞는 이야기가 있습니다. 영국의 오크니에서는 매년 1월 1일 '어피와 두니'라는 윗동네와 아랫동네 간의 멋진 축구 경기가 있습니다. 경기 후 기념 행사에서는 전통적 신화 같은 이야기가 다수 전해집니다.

이야기는 지역사회가 중시하는 가치를 다음 세대에 전달하기 위한 수단이며, 이를 통해 중요한 인물과 사건들 그리고 믿음들을 기억하게 해 줍니다. 모든 축제는 연관된 많은 이야기를 가지고 있는데 그 예시들은 3부에서 소개됩니다. 다양한 축제와 학교 현장에 적합한 여러 이야기를 접할 수 있을 것입니다. 그 이야기는 종교에 관련된 것일 수도 있고, 역사적 인물의 강점과 선행을 보여 주는 것일 수도 있습니다. 지역사회에서 실제로 있었던 사례, 즉 이전 학생과 교사들의 용기, 창의성, 성취에 관한 이야기일 수도 있습니다.

또한 각 축제와 관련 있는 전통 설화들도 있습니다. 저는 교실 내 활동에서는 전통 설화들을 많이 활용하는 편입니다. 전통 설화와 축제와의 관련성은 강점을 통해 드러납니다. 각 축제에는 관련된 강점들이 있고 축제와 연관된 이야기는 그 축제의 강점을 하나 혹은 그 이상 보여 줍니다. 학생이 교실에서 듣는 이야기들은 학교생활에서 강점을 발휘하도록 돕습니다. 축제는 매년 반복되므로, 학생은 이 축제와 그 강점들을 서로 연관시키게 될 것입니다. 학생은 가장 좋아하는 이야기를 다시 듣기를 기대할 것이고 1년 후에도 또 듣기를 원할 것입니다.

축제를 위해서 한 해 동안 듣지 못한 이야기 한두 가지를 준비하는 것이 좋습니다. 마치 열한 달 동안 선반에 올려 둔 크리스마스 장식을 드디어 꺼내 보는 것 같은 즐거움을 줄 것입니다.

강점

각각의 축제에는 축제의 주제와 어울리는 강점들이 존재합니다.

선생님은 그 축제에서 초점을 맞출 강점 중 하나를 선택할 수 있습니다. 학생과 함께 축제와 연관된 강점들을 생각해 볼 수 있는데, 관련 강점을 가진 학생이 강점의 예시를 보여 주며 축제를 이끌어 나가도록 장려할 수도 있습니다.

축제와 관련 강점 사이의 연결성은 점진적으로 강화될 수 있습니다. 지역사회의 특성에 맞추기 위해 이런 강점들을 변형할 수도 있습니다. 저는 학교에서 활용해 왔던 강점들에 변화를 주었습니다. 하지만 피터슨과 셀리그먼이 제시한 용어는 대부분 유지했습니다. 아주 어린 학생들도 강점과 연관된 단어들을 배우는 것을 좋아했습니다. 예컨대, '인내'가 무슨 의미인지 등에 대해 즐겁게 토론했습니다. 강점에 대해 교육하면서 동시에 어휘력도 향상시킬 수 있었습니다.

노래와 춤

축하하는 자리에는 빠지지 않는 것들이 있습니다. 노래와 춤 그리고 이야기입니다. 모두가 함께 노래하는 것은 매우 유쾌한 경험입니다. 최근 과학자들이 노래하는 행위를 살펴보았는데, 이 행위가 웰빙과 행복을 증진시키고 스트레스를 줄이는 것으로 나타났습니다. 합창할 때는 면역력이 증진하고, 우울이 감소하며, 인지 능력이 향상되고, 기분 좋게 해 주는 호르몬인 엔도르핀이 분출됩니다.[2] 합창은 집중력, 팀워크와 사회적 인식 능력도 향상시킵니다. 우수한 합창 단원은 자신의 목소리를 끊임없이 동료들과 조화시키기 때문입니다.

노래하거나 지도하기 위해 음악가가 될 필요는 없습니다. 누구나 노래할 수 있습니다. 노래와 축제를 연결시킬 때 분명히 선생님의 머릿속에 떠오르는 곡들이 있을 것입니다.

만약 기념하려는 강점과 이야기 사이에 연결되는 곡이 없다면 직접 만들 수도 있습니다. 잘 알려진 멜로디, 예를 들어 동요나 자장가 리듬을 사용해서 새로운 가사를 붙이면 새로운 곡이 없어도 문제없습니다. 축제 기간 내내 부르는 '축제 곡'이 있을 수 있습니다. 이 곡은 매년 바뀔 수도 있는데 원한다면 학생의 제안을 받아 그들이 선호하는 곡으로 축제 곡에 변화를 줄 수 있습니다.

춤은 매우 흔하게 활용되는 축하 방식이지만 예전에 비해 덜 이용됩니다. 가장 단순하고 아마도 가장 오래된 춤은 원을 그리며 함께 도는 형태일 것입니다. 축제 기간 동안 아이들과 함께 할 단순한 율동이나 춤 동작을 만들어 보세요. 원한다면 용기를 내어서 학교 전체가 참여하는 춤을 시도해 보는 것도 좋습니다.

저는 춤, 노래를 유치원, 초등학교에서 예술 축제의 일환으로 시도해 본 적이 있습니다. 느리고 아름다운 민속 음악을 찾아 단순한 동작들을 활용하였습니다. 학생과 어른들이 함께 큰 원을 그렸고, 캐드먼 이야기[3] 마지막에 마을 주민들이 축하의 춤을 출 무렵이 되자 모두가 그 이야기 속의 마을 주민들이 되어 함께 춤을 추었습니다. 사실 캐드먼 이야기에는 노래도 포함되어 있는데, 이 노래들은 영어로 쓰인 첫 번째 시로 여겨집니다. 학생은 이 곡을 단순한 버전으로 노래하고 마지막에는 춤도 함께 배웁니다. 노래와 춤의 요소를 다른 이야기들에 적용하는 것도 가능합니다. 고대에는 노래, 이야기, 춤이 한데 엮여 있었습니다. 현대에 와서야 노래, 이야기, 춤이 구분되고 있을 뿐입니다.

색깔, 음식, 냄새, 음악

성공회 교회나 성당에 걸어 들어가면, 교회 달력, 교회 내의 천의 색깔을 통해 지금이 어느 시기인지를 알 수 있습니다. 저는 이 아이디어를 축제에 활용하였습니다. 각 축제마다 관련된 색깔을 만들었습니다. 학생은 이 색들을 학교 주변 환경, 강당 장식에서 알아보고 지금이 어느 축제 기간인지를 알게 됩니다. 때때로 알아차리지 못할지도 모르지만, 색깔은 무의식적으로 학생 스스로 방향을 정하고 안전감을 느끼는 데 도움이 됩니다.

축제에서 일종의 연회를 열 수도 있습니다. 모든 종류의 축하 자리에는 음식, 음료가 포함됩니다. '연회'를 준비하기 위해서 여러 학급, 학년이 책임을 져야 하겠지만, 특정한 음식을 나누어 가져오도록 지정할 수도 있습니다. 크리스마스나 부활절을 위한 전통 음식이 있습니다. 장식용 반짝이, 캐롤처럼 칠면조는 크리스마스임을 명백히 알려 줍니다. 이런 관습을 새로 개발할 수도 있습니다. 예를 들면, 추수감사절에 빵을 구워 간단한 감사식사로 학급 또는 학교 전체가 함께 나눠 먹을 수 있습니다. 학기 시작 첫날과 마지막 날에만 내놓는 특별한 과자를 마련할 수도 있습니다. 여름은 과일을 나눠 먹기 좋은 계절입니다. 과일 따기, 과일 샐러드 만들기, 과일 축제, 소풍 등도 시도해 볼 만한 전통입니다.

음식과 축제를 연결하는 데 있어 또 중요한 것은 냄새입니다. 크리스마스를 떠올리면, 솔잎과 민스파이 냄새가 생각납니다. 부활절은 수선화의 희망 어린 흙 냄새가 떠오릅니다. 냄새는 기억과 밀접한 관련이 있고 우리의 경험을 상기시킬 수 있습니다. 멋진 냄새와 축제를 어떻게 연관시킬 수 있는지를 생각해 보세요. 예를 들면, 학생이 신선한 빵 냄새를 맡을 때에 학교 축제의 행복한 추억을 떠올릴 수 있고, 이런 기억은 평생 지속될 기억으로 남을 것입니다.

음악은 축하 행사의 또 다른 중요 요소입니다. 저는 특정 곡뿐 아니라 곡의 일부분을 각 축제에 연결시켰습니다. 학생도 다양한 스타일의 음악을 각 축제와 연관시킬 수 있습니다. 음악과 축제의 연결은 축제의 강점, 이야기, 즐거움에 대한 기억을 강화시킬 수 있습니다. 음악은 축제의 분위기를 좌우할 수 있는데, 상황에 따라 각기 다른 시간대에 학교 안팎에서 연주될 수 있습니다. 학생이 특정한 음에 아직 익숙해지지 않으면 곡을 즐기기 힘들지만 해마다 익힌다면 여러 곡을 즐길 수 있을 것입니다.

그 속성상 구름의 패턴이나 불꽃 모양으로 알려진 프랙탈[4] 도형(차원 분열 도형)이 있습니다. 프랙탈 패턴은 마음을 안정시키고 활기를 되찾아 주는 상징입니다. 끝없이 반복되는 패턴이 우리에게 안정감을 주는데, 그 패턴이 미묘하게 지속적으로 바뀔 땐 활기를 주기도 합니다. 축제에도 이런 측면이 필요합니다. 축제는 안정감을 주는 일정한 반복이 있어야 합니다. 저는 매년 12월 첫째 주 강림절에 나선형 모양 위를 걷는 행사를 했습니다. 또한 축제는 다양하며 변칙적인 요소도 보여 줘야 합니다. 이야기와 강점 건축가 등이 이에 해당됩니다. 이것들은 지속적으로 바뀌고 진화해 가야 합니다. 축제는 구름의 패턴이나 나무의 잎사귀처럼 우리를 안정시키면서도 활기를 불러일으켜야 합니다.

축제는 구체적으로 어떤 모습이어야 할까요? 3부에서 학사 일정에 따라 기념할 수 있는 7개 축제에 대한 아이디어를 제시합니다. 각 축제에 적합한 강점들을 연결시켰고, 강점을 구축하고 사용할 기회를 제공하는 강점 건축가와 이러한 강점들을 상기시키는 이야기를 제시합니다. 특별한 축제에 맞는 강점들을 강조하면서 축제에 어울리는 이야기를 결정할 수도 있습니다. 강점을 축하하는 일은 선생님의 열정과 강점에 따라 얼마든지 진화할 수 있습니다. 축제 속에서 당신의 창의력을 발휘해 보기 바랍니다. 그리고 이 과정을 선생님이 먼저 즐길 수 있기를 바랍니다.

강점 건축가: 성찰
-자기조절, 영성, 감사와 정직함을 기르는 방법-

하루 중 조용히 성찰할 시간을 만들 수 있습니다. 아침에 조금 서둘러서 더 많은 일을 미리 처리한 후 학생이 교실에 들어오기 2분 전에 학생을 맞이할 준비를 완료시켜 보세요.

그 마지막 2분을 안정감을 찾고 마음을 평온하게 하는 데 사용해 보세요. 아름다운 사진이 있는 책을 보고, 시를 읽으며, 창문을 바라보고, 자신의 숨소리를 들어 보세요. 학생이 들어오면, 멈추고 미소 지으며 1명씩 인사하세요.

몇 주 동안 이러한 성찰을 시도해 보고 이것이 선생님의 교육, 즐거움 그리고 학생의 반응에 어떤 영향을 미쳤는지 살펴보세요.

 연습 아이디어: 축하

동료 교사에게 축하 행사와 축제의 중요성에 대해 이야기해 보세요. 그리고 이미 학교 단위로 매주, 매 학기, 매년 기념했던 것의 목록을 만드세요. 이 축하 행사의 순환을 확장시킬 추가 아이디어들을 생각해 보세요.[5]

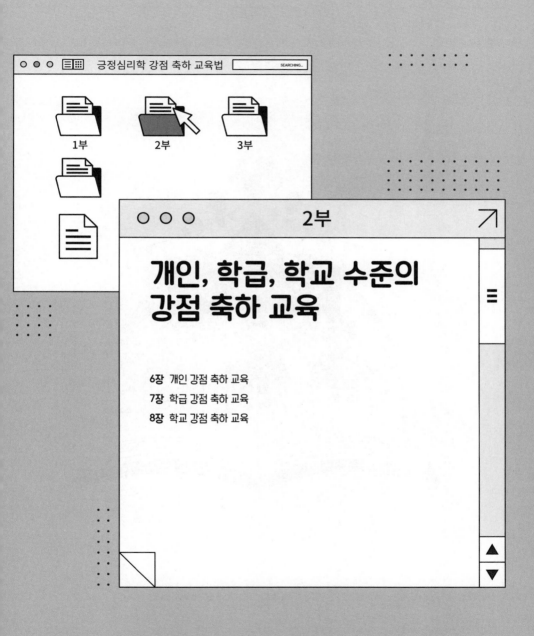

SEARCHING...

1부
2부
3부

2부

개인, 학급, 학교 수준의 강점 축하 교육

06 개인 강점 축하 교육

먼저 선생님부터

강점 축하 교육은 선생님이 먼저 강점을 최대화해 학교 일을 즐기고 번영하게 도와줍니다. 번영이란 선생님의 잠재력을 꽃피우고, 직업적으로, 개인적으로 행복, 만족감을 충분히 누리며 사는 것을 의미합니다.

번영은 전염성이 있습니다. 교사가 번영할 때, 학생들도 자신의 잠재력을 성취할 가능성이 커집니다. 단순히 강점을 축하하는 활동을 가르치는 것이 아니라 학생 스스로 강점을 활용하고 실천하도록 돕는 일이 더 중요합니다.

이를 위한 출발점은 교사가 자신의 강점을 파악하고 자주 활용하기 위해 의식적으로 노력하는 것입니다. 먼저 온라인 검사(예: VIA-

IS 강점 검사, www.viastrengths.org)로 자신의 강점을 파악해 볼 수 있습니다. 그리고 대표 강점의 관점에서 내 삶을 돌아보고 다양한 영역에서 내 강점을 활용할 새로운 방법을 생각해 낼 수 있습니다.

연구 결과에 따르면 새로운 방식으로 대표 강점을 지속적으로 활용하면 삶의 만족감과 행복감이 향상됩니다. 학교에서 선생님이 강점을 더 많이 활용할수록 더 큰 성취감, 효능감을 느낄 것입니다. 만약 선생님의 약점과 관련된 일에 너무 많은 시간을 보낸다면, 좌절감을 느끼고 선생님의 능력에 비해 성과를 얻지 못할 것입니다. 약점 분야에 얼마나 많은 시간을 보내든 그것은 여전히 약점으로 남을 뿐입니다. 약점들을 무시하라는 의미가 아닙니다. 약점 보완도 필요하지만, 선생님을 번영하게 만드는 강점들을 인식하고 이를 꾸준히 사용하는 것이 더 중요합니다.

직장 동료들에게 선생님의 강점을 알려 보기 바랍니다. 사람들은 모두 각기 다른 강점들을 가지고 있습니다. 선생님이 가장 잘하는 일을 인식하는 것은 자만이 아닙니다. 동료들의 강점이 서로 균형과 조화를 이루고 강점 활용의 기회를 최대화하는 집단은 큰 성취감과 행복감을 느낄 것입니다.

학생에게 선생님의 강점을 공개해 보기 바랍니다. 선생님이 자기 강점과 약점을 편안하게 받아들이는 태도는 학생들에게 이러한 메시지를 보냅니다. "모든 일을 잘하지 않아도 괜찮아. 네가 잘하는 몇 가지만 제대로 알고 있어도 돼."

어떤 사람들은 강점과 약점의 두 가지 측면 모두를 받아들이기를 힘들어합니다. 그러나 자신이 어떤 특정 강점들이 덜 발달됐다는 점을 인정하게 되면, 발달하지 못한 강점들을 발휘해야 하는 업

무에 대한 책임을 일부러 떠맡지 않아도 됩니다.

학급은 하나의 팀과 같습니다. 그 팀의 모든 강점이 사용되면, 팀은 번성할 것입니다. 각자의 모든 강점을 다 선보일 필요는 없습니다. 왜냐하면 동료들이 서로에게 부족한 강점들을 채워 줄 것이기 때문입니다. 나에게는 없는 강점이 필요할 때 다른 학생들이 나서 줄 것입니다.

학생들은 팀원으로서 책임감을 배우고 스스로를 위해서 그리고 주변을 위해서 일하는 것을 배울 것입니다. 요컨대 교사가 자신의 강점을 더 잘 인지할수록 학생이 자기 강점과 친구들의 강점들을 더 잘 파악하도록 지도할 수 있습니다.

매일 자신의 강점 확인하기

명심해야 할 실천 사항 중 하나는 강점을 최대한 자주 찾아보고, 다양한 영역에서 활용하는 것입니다. 이것은 '밑그림 그리기'라고 불리는 것인데, 학교 환경에 관한 8장에서 좀 더 자세히 설명됩니다. 우리는 강점과 관련된 것들에 둘러싸이면 어쩔 수 없이 자기 강점에 대해 더 고민하게 됩니다. 어떻게 강점을 활용할 수 있을지 궁금해합니다. 우리는 집중하는 것에서 더 많은 것을 성취할 수 있습니다.

저는 제 강점을 컴퓨터 모니터 위에 붙여 놓았습니다. 그날의 활동을 계획할 때 내 강점을 살펴보고, 강점 일부라도 어떻게 활용할지 고민합니다. 제 경험상 강점을 활용하지 못하면 그날은 좌절감을 느끼고 비생산적인 하루를 보낼 때가 많았습니다. 저의 수첩, 일기장에는 제 강점들이 적혀 있습니다. 제 강점들이 무엇인지 자주 의식하기 위해서입니다. 선생님이 자기 강점을 중요하게 여기고, 활용하려 노력하는 모습을 보여 주는 일은 학생에게 자극과 영감을 줄 것입니다.

강점에 귀 기울이기

선생님 자신의 강점을 인식하며 강점 활용에 대한 자각이 높아질수록 학생의 강점도 더 잘 알아차리고 평가할 수 있습니다. 훌륭한 선생님은 적절하고 신중한 칭찬의 중요성을 잘 알고 있습니다. 따라서 학생의 강점에 주목하고, 칭찬하고, 강화하는 일은 학생의 자아 인식과 자신감을 동시에 길러 줄 수 있습니다.

강점 목록을 만들어 벽에 붙일 수 있습니다. 학생이 꾸준하고, 용감하고, 친절하고, 열심히 하고, 호기심이 많고, 열정적인 모습을 보일 때, 이에 대해 다양한 표현으로 말해 줘야 합니다. 아주 어린 아이일지라도 이런 말을 듣고 싶어 합니다. "정말 꾸준히 하는구나. 끝까지 붙어서 포기하지 않았네. 정말 잘했어!" 이를 통해 학생은 '꾸준함'이라는 말의 의미도 배웁니다.

'학생의 가장 큰 강점이 무엇일까?' 하고 궁금해하며 계속 관찰한다면 학생을 대하는 선생님의 모습이 조금씩 달라진 것을 느낄 수 있을 것입니다. 학생의 강점들을 더 많이 살필수록 더 많이 찾아낼 것이고, 더욱 많은 강점이 나타날 것입니다. 집중하는 것에서 더 많은 것을 얻을 수 있기 때문입니다. 강점 사용을 정기적으로 칭찬해 줌으로써 학생은 강점을 더 많이 사용하게 될 것입니다.

강점 파악은 자아존중감을 기르는 데 중요한 역할을 합니다. 학생이 쓴 훌륭한 에세이를 칭찬한다면, 그 순간 학생은 칭찬받기 위해서 동등한 수준의 에세이를 써야 한다고 느낍니다. 만일 그 높은 기준에 미치지 못하면 선생님이 실망할 거라 생각합니다. 이런 생각은 불안감과 완벽주의 성향을 만듭니다. 심지어 100점, 1등만이 가치 있다고 생각하게 합니다.

성과가 아닌 노력을 칭찬하게 되면, 학생이 실패하더라도 자신의 노력과 열의는 인정받는다는 것을 알게 됩니다. 노력은 제어가 가능하지만 성취는 그렇지 않습니다. 이 경험은 학생으로 하여금 더 강인하고, 참을성 있으며, 더 안정적인 사람이 되도록 만듭니다. 강점에 대해 평가하는 일은 노력을 칭찬하는 또 다른 방식입니다. 100점의 성과보다 어떻게 100점을 받았는지를 평가하거나 유머, 상상력, 친절함 등을 평가해야 합니다. 항상 100점을 받을 수는 없지만 강점은 항상 활용할 수 있습니다. '용감하다.' '넌 좋은 친구야.' '겸손하다.' '지혜롭다.' 이런 말이 학생을 빛나게 합니다. 그리고 학생은 강점들을 더 활용하고 싶어 할 것입니다.

아이가 무엇을 잘하는지 확신할 수 없다면, 경청과 관찰을 통해 그것을 발견할 수 있습니다. 알렉스 린리(Alex Linley)[11]는 사람들이 자신의 강점을 말할 때 유창하게 말하고, 열정이 넘치며, 다음과 같은 긍정적 단어를 사용한다는 점에 주목합니다. '나는 ○○하는 게 너무 좋아.' '나는 ○○하는 게 즐거워.'

반대로 사람들이 자기 단점을 말할 때 머뭇거리고 목소리가 작아집니다. 말이 느려지고 '음' '아'와 같은 추임새, 한숨, 부정적 표현을 더 많이 사용합니다. 이와 같은 사실을 알면 학생의 강점을 파악하는 데 도움이 됩니다.

일상 대화에서 강점을 더욱 많이 말한다면, 무의식적으로 강점을 확인하고 되새겨 볼 수 있습니다. 선생님과 대화를 나눈 학생은 자기도 모르게 스스로에게 확신을 갖고, 자신을 더 긍정적으로 보게 될 것입니다.

강점에 대한 칭찬을 받을 때, 친구의 강점을 말해 주는 법도 배울 것입니다. 이러한 환경 속에서 학생들은 서로 강점을 말해 주고, 자신과 타인을 긍정적으로 생각하는 방법을 내재화하게 됩니다.

강점 개발

강점은 개발되고 발전될 수 있습니다. 우리는 창의성을 타고나지 않았더라도 창의력을 발달시키고 그 과정을 즐길 수 있습니다.

강점 체육관과 강점 건축가 활동은 강점을 활용하고 발전시키기 위해 고안되었습니다. 이러한 활동들을 정기적으로 사용하면 학생의 강점이 개발될 것입니다. 스토리텔링 같은 활동은 원하는 만큼, 상황에 따라 조금씩 변화시켜 사용할 수 있습니다. 먼저, 어떤 강점에 집중할지 결정한 후 적절한 활동을 선택할 수 있습니다.

강점 건축가는 학생에게 개별적으로 사용될 수 있습니다. 용기를 탐색하도록 도와주는 강점 건축가는 개별 학생에게 다음과 같이 용기 강점을 탐색하고 활용하도록 도와줄 수 있습니다.

- 운동장에서 한 번도 말해 본 적 없는 사람과 대화해 보세요.
- 교실에서 손을 들어 보세요.
- 철학 수업 시간에 다른 아이들과 의견이 다르다면 말해 보세요.
- 스스로 하기 어려운 것을 시도해 보세요.
- 새로운 음식을 먹어 보세요.
- 인기가 없는 아이에게 친절하게 대해 보세요.

선생님 역시 같은 방법으로 여러 강점 건축가를 활용할 수 있습니다. 선생님은 강점 건축가를 반 전체, 모둠, 개인에게 소개할 수 있습니다. 강점 건축가는 다음 두 가지 방식으로도 사용될 수 있습니다.

첫째, 자신의 대표 강점을 활용할 새로운 방법들을 보여 줍니다. 이를 통해 학생은 강점을 더 많이 활용하여 학교생활에 더욱 즐거움을 느낄 수 있습니다.

둘째, 강점 건축가를 사용하여 용기, 친절, 유머와 같은 이전에는 몰랐던 자신의 새로운 강점을 더욱 키워 줄 수 있습니다.

기분 전환 상자와 보물상자

좋은 기분을 만드는 방법을 아는 것은 정서적 성숙을 촉진하며 삶을 풍요롭게 만들어 주는 중요한 요소입니다. 모든 사람은 때때로 분노, 슬픔을 느낍니다. 이 감정들은 불편하지만 필요할 때도 있기 때문에 반드시 제거할 필요는 없습니다. 하지만 학습, 창의력 발휘에 방해가 되므로 부정적 감정을 다스리는 법을 배우는 것은 매우 중요합니다. 또한 스트레스 상황을 겪을 때 효과적으로 감정을 다스리고, 회복력을 키워 나갈 필요가 있습니다.

저는 마리라는 폴란드 여성으로부터 기분 전환 상자와 보물상자를 만드는 법을 배웠습니다. 마리는 제2차 세계대전 때 가족을 잃고 영국으로 왔으며, 저의 어린 시절 옆집에 살았습니다. 그녀는 제게 기분 전환 상자를 소개해 줬습니다.

자신의 기분을 정말로 좋게 만들어 주는 활동들을 발견해 보기 바랍니다. 개개인마다 특별함을 느끼는 활동은 다를 수 있습니다. 다양한 종류의 운동을 해 보고, 다양한 종류의 책을 읽고, 다양한 TV 프로그램을 보고, 친구에게 전화를 해 본 후 자신이 어떤 기분인지 느껴 보세요. 그 영향은 미세해서 알아채기 힘들 수 있기 때문에 자기 감정에 대해 주의 깊고 숙련된 관찰자가 될 필요가 있습니다. 어떤 사람은 드라마를 볼 때 긴장하지만 코미디를 볼 때는 생기를 얻습니다. 어떤 사람은 혼자 TV 보는 것을 외로워하지만, 가족과 함께 볼 때면 활력을 느낍니다. 어떤 친구와 통화하고 나면 힘이 빠지지만 어떤 친구는 기운을 북돋아 줍니다.

'아, 이런 활동이 내 기운을 북돋아 주고, 나를 진정시켜 주는구나.'라고 깨달았을 때 기분 전환 상자에 기록하세요. 활력을 주는 활동을 작은 카드에 적어 두고 기분 전환 목록 상자에 담아 두기 바랍니다. 우리 뇌는 긍정적인 것보다 부정적인 것을 더 잘 감지하는 부정 편향성을 갖고 있습니다. 그래서 긍정적인 기분을 느끼게 해 주는 일들을 기억하려면 기록해야 합니다. 우울하거나 기분 전환이 필요할 때, 무언가에 집중하거나 창의력을 발휘해야 할 때, 기록한 기분 전환 상자를 보고 도움이 될 활동 한 가지를 해 보기 바랍니다. 우울할 때는 집중하거나 창의적인 결정을 하기가 어렵습니다. 따라서 자신만의 기분 전환 상자를 갖는 것은 학생의 학습을 도와줄 수 있습니다.

저의 자녀들은 할아버지가 돌아가셨을 때 큰 슬픔에 빠졌습니다. 하지만 다행히 자신의 기운을 북돋아 주는 기술을 알고 있었습니다. 저의 아이들은 슬피 울고 난 후, 수집해 둔 코미디 DVD를 시청하거나, 좋아하는 책을 읽거나, 좋아하는 악기 연주를 하면서 아픔에서 잠시 벗어났습니다. 이러한 '일시적 휴식'은 아이들을 재충전시켜 주었고, 계속해서 할아버지를 생각하며 애도할 수 있게 해 주었습니다.

또한 자신만의 보물상자를 만들 수도 있습니다. 상자 안에 나를 미소 짓게 만드는 사진이나 어린 시절 카드, 휴가철 사진과 같은 물건을 담아 두세요. 행복한 기억들은 현재 기분에 긍정적 영향을 주기에 행복한 기억을 떠올리게 해 주는 물건을 모아 두면 기분을 바꾸는 강력한 도구가 될 수 있습니다. 학생을 가르칠 때, 이러한 보물상자가 옆에 있다면 스트레스 상황에서도 웃을 수 있습니다.

- 기분 전환 상자: 기분을 좋게 만들어 주는 활동을 담아 둔 상자
- 보물상자: 행복한 기억과 추억을 담아 둔 상자

두 가지 모두 우리의 필요에 맞게 기분을 전환시켜 줄 수 있습니다. 선생님이 기분 전환 상자와 보물상자의 사용에 익숙해졌다면 학생에게도 자신만의 두 상자를 만들도록 이끌어 주기 바랍니다.

이 활동은 격렬한 감정에 휩싸이거나 압박감을 느끼는 학생, 분노, 불안, 슬픔에 힘겨워하는 학생에게 특히 유익합니다. 스스로 감정을 다룰 수 있는 도구를 만들어 주는 것은 큰 도움이 될 것입니다. 정서적 성숙은 어른만이 아니라 아이들에게도 중요합니다. 행복하고 자제력 있는 학생에게도 기분 전환 목록 상자나 보물상자는 유익합니다.

몸과 마음의 연결

몸과 마음이 서로 어떻게 영향을 미치는지 아는 것은 어른과 아이 모두에게 도움이 됩니다. 우리가 의자에 허리를 펴고 똑바로 앉아 있을 때 우리 뇌는 몸으로부터 공부할 준비가 잘 되었다는 신호를 받고 이에 따라 반응합니다. 만약 우리가 구부정하게 있거나 얼굴과 몸 전체가 엉망이라면, 이전에는 그렇지 않았더라도 현재 무기력함을 느낄 가능성이 큽니다. 만약 정신없이 쫓기듯 움직이면, 내면에서 불안을 느낄 것입니다. 무기력하고 피곤한 감정을 느끼면, 우리 몸은 슬럼프에 빠집니다. 이처럼 사람의 감정과 행동은 직접적으로 연관되어 있습니다.

이 연관성을 긍정적으로 사용할 수 있습니다. 예컨대, 교실이 무기력한 분위기일 때 학생들을 활동하게 만들면 교실에 활력이 돌아옵니다. 그런데 학습에 영향을 끼치는 신체 활동의 잠재력은 그동안 많은 관심을 받지 못했습니다.

긴장을 느낄 때, 숨을 크게 쉬고 내뱉어 보세요. 어깨의 긴장을 풀고 움직이며 천천히 말해 보세요. 이러한 행동은 본인을 비롯한 주변 사람까지 침착하게 만들어 줄 것입니다. 교사는 자신의 신체를 활용하여 학생의 기분과 행동에 영향을 줄 수 있습니다. 차분하고 의도적으로 느리게 움직이고 조용하게 말한다면, 학생들이 차분하게 배울 준비가 되도록 만들 수 있습니다. 이 방법은 좋은 관계와 집단 역동을 만들어 낼 수 있는 중요한 방법입니다. 스토리텔링은 이 기술을 연습하기에 좋은 도구입니다.

학생도 몸과 마음, 신체와 정서의 연결을 아는 것이 중요합니다. 학생이 집중해야 할 때 자신의 조용한 숨소리를 들어 보거나, 매우 느리게 방을 걷거나, 발이 모래 속으로 천천히 빨려 들어가는 모습을 상상하게 해 보세요.

신체적으로 힘들 때, 긴장했을 때 두뇌 활동이 활발하지 않다는 것을 학생에게 알려 주세요. 어깨를 뒤로 쭉, 넓게 펴게 해 주세요. 아이들의 두뇌는 스스로 자신감 있다고 생각할 것이며, 실제 자신감도 높아질 것입니다.

몸과 마음은 연결되어 있으므로 규칙적인 운동과 건강한 식습관이 중요합니다. 운동은 두뇌를 활성화시키므로 학생과 교사가 수업 전에 활기찬 운동을 적절하게 해야 한다고 생각합니다. 가벼운 발걸음으로 학교에 걸어가는 것은 좋은 운동이 됩니다. 저는 하루 종일 컴퓨터 앞에 앉아 있어야 하는 날이면 아침 조깅을 나섭니다. 운동하지 않으면 금방 피곤함을 느끼고, 무기력해질 것을 알기 때문입니다. 창의력이 필요한 날, 저는 달린 후 명상을 합니다. 만약 달리기를 할 시간이나 여력이 없을 때면 점심시간에 짧은 산책을 합니다. 10분의 짧은 산책으로도 두뇌는 맑아지고 긍정적인 상태가 될 수 있습니다.

낙관성을 만드는 설명 양식

낙관적 태도는 매일의 기분뿐만 아니라 직장, 인간관계, 건강, 심지어 수명에까지 영향을 줍니다. 낙관주의자들은 비관주의자들에 비해 우울의 영향을 덜 받습니다. 학생들은 주변 어른으로부터 낙관성을 만드는 설명 양식을 배웁니다. 교사가 학생의 가정환경에 개입할 수는 없지만, 긍정적 교실 환경을 만들 수가 있습니다.

낙관론자들은 비관론자들이 쓰는 설명 양식과는 완전히 다른 방식으로 일상의 사건을 설명합니다.[2] 학생이 배우지 않았는데도 이미 낙관적 설명 양식을 사용하고 있다면 이는 매우 좋은 현상입니다. 하지만 그렇지 않다면 낙관적인 설명 양식이 자신의 습관이 되도록 배우고 연습해야 합니다.

비관론자의 설명 양식

안 좋은 일이 발생했을 때, 비관론자들은 두 종류의 단어를 사용해서 설명합니다.

첫 번째는 '항상, 모두, 모든 것'입니다. "이런 일은 항상 나에게만 일어나." "모두가 나를 싫어해." "모든 것이 항상 끔찍해."

두 번째는 '아무것도, 아무도, 절대'입니다. "아무것도 제대로 되지 않아." "아무도 나를 좋아하지 않아." "나는 절대 성공할 수 없어."

이것이 전형적인 비관론자들의 생각입니다. 이런 생각을 자주 한다면 우울증에 걸릴 위험이 높습니다. 한 가지 일만 안 풀려도 하루가 엉망이 됩니다. 작은 실수도 끔찍한 교훈으로 남습니다. 한 가지 나쁜 사건이 자신의 모든 것을 안 좋게 바라보게 합니다.

낙관론자의 설명 양식

낙관론자나 비관론자 모두 비슷한 빈도로 나쁜 사건을 겪습니다. 하지만 낙관론자들의 반응은 다릅니다. 낙관론자들도 우울하고 기분이 안 좋지만, 그 기분이 지속되지는 않습니다. 그 이유는 사건을 다른 방식으로 설명하기 때문입니다. "실수한 부분은 당황스럽지만, 수업의 <u>다른 부분은</u> 좋았어." "아침에 있었던 일은 끔찍했지만 <u>남은 하루는</u> 정말 좋았어." "승찬이는 날 싫어하는 것 같지만 <u>효주는 내 친구야.</u>" "나는 수학은 잘 못하지만 <u>국어는 잘해.</u>" "시험을 망친 건 속상하지만 더 열심히 해서 <u>다음에는 더 잘 볼 거야.</u>"

낙관론자의 설명 양식은 더 구체적이고, 단정적이지 않으며, 현실성이 있습니다. 이러한 설명 양식은 지나치게 맹목적 낙관론자가 아니라, 모든 것이 다 나쁘지는 않다고 말하는 현실적 낙관론자로 만들어 줍니다. 낙관적인 생각은 일을 지속하게 해 주며, 궁극적으로는 성공을 가져다줍니다. 비관론자들은 포기하면서 나는 절대로 성공할 수 없다고 말합니다. 낙관론자들은 포기하지 않고 이번에는 실패했지만, 다시 도전해 보자고 말합니다.

교실에서 무언가가 잘 안 풀릴 때, 선생님이 학생 앞에서 어떻게 말하고 있는지 스스로 잘 들어봐야 합니다. 학생은 선생님을 늘 주목하고 있기 때문입니다. "늘 이런 식이야." "제대로 되는 게 없어."

선생님이 평소 이와 같이 말한다면 자신이 사용하는 언어를 더욱 현실적이고 구체적으로 다음과 같이 바꾸어야 합니다.

"모든 일이 항상 잘못된다."→ "오늘 이 일이 잘못됐어."

나쁜 일을 의식적으로 현실적·구체적으로 설명해 보기 바랍니다. 이를 통해 학생에게 점점 현실적이고 낙관적인 생각을 자연스럽게 보여 줄 수 있습니다.

학생에게 낙관적 설명 양식을 명확하게 가르쳐 주기 위해 '비관이의 생각' '무엇이 잘 되었지?(www)'와 같은 강점 건축가를 사용할 수 있습니다. 한 사람이 나쁜 상황을 설명하고, 보라색 생각 주머니에 가장 우울한 생각들을 채워 넣습니다. 예를 들어, 스마트폰이 작동하지 않아서 즐거운 활동을 할 수 없는 상황이라고 가정하고, 보라색 생각 주머니에 이런 상황에서 모두가 할 수 있는 우울한 생각들을 채워 넣습니다.

보라색 생각 주머니

- '항상 나에게만 이런 일이 생겨.'
- '누군가가 우리를 싫어해서 고의로 망가뜨린 거야.'
- '이 화면은 다시는 작동하지 않을 거야.'
- '오늘은 전부 망했어.'

최대한 우울한 목소리로 말하다 보면 너무 극단적인 이 말들이 우습게 느껴질 것입니다.

이번에는 커다란 초록색 생각 주머니에 긍정적 답변을 채워 넣습니다.

초록색 생각 주머니

- '그건 어제 작동했고. AS센터에서 오늘 밤 고쳐 줄 거야.'
- '누구도 우리를 싫어하지 않아. 컴퓨터는 가끔 망가질 때가 있어.'
- '대신 오늘 엄마가 읽어 주는 책을 들을 수 있어.'

이 게임은 다음과 같이 적용할 수도 있습니다. 어떤 이야기를 말한 후, 비관이는 우울하고 두렵고 슬픈 부분만 봅니다. 학생에게 비관이가 보는 부분을 그려 보라고 한 후, 용기와 희망을 주며 행복한 부분을 보는 낙관이의 생각도 그려 보게 합니다. 학생은 분명히 두 생각의 양면성을 알아차릴 것입니다.

이 활동은 모둠 혹은 개인으로 할 수 있습니다. 고학년 학생에게는 '설명 양식 활동'이라고 부르며 부정적이고 비관적 기분이 들 때 사용해 보도록 할 수 있습니다. 또한 생각할 수 있는 가장 최악의 설명 방법을 유머를 사용하여 표현하는 것도 매우 효과적입니다. 이러한 활동을 통해 학생은 극단적인 비관적 생각을 깨닫고, 좀 더 현실적으로 생각하는 법을 배울 수 있습니다.

'무엇이 잘 되었지?(WWW)' 활동은 낙관적 사고를 촉진하는 또 다른 방식입니다. 이 활동도 모둠에서뿐만 아니라 개별적으로도 사용할 수 있습니다. 학생들은 자기만의 '잘된 일' 파일을 만들어 긍정적 경험, 자격증, 자랑스러운 일들을 모아 둡니다. 무기력해지거나 자신감을 되찾아야 할 순간에 이를 꺼내 볼 수 있습니다. 하루를 마무리할 때나 수업이 끝난 후 그날의 가장 긍정적인 부분을 찾도록 격려해 주면 좋습니다. 최악이었던 하루라도 좋았던 일은 있습니다. 사람의 두뇌는 부정적 생각에 익숙하므로 좋았던 일을 찾기 위해서는 좀 더 의도적으로 노력해야 합니다.

하루 일과를 끝마치고 선생님의 긍정적 생각과 전문성을 키우기 위해 이 방법을 사용해 보기 바랍니다. 저는 이 방법을 직원 회의와 연수 때 사용했습니다. 이 방법을 사용하기 위해서는 의도적 노력이 필요합니다. 좋은 일을 생각하는 능력도 신체 근육처럼 의도적으로 사용할수록 개발됩니다. 긍정적 측면을 찾으면 찾을수록 더 많이 발견할 수 있을 것입니다.

강점 건축가: 비관이의 생각
-희망과 자기조절, 끈기를 기르고 우정을 기르는 방법-

개인이 가진 '비관이의 생각'을 인지하고 그 생각에 대한 자신의 설명(이유)을 적으세요. '비관이의 생각'에 반박하고 대응하거나, 이 생각과 균형을 이룰 낙관적 생각들을 찾아보세요. '비관적 생각'이라는 단어를 사용해도 됩니다.

 연습 아이디어: 설명 양식

동료 교사에게 설명 양식의 개념 및 우울과의 관계에 대해 설명하세요. 학교에서 일어날 수 있는 전형적인 '안 좋은 일'과 그 일로 인한 비관적인 생각을 표현해 보세요. 그 후 이 생각과 균형을 맞출 낙관적인 생각이나 대안들을 찾아보세요.

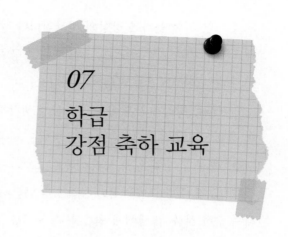

07
학급
강점 축하 교육

교실은 학교의 축소판입니다. 교실의 물리적 · 정서적 환경은 긍정적이고, 도전적이어야 하며, 웃음이 많고, 실패가 자연스러운 안전한 장소여야 합니다. 또한 자연스럽게 서로의 강점을 주목하고 강점 발휘를 격려하고 기대하는 장소가 되어야 합니다.

교실 환경

훌륭한 학습 환경을 조성하는 일은 먼저 교실에서 시작할 수 있습니다. 교실이 변하면 학교 전체에 영향을 끼칩니다. 긍정적 교실을 만들어 작지만 확실한 방법으로 학교를 바꿔 보기 바랍니다. 물론 학교의 모든 교실이 변하면 좋겠지만, 먼저 한 교실을 긍정적으로 만드는 것이 올바른 방향의 시작입니다. 가능한 한 멀리 떨어져서 교실을 바라보기 바랍니다. 교실 내 가구 등의 교실 배치가 여러분의 교육적 가치관을 반영하고 있나요?

여러분은 활동적인 학습을 중요하게 생각하나요? 그렇다면 교실이 움직이기 편하고, 다양한 학습 방법을 사용할 공간이 되어야 합니다. 독서를 가치 있게 생각하나요? 그렇다면 책이 눈에 쉽게 띄게 하고, 책 주변을 매력적인 공간으로 만들어야 합니다. 또한 학생의 우수한 작품, 학생에게 영감을 주는 것들, 현재의 미술, 수학, 과학 분야를 대표하는 사람들의 작품도 전시할 수 있습니다.

교실 안에서의 강점

만약 학교 전체가 '강점 축제'를 연다면 각 축제에서 강조하는 강점이 있을 것입니다. 축제의 색깔과 축제 강점을 눈에 잘 띄게 교실에 전시함으로써 학생이 강점에 대해 생각해 보도록 할 수 있습니다. 교실에서 강점 전용 게시판을 사용할 수 있습니다. 축제 강점이 대표 강점인 학생의 이름을 게시할 수도 있습니다. '민수는 우리의 리더 중 1명이다.' '수연이의 대표 강점은 협동심이다.' 이런 문구를 학급이 함께 보는 것만으로도 긍정적 효과를 가져옵니다. 한해 동안 다양한 강점을 다루면서 학생들은 자신의 이름과 강점이 함께 있는 게시물을 볼 수 있습니다. 학생이 강점을 활용하고 있는 사진을 찍어 전시해 보세요.

또한 전시되는 학생의 강점을 보면서 학생들은 서로의 강점을 인정할 수 있습니다. "어제 승찬이가 화가 났을 때 효주가 특별히 친절하게 해 주는 것을 보았어요. 잘했어! 효주야."

만약 각 축제와 관련된 강점이 여러 개라면 모든 강점을 너무 깊게 다루지 않아도 됩니다. 단지 그 강점들을 알아차리고 가능한 한 자주 언급하세요. 학생이 보다 적극적으로 개발하려고 노력하는 가장 매력적인 강점을 선택하고 집중해 보기 바랍니다. 축제에서 창의력, 관용, 학구열 등을 다룰 때, 학생이 창의력을 가장 매력적으로 느낀다면 창의력에 초점을 두기 바랍니다.

강점 체육관과 강점 건축가

강점 체육관을 위해 약간의 시간을 마련해 두세요. 축제 강점에 초점을 맞추어 강점을 개발하는 게임, 활동을 할 수 있습니다. 몇몇 강점 건축가는 모든 강점 개발에 적용할 수 있습니다. 활동하기 전 학생에게 어떤 강점에 초점을 맞출지 물어보기 바랍니다. 학생과 강점에 대해 논의하는 것은 매우 중요합니다. 학생이 강점에 더 집중할 수 있게 만들기 때문입니다.

한두 가지 강점 개발에 적합한 강점 건축가도 있습니다. 예를 들어, '주도권을 잡아라'(3부에 자세히 소개) 강점 건축가는 리더십 증진을 위한 기회를 제공합니다. 또한 선생님만의 강점 증진 방법에 대해 생각해 낼 수 있습니다. 강점별로 강점 체육관 활동 방안을 파일로 정리해서 보관해 두기 바랍니다. 학생에게도 강점을 활용하고 개발하기 위한 아이디어를 물어보고, 가장 좋아하는 활동을 선택하도록 하기 바랍니다. 학생과 강점 활용 방법을 더 자주 나누고, 아이디어를 게시판에 게시하고, 학생이 실천할 때마다 강점 활용 방법 옆에 사인하도록 격려할 수도 있습니다.

또한 각 학급에 맞는 강점을 선택하여 집중할 수 있습니다. 첫해에는 창의성, 다음 해는 학구열, 관용에 초점을 맞출 수도 있습니다. 학교관리자가 노력한다면 학교 모임, 개인적 대화, 학교 환경 조성 등을 통해 학생의 관심과 참여를 유도할 수 있습니다.

만약 선생님의 학교에서 강점 축하와 축제 활동들을 하지 않는다고 해도, 학급 수준에서 준비해서 실천할 수 있습니다. 강점 게시판을 만들고, 학급에서 1년 내내 24가지 강점에 대해 이야기하며, 강점을 반영한 이야기를 활용하고, 다양한 강점 증진 방법을 활용해 강점에 집중하도록 도와줄 수 있습니다. 이러한 활동을 통해 학생이 스스로 자신의 강점에 대해 생각하고 활용하도록 격려해 줄 수 있습니다.

학급에서 수업을 시작할 때, 여러분이 바라는 강점을 명확히 설명할 수도 있습니다. 예컨대, 모둠 활동에서 협동심이나, 발표할 때 용기와 창의성, 토론에서의 정직성과 개방성 등을 말할 수 있습니다. 수업이 끝날 때 그 강점을 어떻게 사용했는지, 앞으로 어떻게 더 많이 사용할지, 친구가 어떻게 강점을 활용했는지 등에 대해 생각해 보도록 질문할 수 있습니다.

강점에 초점을 두는 일은 새 학년 새 학급을 시작하는 훌륭한 방법입니다. 교사로서 자신의 대표 강점은 무엇인지, 학생의 대표 강점이 무엇인지에 대한 토론은 긍정적·건설적 학급의 시작이 됩니다. 교사 스스로 자신의 강점이 부족한 분야가 있음을 인정하는 일은 바람직한 자기인식의 본보기가 되고, 학생도 자기 능력에 대해 현실적으로 평가하는 기회를 만들어 줍니다. 학생에게 서로의 강점을 찾아보도록 격려하는 일은 학생들이 긍정적으로 연대하도록 돕는 강력한 방법이 될 수 있습니다.

온라인 검사 결과나 대표 강점에 대한 직접적 토의를 통해 자신과 친구들의 강점 조사표를 완성할 수 있습니다. 이러한 방법을 효과적으로 활용하면 전학 온 학생도 기존 학급에 잘 통합시킬 수 있습니다.

교실 안에서의 몰입

어떤 일이나 활동에 너무 집중하여 시간의 흐름조차 알아차리지 못하는 상태를 '몰입'이라 부릅니다. 몰입하는 순간 우리는 가장 높은 수준에서 가장 창조적으로 기능하는 상태가 됩니다. 선생님이 몰입할 때 최고의 수업을 펼칠 수 있습니다. 학생이 몰입할 때 최고의 상태에서 학습할 수 있습니다. 따라서 몰입을 유발하는 교실을 만드는 것이 학급의 목표가 되어야 합니다.

몰입이 일어나기 위해서는 도전 과제와 능력 사이에 균형을 맞춰야 합니다. 만약 도전 과제 수준이 능력을 뛰어넘는다면 학생은 불안해집니다. 만약 능력이 도전 과제 수준에 비해 너무 뛰어나서 과제가 너무 쉽다고 느껴진다면 학생은 금방 지루해집니다.

몰입을 유발하는 또 하나의 요소는 놀이입니다. 놀이는 즐겁게 배우는 태도라고 말할 수 있습니다. 놀이에 참여하는 아이들은 완전히 열중한 상태에 들어가게 되고, 그 과정에서 완전학습이 이루어집니다.

몰입의 또 다른 중요한 요소는 선택과 자율성입니다. 학생은 놀이 과정을 주도하고, 무엇을 하고 무엇이 될지 스스로 도전 수준을 선택해야 합니다. 이러한 자율성을 잃어버리고 지시받은 대로만 행동한다면, 몰입은 줄어듭니다. 자율성, 선택의 요소를 가능한 한 많이 학습에 포함시킨다면 몰입은 더 많이, 더 자주 일어날 것입니다.

선택의 효과는 크게 나타납니다. 저와 함께 공부했던 자폐증 소년은 변화를 싫어하고 스트레스가 많았습니다. 그 학생이 스스로 선택하게 하자 통제력이 생기고 불안감이 줄어들었습니다. 예를 들어, "3분 안에 활동을 끝낼까, 4분 안에 활동을 끝낼까?"와 같은 아주 쉬운 선택권을 줍니다. 학생은 '4'라고 말했고, 4분 후에 끝냈습니다. 선택이 가능한 상황에서는 스스로 변화를 관리하기가 쉬워집니다.

가능한 언제, 어디서든 작은 것이라도 선택권을 주는 일은 학생이 자율성을 느끼고 몰입할 수 있도록 하는 데 매우 중요합니다. "어떤 블록을 가지고 활동하고 싶나요?" "어떤 순서로 활동하든 상관없으니 여러분이 결정하세요." "누구와 활동할 것인지, 어디에 앉을 것인지, 어떤 색깔의 종이를 사용할 것인지 선택하세요." 이러한 작은 선택들이 결정을 내리고, 활동을 주도적으로 이끌도록 도와줄 뿐만 아니라 몰입을 유발합니다.

몰입을 유발하는 또 다른 중요한 요소는 활동을 시작할 때 느끼는 감정 상태입니다. 정상급 운동선수들은 이를 '존(zone)'이라고 부릅니다. 몰입을 나타내는 또 다른 용어입니다. 그들은 존에 들어

가기 위해 정신적으로 준비해야 한다는 것을 알고 있습니다. 최대 학습능력을 발휘하기 위해서는 침착하고 집중해야 합니다. 선생님이 운동장에서 놀다가 허겁지겁 뛰어 온 학생을 꾸중하며 한바탕 말다툼을 벌인 뒤에 학생이 곧바로 집중해서 최대한 능력을 발휘할 열린 자세를 갖기를 기대하지만 실제로 이러한 일은 잘 일어나지 않습니다.

학습 시작 전 잠깐의 시간을 할애해 보기 바랍니다. 마음을 진정시키고, 집중하고, 기분 좋게 해 주는 긍정적인 것들을 생각하거나, 강점 건축가를 활용해 보기 바랍니다. 몇 분이면 됩니다. 높은 수준의 듣기가 필요한 활동이라면 저는 투명한 빗줄기 소리에 귀 기울이며 마지막 구슬을 찾는 것에 집중시키는 '레인 스틱 듣기'(3부에 자세히 소개)와 함께 수업을 시작합니다. 이렇게 하면 학생은 자신을 진정시키고 집중할 수 있습니다. 유아부터 청소년까지 누구나 자신의 조용한 호흡부터 자신이 들을 수 있는 가장 먼 소리까지도 침착하게 귀 기울이는 방법을 배울 수가 있습니다. 학생들은 사찰의 은은한 종소리를 좋아합니다. 종을 한 번 친 후, 그 소리가 점점 사라지는 것을 알아차리게 해 보기 바랍니다. 그 소리와 함께 긴장감은 사라질 것입니다. 이와 같은 활동들은 몰입과 창의력을 장려하는 방법으로 학생에게 명상의 기초를 가르치는 데 활용될 수 있습니다.

명상

명상은 누구나 할 수 있는 기술입니다. 실제로 다양한 상황에서 모든 연령의 사람들이 명상 수련을 할 수 있습니다. 명상이 반드시 '종교적'일 필요는 없습니다. 본질적으로 명상이란 무언가에 세심한 관심을 기울이고, 마음의 잡담(소란스러움, 분주함)을 늦추고, 조용하고 세심하게 주의를 기울이는 일입니다. 명상은 우리가 과거, 미래에 대한 생각에 빠져 있을 때 지금 여기를 자각하도록 돕습니다. 또한 명상은 자신의 감정을 인식하고, 감정에 덜 지배되도록 도와줍니다. 이것은 정서적 능력의 중요한 측면입니다.

명상은 건강과 행복을 증진하고, 기분을 좋게 하는 효과가 있는 것으로 밝혀졌습니다. 긍정적 감정과 평온한 내면 상태는 우리가 더 효과적으로 학습하도록 도와줍니다. 명상은 학생에게 중요한 삶의 기술이자 교실에서도 활용 가능한 유용한 기술입니다. 따라서 강점 건축가에 다양한 강점 관련 명상이 포함되어 있습니다.[1] 명상은 강점을 격려하기 위해 교실 학습에 통합하여 적용할 수 있는 좋은 실천 방법입니다.

아이들에게 명상의 기초를 가르침으로써 기분을 향상시키고, 학습 분위기 형성을 위한 평온함과 고요함을 가져오는 연습을 실행할 수 있습니다. 명상에는 여러 가지 방법이 있습니다. 만트라(Mantra)는 천천히, 생각에 잠겨 마음속으로 한 단어만 반복하는 방법입니다. 교실에서 탐구하는 강점에 이 기법을 적용해 볼 수 있습니다. 먼저 학생들을 편안하고 조용한 상태로 이끈 다음, 주목하여 격려하고 있는 강점 중 하나를 골라 이 강점 단어를 천천히 그리고 신중하게 머릿속에서 반복하도록 합니다. 강점 단어 명상 중에 마음에 어떤 궁금증이나 분주함 같은 다른 생각이 생길 때는 학생에게 그 분주함이나 다른 생각이 떠오른 것을 알아주고 조용히 그 강점으로 다시 돌아가도록 말해 주면 됩니다.

용기 명상도 비슷한 방법입니다. 한 단어가 아닌 문장을 사용할 수도 있습니다. 학생에게 조용히 이야기해 보세요. "자신의 불안을 들이마시고 용기를 내 보세요." 학생이 자신의 손을 이용해 숨을 들이마시면서 손을 가슴 쪽으로 당기고, 이후 숨을 내쉬면서 용기 있게 불끈 쥔 주먹을 밖으로 내밀도록 합니다. 이는 실제로 용기를 나타내는 영국의 수화에 해당합니다. 학생이 용기를 내도록 격려하고 싶을 때마다 이 행동을 몇 번 반복하면서 '용기를 내세요.'라는 문장을 사용해 보기 바랍니다. 만약 만트라라는 단어가 거북하다면 '단어 명상'이라는 용어를 사용할 수 있습니다.

학생마다 서로 다른 학습 스타일을 가지고 있는 것처럼 학생에 따라 적합한 명상 방법이 다를 수 있습니다. 저는 아직 제게 도움이 되는 만트라를 발견하지 못했습니다. 저는 청각 위주의 학습자이기 때문에 숨을 내쉬면서 내 숨소리를 듣는 방법을 선호합니다. 내가 무언가 다른 생각을 하는 것을 자각했을 때 '생각'이라고 말하고 다시 나의 의식을 호흡에 집중합니다. 이것은 페마 초드론(Pema Chodron)의 '자신의 호흡 듣기 명상'입니다.[2] 아이들은 신체 감각적인 학습자이기 때문에 호흡을 '보게' 하거나 호흡을 들이마시고 내쉬는 것을 '느끼도록' 하는 것이 효과적입니다. "여러분의 숨소리를 들어 보세요. 이 숨소리는 매우 조용해서 여러분의 귀에만 들릴 수 있습니다." 그런데 이때 이런 말을 통해 큰 소리로 호흡을 내뱉으며 숨을 헐떡거리는 소리가 가득한 명상 시간이 되지 않도록 주의할 필요가 있습니다. 조용하게 호흡 명상이 이루어지도록 지도하기 바랍니다.

움직임 명상

학생에게 움직임 명상이 특히 더 도움이 될 수 있습니다. '나선 걷기 활동(3부에 자세히 소개)'은 움직임 명상입니다. 다른 사람과 접촉하지 않고 발이 자신의 바닥에 닿는 느낌을 느끼며 가능한 한 천천히 교실을 걸어 보도록 하는 것도 움직임 명상법입니다.

'레인 스틱 듣기'는 레인 스틱을 뒤집어 보면서 구슬이 굴러 떨어지는 것을 보고 차분히 소리를 듣는 움직임 명상법입니다. 레인 스틱은 구슬이나 쌀이 담겨 있는 관 형태의 악기로, 이름에서도 알 수 있듯 빗방울이 떨어지는 소리를 냅니다. 이 소리를 듣고 있으면 마음이 편안해집니다. 레인 스틱은 악기점, 유아용 교구 상점에서도 구입할 수 있습니다. 저의 레인 스틱은 투명해서 색깔 구슬이 떨어지는 것을 보고 들을 수 있습니다. "가능한 한 열심히 들어 보세요. 구슬이 멈췄을 때의 조용함을 들어 보세요." 이렇게 이야기하는 것 또한 움직임 명상의 한 방법입니다. 이러한 방법은 기껏해야 몇 초, 몇 분 정도밖에 걸리지 않지만, 학생을 조용히시키고 학습 집중 능력을 향상시킵니다.

선생님이 소품이나 인형을 사용하여 이야기를 천천히 그리고 차분하게 들려주고, 인형을 움직이다 침묵하며 잠시 멈추는 것 또한 움직임 명상법입니다. 선생님의 느린 움직임과 차분한 말하기는 학생이 조용히 보고 들으며 생각에 잠길 수 있도록 돕습니다. 이런 식으로 이야기를 들려주고 난 뒤에 학생들은 더 차분해집니다. 이런 식의 스토리텔링을 활용할 수 있는 가장 좋은 방법은 학교 강당과 같은 더 큰 공간으로 이동해서 할 수 있는 '이야기 공간 만들기'입니다. 이 강점 건축가는 12장에 자세히 설명되어 있습니다.

어떤 활동이라도 명상을 첨가해 차분한 활동으로 바꿀 수 있습니다. '이야기 공간'을 만들기 위해 이야기 상자를 푸는 활동이 바로 이와 같습니다. 학생이 귀 기울이고, 기다리고, 자신이 무엇을 어떻게 하고 있는지에 집중한다면 이때 학생들은 실제 명상을 하고 있는 것입니다.

저는 학생들이 이야기를 하거나 토론을 하고 난 뒤에 어떤 방법으로든 그림을 그리거나 낙서를 하면서 자신의 생각과 심상이 일어나고 형성되기를 기대합니다. 아이들이 창의적이고 성찰적인 태도를 가질 수 있도록 격려하는 방법으로 문구 상자를 이용합니다. 문구 상자는 다양한 색깔의 볼펜과 연필, 파스텔이 들어 있는 아름다운 나무 상자입니다. 이러한 상자는 기존의 지저분한 필통과는 달리 그림 그리기에 대한 학생의 관심을 효과적으로 이끌어 낼 수 있습니다. 학생들이 원형으로 바닥에 앉고 원 중앙에 상자를 놓습니다. 만약 원을 만들 만한 공간이 없다면 책상 위에 올려놓습니다. 그다음 한 학생을 가리켜 일어나서 박스에서 두 가지 문구류를 선택하게 합니다. 그 학생이 선택하고 돌아오면 그다음 학생 차례가 되게 합니다. 고민과 침묵 속에서 친구들의 선택을 지켜보면서 자신도 선택하게 합니다. 이 과정은 침묵과 고민을 하면서 생각에 잠기고, 차분하게 쉼을 갖는 시간이 됩니다. 이 활동은 시간이 꽤 걸리는데 모든 그림 그리기 시간마다 이 활동을 할 필요는 없습니다. 만약 매번 그렇게 한다면 명상의 효과는 사라질 것입니다. 하지만 가끔씩 한다면 이 활동은 인내심과 주의력, 침묵의 중요성, 자신의 감정을 관리하는 차분한 움직임을 가르치는 데 효과적인 명상 방법이 될 수 있습니다.

그 밖의 차분한 명상

선생님은 많은 활동을 명상으로 만들 수 있습니다.

① 완전히 집중하여 차 한 잔을 만들어 보세요.
② 찻주전자와 컵의 모양에 주목하세요.
③ 주전자가 끓을 때 내는 소리에 귀를 기울여 보세요.
④ 차의 질감이나 티백의 모양과 색깔에 주목해 보세요.
⑤ 차를 마시는 데 집중하면서 이 차를 마실 수 있게 해 준 사람들과 그 과정들을 생각해 보세요.
⑥ 그들에게 조용히 감사를 드려 보세요.

이 모든 과정이 명상입니다.
시각화하기(visualisation)는 명상의 또 다른 방법으로 학생에게 매우 효과적일 수 있습니다. 하루를 시작하며 잠시 시간을 내어 조용히 숨을 쉬고, 긴장을 풀고, 스스로 좋은 하루를 보내는 것을 상상하게 해 보세요. 머릿속으로 영화(정말 다채로운 영화)를 만들어 보라고 지시해 보세요. 그리고 영화 속의 내가 행복하고, 자신감 넘치고, 창의적으로 행동하고 일하는 것을 즐기고 있는 것을 알아차리게 해 보세요. 학생에게 똑바로 앉아 어깨를 뒤로 젖히고, 눈을 감은 채 최대한 활짝 웃어 보라고 해 보세요. 그리고 눈을 뜨게 하면 정말 좋은 하루를 시작할 수가 있을 것입니다. 간단한 기술이지만 매우 효과적입니다. 웃거나 어깨를 뒤로 젖히는 것만으로도 긍정 감정을 낳을 수 있습니다. 신체와 감정이 서로 밀접하게 연결되어 있기 때문입니다.

명상에 행복한 추억을 활용해 볼 수도 있습니다. 생생하게 행복한 기억들을 떠올릴 때, 현재 순간에 긍정 감정이 생겨납니다. 행복한 하루를 기억하면 그때의 즐거움을 지금 다시 체험할 수 있습니다. 좋은 기억은 행복의 저장소입니다.

스토리텔링 명상은 또 다른 종류의 시각화 활동입니다. 부활절 축제 이야기에서 이 기법을 활용할 수 있습니다.

① 학생에게 휴식을 취하고, 눈을 감고, 조용히 숨을 쉬도록 합니다.
② 배경음악으로는 조용한 음악을 넣을 수 있습니다.
③ 예수가 예루살렘에 당나귀를 타고 들어가는 이야기를 들려주면서, 아이들이 스스로 이야기를 생각하고, 머릿속에 생생하게 다양한 영화를 만들어 보도록 해 보세요.
④ 그때 그 세계 속으로 들어가 자신의 주위를 둘러보라고 이야기

해 보세요.

⑤ 학생들은 등장인물과 이야기하면서 그들이 대답하는 것을 들을 수도 있습니다.

'성 이그나티우스의 기도'도 시각화 명상이 될 수 있습니다. 이는 기독교 내의 오래된 전통인데, 아이들이 매우 좋아합니다. 아이들은 한 쌍의 소품을 이용해 시각화한 명상 내용의 그림을 그리거나, 글을 쓰거나, 다시 이야기하는 방법을 통해 새로운 이야기를 추가할 수도 있습니다. 창의적으로 자신만의 이야기를 만들도록 하면 아이들은 이야기의 의미를 신중히 고민하게 됩니다.

향유(또는 음미, Savouring)는 또 다른 종류의 명상입니다. 초콜릿 또는 빵이나 과일 조각을 가지고 천천히 모든 주의집중을 기울여 먹습니다. 이것은 차분하면서 재미있게 집중력을 길러 주기 때문에 학생이 자연스럽게 참여할 수 있는데, 이 과정에서 실제로 학습이 일어나기도 합니다. 이러한 향유 활동에 이어 30초 동안 조용히 집중하는 시간을 갖고 나면 운동장이나 매점에 갔다가 급히 달려온 학생일지라도 차분히 학습 준비를 마칠 수 있습니다.

교실에서의 스토리텔링

교사, 학생들이 자주 활발하게 이야기하는 교실은 긍정적이고 창의적이며 열정적인 장소입니다. 교실에서 정기적으로 이야기해 주고, 스토리텔러가 되는 법을 배우고, 학생들이 이야기하도록 격려할 필요가 있습니다. 하나 혹은 두 가지 이야기를 배워 학생에게 자주 해 보기 바랍니다. 아이들은 반복하는 것을 좋아합니다. 아이들이 자신이 좋아하는 영화를 얼마나 자주 보는지 생각해 보기 바랍니다.

저는 전통적 이야기나 신화를 이야기할 때, 천, 돌, 유리구슬 같은 간단한 물건을 사용하는 것을 좋아합니다. 천이 이야기 속에서 상상력을 자극하는 풍부한 '세계'가 되는 동안 돌, 유리구슬 등의 물건들은 등장인물을 대표하게 됩니다. 이야기 중에 자주 멈추면서 물건을 천천히 옮기고, 말도 천천히 해 볼 수 있습니다. 이것은 이야기를 들려주는 매우 차분한 방법입니다. 학생들이 자신의 상상력을 활용하며 들을 수 있는 최대한의 여지를 남기며 들려주는 이야기가 시각적이고 신체 감각적인 자극을 제공할 수 있습니다. 전통 민속 이야기, 동화, 신화, 전설 및 신앙의 신성한 이야기를 포함하여 모든 종류의 이야기에도 이러한 방법이 사용될 수 있는데, 학생은 이를 통해 이야기를 더욱 새롭고 흥미롭게 배울 수가 있습니다.

철학 토론

철학 토론도 훌륭한 교육 도구입니다.[3] 교사들은 적극적으로 '가르치기'보다는 잠시 뒷자리에 물러서 있다가 학생이 필요할 때 도움을 주는 방식으로 배움을 촉진시킬 수 있습니다. 토론 중에 침묵을 유지하는 것을 가르치고, 교사의 의견이나 폭넓은 지식을 학생에게 일방적으로 강요하지 않으면서 학생이 스스로 자신의 추론이나 근거를 찾아가도록 지도하는 것은 매우 어려운 일입니다. 그러나 긍정적인 교실을 만들기 위해 철학 토론은 추구할 만한 가치가 있습니다. 왜냐하면 철학 토론이야말로 교실에서 강력한 역동을 만들어 내고, 개인의 자율성을 연습시키고, 스스로에게 질문하는 법을 배우며, 개념들을 연관시키면서 말할 수 있는 자신감을 갖게 하는 좋은 방법이 되기 때문입니다.

철학 토론은 강점 탐구와 강점 활용 방법으로도 사용할 수 있어서 강점 건축가 중 하나에 포함시켰습니다. 여러분은 철학 토론 수업으로 '사랑이란 무엇인가? 용기란 무엇인가? 용서란 무엇인가?'에 대해 토론하게 할 수 있습니다.

또한 철학 토론 수업을 통해 용기, 창의력 같은 강점을 활용할 기회를 제공할 수 있습니다. 개인이 집단을 상대하거나 보편적 생각에 반대 의견을 내는 일에는 큰 용기가 필요합니다. 다른 사람들이 생각지 못한 아이디어를 떠올리기 위해선 창의력이 필요합니다. 철학 토론 수업이 끝날 때에 개인과 집단 전체가 각자 자신의 강점을 어떻게 사용했는지를 성찰해 보는 시간을 갖게 할 수도 있습니다.

어떤 주제든지 철학 토론을 적용해서 새로운 논의의 출발점이 되게 할 수 있습니다. 철학 토론의 대표적 활동은 학생에게 자신이 토론하고 싶은 질문을 생각하게 하는 것입니다. 활동을 시작할 때는 '생각하는 질문'과 '사실에 입각한 질문'을 구별하게 하는 것이 중요합니다.

생각하는 질문은 보다 복잡한 토론으로 이어집니다. "이 인물은 왜 그런 행동을 했습니까?" "이 이야기가 사실일까요?" "만약 ……

했다면 무슨 일이 일어날까요?" 이런 질문들은 "그의 신발은 무슨 색깔이었습니까?"와 같은 단순한 질문보다 더 유익한 토론으로 이어집니다. 학생이 이런 심오한 질문을 던지는 법을 배우게 되면 선생님이 따로 어떤 부분을 강조하려고 노력할 필요가 없습니다. 이 과정을 통해 사회적 기술이 연마되도록 조력하게 됩니다. 서로 동의할 수도 있고 동의하지 않을 수도 있다는 점을 배우면서 한층 더 자유롭게 토론하는 법을 배울 수 있습니다.

학급의 기분 전환 상자와 보물상자

학급에서도 6장에서 설명한 '기분 전환 상자'와 '보물상자'를 만들 수 있습니다. 학급 기분 전환 상자에는 학생들이 좋아하는 책의 제목, 부르고 싶은 노래, 가장 선호하는 강점 증진 방법, 좋아하는 이야기 등이 있습니다. 학생들이 좋아하는 것은 무엇인지, 그들을 차분하게 하는 것은 무엇인지, 격려하는 것은 무엇인지 알아보고 기분 전환 상자에 들어갈 활동을 새롭게 만들 수도 있습니다. 수업 시작을 위해, 학습 준비를 위해, 힘든 수업 후에 학생들의 기분을 전환하기 위해 기분 전환 상자에서 한 가지 활동을 고르도록 권유할 수 있습니다.

때때로 선생님이 직접 고를 수도 있습니다. 선생님이 가장 좋아하는 활동, 이야기, 게임을 학급 기분 전환 상자에 적용해 보기 바랍니다. 선생님이 즐거우면 학생들 또한 즐기게 될 것입니다. 이를 통해 학생은 열정, 학구열에 대한 교훈을 배울 수도 있습니다. 왜냐하면 선생님이 좋아하는 주제는 열정을 다해 가르칠 것이기 때문입니다. 우리 안에 있는 열정을 숨길 수는 없습니다. 선생님의 열정을 가능한 한 자주 보여 주고 마음껏 즐길 수 있기 바랍니다. 좋은 선생님들은 항상 그렇게 합니다.

학급의 행복한 추억을 저장하는 학급 보물상자에는 여행사진과 훌륭한 작품, 학교 방문객과 축제 및 기념 행사의 사진 앨범 등이 있을 수 있습니다. 긍정적 감정이 학습을 향상시킨다는 중요한 통찰이 학급운영에 실질적으로 반영되어야 합니다. '기분 전환 상자' 또는 '보물상자'를 수업 시작이나 하루를 시작하는 방법으로 사용하면 학습이 즐겁고 가치 있다는 느낌을 갖도록 할 수 있습니다.

하루 일과나 수업 역시 긍정적으로 마무리되어야 합니다. 어떤 사건에 대한 평가는 그 경험의 가장 강렬한 부분과 끝나기 직전에 어떻게 느꼈는지에 따라 결정됩니다. 전반적으로 좋은 하루를 보냈더라도 잠들기 전 우유가 떨어져 핫초코를 먹지 못했다면 그날은 나쁜 날로 여겨질 수 있습니다. 반대로 불쾌한 논쟁이 있었지만 재미있고 평화로운 저녁을 보낸 하루는 전반적으로 좋은 하루처럼 느껴집니다.

만약 매일 혹은 매 수업에 재미있는 경험과 긍정적 결과를 만들어 낸다면 하루가 힘들었더라도 학생은 그날을 긍정적으로 평가할 것입니다. 다음 날도 좋은 하루가 될 거라 기대하게 되고, '교육'을 긍정적 경험으로 평가하게 되며, 학생의 삶 전체에 긍정적 경험이 계속되도록 돕게 될 것입니다. '기분 전환 상자'와 '보물상자'는 이러한 긍정적 경험 촉진을 위한 유용한 도구를 제공합니다.

긍정적인 마무리는 '무엇이 잘 되었지?(WWW)'와 같은 활동을 통해 이루어질 수 있습니다. 이 활동은 여러 방법으로 할 수 있는데 그중 하나는 학생들이 하루 중 긍정적인 사건을 골라 직접 소리 내어 이야기하게 하는 것입니다. 그것들을 엮어 '3학년 4반의 날'이라는 이야기를 만들 수도 있습니다. 또는 하루 중 긍정적인 사건들을 마인드맵으로 그려 보고 다음 날 학교에 오자마자 다시 볼 수 있도록 교실에 전시할 수 있습니다. 긍정적인 마무리는 긍정적인 시작으로 연결 될 수 있기 때문입니다.

'기억의 진주들'은 긍정적인 마무리를 위해 사용될 수 있는 또 다른 강점 증진 방법입니다. 학생은 하루 동안의 친절한 말, 성공 경험, 점심시간의 케이크, 웃음의 순간 등의 집에 가져갈 진주를 생각해 낼 필요가 있습니다. 학생이 그 순간, 장면, 소리, 감정을 기억한다면, 그 순간 이 모든 것을 다시 체험할 수 있습니다. 이러한 기억을 유리구슬 같은 물건에 집어넣을 수도 있습니다. 저는 손자의 손에 유리구슬을 쥐고 세 번 입김을 불도록 하면서 "이제 기억은 '마법의 기억 진주' 안으로 들어간다!"라고 말합니다. 이러한 방법을 통해 1년간의 추억을 수집한 다음 각자 집으로 가져가 이를 영원히 보관할 수 있습니다.

하루가 끝날 무렵에 즐거웠던 순간을 기억하고 가장 행복한 순간을 음미하는 것은 현재의 긍정 감정을 증가시키고 미래를 기대하게 만들어 줍니다. 이 활동을 매일 할 필요는 없지만, 그 효과를 경험하기 위해선 꾸준히 해야 합니다. 행복을 부르는 습관이 몸에 배기까지는 끈기와 노력이 필요합니다.

강점 건축가: 기분 전환 상자 만들기
-희망, 끈기, 자기조절, 영성, 용서, 신중성을 계발하는 방법-

여러분이 정말 기분이 좋을 때 그 시간에 또는 그 직후에 무슨 활동을 하는지 알아보세요. 이러한 활동들을 적어 보고 아름다운 상자에 넣어서 개인적인 자료로 활용하세요. 즐거운 경험에서 '감정적인 여운'을 알아차리는 법을 배우도록 해 보세요.

 연습 아이디어

학습에 대한 감정의 영향, 특히 즐겁고 유쾌한 감정이 기억력, 언어적 유창성, 창의력을 어떻게 향상시키는지 설명해 보세요.

긍정 감정을 느끼기 위해 할 수 있는 활동을 동료와 함께 생각해 보세요.

- 수업의 시작에서
- 직원 모임의 시작에서

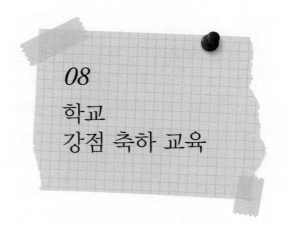

08
학교
강점 축하 교육

　강점 축하 교육은 개인, 학급, 전체 학교의 세 가지 수준에서 실행될 수 있습니다. 특히 세 수준 모두에서 강점 축하 교육이 함께 이루어질 때 가장 큰 효과가 나타납니다. 그러나 현실은 이상과 다르기에 세 수준에서 동시에 교육이 이루어지기 힘들 수 있습니다. 따라서 강점 축하 교육 프로그램은 개인, 학급, 학교 수준에서 독립적으로 사용될 수 있도록 고안되었습니다. 때로는 독립적 교육이 더 긍정적인 효과를 가져올 수도 있습니다. 쉽고 작은 변화가 점차 큰 차이를 만들어 낼 수 있기 때문입니다.

강점 축하하기: 학교의 더 넓은 곳까지

교실에서처럼 학교에서도 강점 축하 교육은 효과적인 교육 방법입니다. 우리가 매일 보고 습관적으로 생각하는 것들은 긍정적이든 부정적이든 우리에게 큰 영향을 미칩니다. 따라서 긍정 이미지나 긍정 단어들로 이루어진 학교 환경을 구성할 필요가 있습니다.

긍정심리에 관한 하버드 대학교의 강의에서 탈 벤-샤하르[1]는 이 점과 관련한 매력적인 연구를 소개하였습니다. 그는 학생들을 대상으로 두 가지 인지 실험을 실시했습니다. 실험 중간에 학생들에게 '나이 든, 주름, 늙은'과 같은 단어들을 생각하게 했습니다. 그리고 학생들이 실험실을 벗어나 걷는 속도를 측정하였습니다. '늙음'과 관련한 단어들을 떠올린 이후, 학생들은 인지적 과제에서 이전보다 부진한 성과를 보였으며, 그들의 움직임 역시 실제 느려졌습니다. 반대로 '성공한, 번창하다, 활기찬'과 같은 단어를 떠올린 그룹의 학생들은 인지적으로 더 나은 성과를 보였고, 움직임 역시 빨라졌습니다. 이처럼 우리가 보고, 듣고, 생각하는 것은 실제 행동에 지대한 영향을 미칩니다.

학교 환경 구성은 학교가 추구하는 가치, 의미를 학생에게 전달하는 가장 확실한 방법이 될 수 있습니다. 이때 긍정 단어, 이미지들로 물리적 환경을 구성하는 것을 '점화, 기폭제(priming)' 역할을 할 수 있습니다.

- 선생님이 학교에 들어갔을 때 제일 먼저 보이는 것은 무엇인

- 학교 교육 목표를 기술한 곳이 있나요?
- 학교 교육 목표를 명확히 읽을 수 있도록 쓰여 있나요?
- 학교의 핵심 가치와 신념이 모두가 볼 수 있는 장소에 홍보되고 있나요?

저는 학생들이 의무교육이어서 어쩔 수 없이 학교에 다니는 것이 아니라 학교에 온 진정한 목적을 스스로 깨닫고 있는지 궁금합니다. 학생들 눈에 잘 보이는 곳에 학교를 다니는 가시적 목표가 쓰여 있어야 합니다. 우리가 항상 보는 것, 학교 환경의 구성은 우리의 태도에 영향을 미칩니다.

제가 일했던 한 학교는 강점을 전시했습니다. 학생들은 강당, 교실에서 축제와 관련된 강점들을 확인할 수 있었습니다. 전시물을 통해 학생들은 이런저런 강점들을 그들만의 언어로 이해할 수 있었습니다. '우리는 이 수채화들을 그리기 위해서 창의성과 끈기를 발휘하였다.' '학교운영위원회는 친절성을 격려하기 위해 여러 방법을 논의하였다.' '부활절 이야기는 사랑과 용서를 떠올리게 한다.'

다른 학교들에서는 강점과 관련된 인상적인 문구들을 벽에 전시하고는 했습니다. 이 학교를 둘러보는 것만으로도 교사와 학생이 무엇을 중요하게 여기고 학교가 추구하고 열망하는 것이 무엇인지 알 수 있었습니다.

벽에 희망을 주는 사진이나 명화를 달아 두는 것 역시 긍정적 영향을 미칩니다. 교실이나 공동 구역을 깔끔하게, 아름답고 평화로운 공간으로 꾸미는 것은 학생들에게 교사의 배려를 보여 주는 방법입니다. 여러 연구에서 입증되었듯이 학교 환경 구성은 학생들의 배움과 학습 가능성을 자극해 줍니다.

전체 학교 수준에서 강점을 기리고 증진하는 일은 학교 교육 목표와 학교가 추구하는 정신을 보여 줍니다. 여러분의 학교는 어떤지 생각해 보시기 바랍니다.

- 학교는 강점에 기반한 목표를 진술하고 있는가?
- 학교의 모든 직원이 그에 대해 인지하고 있는가?
- 학교 직원들의 강점을 고려하여 업무가 진행되는가?
- 관리자는 강점을 고려하여 교사들을 양성하고 배치하는가?
- 관리자는 교사, 학생의 행복한 삶을 증진시키고 강점을 계발시키려 노력하는가?

강점을 활용하여 정서적으로 풍요로운 학교 환경을 구성할 수 있습니다. 강점과 관련된 말을 많이 접할수록 선생님도 학생에게 더 자주 강점에 대해 이야기해 줄 수 있습니다. 학생들도 스스로 강점과 관련한 이야기를 할 것입니다. 교사와 학생 관계는 더욱더 긍정적이고 신뢰가 깊어지고 함께 배우며 성장할 수 있을 것입니다.

조례시간과 강점

조례시간은 강점을 알리는 데 중요한 역할을 할 수 있으며, 공동체를 건강하게 세우는 효과적 수단입니다. 때때로 사람들은 조례

시간은 사라져야 하며, 요즘 같은 바쁜 사회 분위기에 부적절하다고 말합니다. 저 역시 그 이유를 이해하기에 어느 정도 동의하지만 조례시간을 아예 없애는 것은 반대합니다. 조례시간은 학교생활에서 가장 중요한 이벤트 중 하나가 될 수 있습니다. 조례시간은 공동체를 세우는 수단이며, 모든 학교 공동체 구성원의 성찰을 위한 고요한 오아시스와 같은 시간입니다. 조례시간은 학교에서 추구하는 가치를 강화하고 공동체 구성원들이 서로 소통하는 시간이 될 수 있습니다. 아침 조례시간은 성공을 축하하고, 상처 입은 일을 나누며 고요한 분위기에서 위로의 시간이 될 수도 있습니다. 또한 신념에 관한 여러 이야기가 한 번 더 논의될 수 있으며, 잘 산다는 것이 무엇인지에 관해 생각해 보고 성찰할 수 있는 시간이 되기도 합니다. 조례시간은 교육자에게 선물과 같습니다. 조례시간이 잘 활용될 경우 학교 전체 분위기를 바꿀 수가 있으며 특히 하루의 분위기를 효과적으로 조절할 수도 있습니다.

또한 강점을 알리는 완벽한 수단이 될 수 있습니다. 강점에 대해 이야기하고, 학생들에게 그동안 자신의 강점을 어떻게 이용해 왔는지 묻고, 함께 이야기를 나누며, 서로에게 울림을 줄 수 있습니다. 저는 모든 강점에 대해 수신호를 만들었습니다. 학생들은 수년 동안 이를 기억하고, 시각적 촉매제로서 강점 수신호를 효과적으로 사용했습니다. 예를 들어, 친절에 대한 수신호는 주먹을 쥐고 엄지를 든 손을 가슴에서 천천히 바깥으로 이동하는 것이었는데, 이는 "승찬아! 그러면 안 돼! 그건 효주에게 친절한 것이 아니야!"라고 학생에게 직접적으로 말하는 것보다 훨씬 효과적이었습니다.

조례시간을 활용하는 것은 간단하면서 아름답기까지 합니다. 고요한 분위기로 시작하기 위해 불이 켜진 초를 교실 중앙에 갖다 놓는 것, 축제에서 아름답게 꾸며진 색깔과 강점을 전시하는 것, 정적 속에서 어제의 좋았던 일들을 생각하는 것, 오늘의 희망을 생각하는 시간을 갖는 것, 액션이나 수신호와 함께 학생들이 즐길 수 있는 짧은 이야기를 나누는 것, 이것들 모두 조례시간을 고요하고 유익한 오아시스로 만드는 방법이 될 수 있습니다.

간단한 기도문이나 주변에 보내는 응원들로 표지판을 만들어 사용하는 것도 효과적일 수 있습니다. 표지판을 보고 손을 모으며 한 번 더 소리 내어 말해 볼 수 있습니다. 이는 조례시간의 완벽한 마무리이자 부드러운 안내가 될 수 있습니다.

성찰적인 조례시간이 되기 위해서 침묵은 필수적입니다. 침묵은 단순히 아무 소리도 나지 않는 상태가 아니라 선생님이 새롭게 창조하는 시간입니다. 저는 조례 시작 전에 초를 켭니다. 예전에는 성냥을 사용했는데, 성냥이 켜지면서 나는 소리에 학생들이 킥킥대기 시작했고 이것이 제가 만들고자 하는 분위기를 망쳐 버리고는 했습니다. 그래서 요즈음 저는 미리 초를 켜 놓습니다. 학생들이 복도에서 들어오기 전부터 저는 차분하고 고요한 상태로 학생들을 기다립니다. 수업을 시작할 때 항상 느끼는 긴장 너머로 평화로운 고요함을 찾기 위해 저는 1~2분을 투자합니다.

저는 학생이 들어와 앉을 때 눈을 맞추며 슬며시 웃습니다. 그 순간, 학생은 저의 고요함에 영향을 받게 됩니다. 모두 자리에 앉고 음악이 꺼지면, 저는 조심스럽고 신중하게 일어서서 양초를 듭니다. 그리고 모두 볼 수 있는 교실 중앙이나 교실 앞쪽에 양초를 두는 것으로 조례가 시작되었음을 알립니다. 양초로 고요한 분위기를 만들었습니다. 모두가 잘 보이는 장소에 양초를 조심스레 옮김으로써 모임이 시작되는 방법을 학생들도 자연스럽게 배우게 됩니다.

학교 수준에서의 스토리텔링

전체 학교 수준에서 다루는 이야기는 공유된 지식, 기억, 가치를 강화하는 강력한 방법이 됩니다. 이야기는 가치, 강점, 믿음을 담고 있습니다. 강점들은 이야기를 통해서 직접적인 가르침이나 강요 없이도 고스란히 전달될 수 있습니다.

스토리텔링을 할 때는 책을 내려놓고 이야기를 들려주시기 바랍니다. 책을 읽어 주는 것과 달리 선생님이 이야기를 직접 전달할 경우, 이야기는 더 직접적으로 다가가며 영향력도 커집니다. 스토리텔러가 듣는 이를 고려하여 적합한 언어를 선택할 수 있기 때문입니다. 만약 학생이 이야기에 집중하지 못하면, 선생님은 무엇이 문제인지 알아채고 재빠르게 대응할 수 있습니다. 예컨대, 말을 줄이거나 침묵하는 방법을 통해 이야기에 변화를 주어 학생이 주목하게 할 수 있습니다.

학교 전체를 대상으로 하는 스토리텔링은 어렵습니다. 하지만 몇 가지 간단한 기법을 안다면 가능합니다. 어떤 전문적인 스토리텔러는 30명 이하의 청중 앞에서만 이야기합니다. 대규모 집단을 대상으로 한 스토리텔링은 매우 부담스러운 도전이기 때문입니다. 하지만 그만큼 더 큰 효과를 가져올 수 있습니다.

대규모 집단을 대상으로 하는 이야기는 짧아야 합니다. 저는 최대 5분 혹은 그보다 짧게 이야기를 끝냅니다. 간결함을 결코 두려워하지 마세요. 아직 고요한 분위기가 형성되지 않았다면 절대 바로 이야기를 시작하지 말기 바랍니다. 고요한 분위기를 형성하기 위해서 물체를 이용하거나 자신의 몸을 이용해도 좋습니다. 대규모 집단을 대상으로 「베들레헴으로 가는 길(Road to Bethlehem)」 「예루살렘으로 가는 길」(3부에 소개)을 들려준다면, 이야기를 시작하기 전에 조약돌로 길을 만들어 볼 수 있습니다. 강당을 가로질러 조약돌을 천천히 하나씩, 정성스럽고 경건한 마음으로 놓는 것입니다. 이때 긴장해서 서두르고 싶거나 스스로가 우스워 보인다고 생각할 수도 있습니다. 사람들이 오랜 시간 조용히 앉아 있을 수 없다고 생각하나요? 그렇다면 다음과 같이 실천해 보기 바랍니다.

① 학생에게 시간을 들이되, 그들에게 영향력을 행사하려고 하지 말기 바랍니다.
② 학생들에게 신경 쓰지 말고, 천천히, 우아하게 그리고 신중하게 조약돌을 놓기 바랍니다.
③ 학생의 시선은 선생님의 동작을 따라갈 것이고, 곧 조약돌을 자세히 들여다볼 것입니다.
④ 조약돌을 다 놓을 때쯤 선생님의 행동에 완벽히 몰입한 학생들의 모습을 볼 수 있습니다.
⑤ 그 순간 이야기를 시작하기 바랍니다.

가능하다면 학생들을 이야기에 참여시켜 보기 바랍니다. 많은 사람 앞에서 스토리텔링을 할 때, 저는 학생들이 이야기 중간에 등장하는 동물 울음소리를 흉내 내도록 시키고는 합니다. 학생들은 엄청나게 재미있어 했고, 흥분했습니다. 그래서 끝내 이야기의 뒷부분을 들려줄 수 없을 지경에 이르렀고, 제가 원하던 조용한 분위기가 망가졌습니다. 그 후 저는 학생에게 소리를 내는 대신 동물의 몸짓을 해 보도록 권했습니다.

때때로 저는 학생에게 특정 단어에 대한 영국식 수화를 가르쳐 주기도 합니다. 이야기가 진행됨에 따라 수화를 따라 해 보고, 그 단어가 들릴 때마다 수신호를 함으로써 스토리텔링을 도와달라고 부탁합니다. 예를 들어, 「옥수수의 정령(Spirit of the Corn)」(감사함을 잊은 사람들에 대한 아메리카 원주민의 이야기, 3부에 소개)를 들려준 적이 있습니다. 저는 학생들에게 '잊다'에 해당하는 영국식 수신호(머리에 댄 손가락을 바깥으로 향하게 하는 제스처)를 가르치고 따라하게 했습니다. 「거위가 사라졌어요(One of My Geese is Missing)」라는 이야기를 할 때는 '목처럼 길고 거대한 뱀'이라는 구절이 나올 때마다 아이들이 손으로 거위 머리를 만들고, 허공에서 흔들어 보도록 하기도 했습니다. 이 같은 행동은 조용히 이야기에 집중시키고, 이야기 속으로 들어가 이야기의 한 부분이 되도록 돕는 효과적인 방법입니다.

저는 종종 학생들 모두를 이야기의 주제에 맞는 조용한 기도에 초대함으로써 고요함 속에서 이야기를 마무리하기도 합니다. 저는 학생들을 고요함 속에 잠기게 만들었습니다. 이는 간단하지만 매우 강력한 방법입니다.

전체 학교 수준에서의 강점 축제

강점 건축가 활동들은 전체 학교 수준에서 적용될 수 있습니다. 만약 모든 학급이 똑같은 강점 증진 방안을 활용한다면, 이는 학교 전체 수준의 행사와 축제로 연결할 수 있습니다. 교사, 돌봄 교사, 식사 도우미가 날짜를 정해 여러 교실을 돌아다니며 그들이 좋아하는 강점 관련 이야기를 전할 수도 있습니다. 강림절 활동은 일종의 강점 증진 방안입니다. 모든 교실에서 이를 실행한다면, 이것은 공유된 기억이자 공동체 세우기 활동이 될 수 있습니다. 학급 내 협동심을 기르기 위해 다른 학급을 초대할 수도 있습니다. 만약 학교 전체 수준으로 확대한다면 친구나 이웃들을 학교로 초대하는, 이른바 '친구 초대의 주간'을 만들 수도 있습니다. 이를 위해 초대장을 쓰거나 케이크를 굽고 파티를 주최하는 등의 활동 주간을 가질 수 있습니다. 그리고 이를 매해 운영한다면 당신은 새로운 학교 전통 하나를 만들게 되는 것입니다.

학교 환경 구성은 축제를 통한 강점 학습을 더 강화할 수 있습니다. 만약 축제 때마다 특정 색깔을 정하고, 학교 주변을 핵심 전시장으로 꾸미고, 이 색들을 널리 홍보한다면, 학생들은 색깔을 보는 것만으로도 지금이 초여름이고 공동체, 협력의 강점을 생각할 때임을 알아차릴 수 있습니다.

학생들로 하여금 축제 기간 동안 강조한 강점들(예: 리더십, 팀워크, 정직 등)을 한 번 더 떠올리게 하는 것은 효과적입니다. 이를 통해 무의식중에 학교에 대한 신뢰와 긍정적인 감정을 가지게 됩니다. 출입구에 색깔 천막을 쳐놓는 것만으로도 이를 강화시킬 수 있습니다.

축제의 전시물은 학생들이 지금이 어느 시점인지, 그들이 가장 좋아하는 축제는 언제 돌아오는지 등을 확인하게 만들고, 스스로 독려하게 할 수 있습니다. 어떤 학교는 정기적으로 축제를 열고 축제의 표시와 사진들을 잘 보이는 곳에 배치해 두었습니다. 이런 방법들은 학생들이 지금까지 해 온 것들을 돌아보게 만들고, 다가오는 축제를 기대하게 만듭니다.

긍정 감정을 불러일으키는 감각

냄새는 기억과 감정에 강력하게 연결되는 감각입니다. 예를 들어, 콜타르 비누는 저의 신경을 곤두세웁니다. 왜냐하면 제 어린 시절의 힘들었던 기억이 떠오르게 하기 때문입니다. 반면, 저는 아버지가 피우셨던 파이프 담배 냄새를 사랑합니다. 냄새는 우리의 이성을 뒤로 밀어내고 강력한 정서적 자극을 줍니다. 냄새를 관장하는 뇌의 영역은 편도체와 해마에 연결되어 있는데, 이들은 감정과 기억을 담당하는 부위입니다. 여러분 역시 유사한 경험을 갖고 있을 것입니다. 만약 학생들에게 행복한 기억을 만들어 주고 싶다면 각 축제를 냄새와 연결시켜 보기 바랍니다. 솔잎 냄새가 크리스마스를 떠올리게 하는 것처럼, 좋은 냄새와 선생님이 만들고자 하는 축제 사이에 긍정적인 연결 고리를 만들 수 있습니다.

예를 들어, 가을 추수철은 빵을 굽기에 딱 좋은 시기입니다. 학생에게 '빵 이야기'를 들려줄 때, 저는 방금 막 구워진 빵 한쪽을 들고 냄새로 강당을 가득 채웠습니다. 그 자리에서 빵을 직접 굽는 방법도 있습니다. 선생님도 이런 방법을 사용해 볼 기회가 있을 것입니다. 추수 축제, 음식에 관한 이야기, 냄새, 강점을 연결하는 방법을 생각해 보기 바랍니다. 이렇게 학생들에게 행복하고 긍정적인 기억을 심어 줄 수 있습니다. 빵 냄새를 감사, 관용, 공정성과 연결 짓는 학생들이 생길 수 있습니다.

후각적 연결고리를 만들기 위해 창의력을 발휘해 보기 바랍니다. 크리스마스, 강림절(크리스마스 전 4주간), 다른 특정 시기에 특정 음식을 요리하거나 꽃을 가져올 수도 있습니다. 학생들과 함께 11월에는 히아신스(백합과의 꽃) 구근을 심고, 12월 동안 어둠 속에서 잘 기른 다음, 1월 5일에 크리스마스 장식을 떼어 낼 때 히아신스를 꺼냅니다. 원하든 그렇지 않든 학생들은 새해를 맞이할 때 항상 히아신스 구근의 냄새와 함께 시작합니다.

꽃과 음식은 감각 기억을 만드는 확실한 방법입니다. 향초나 오일 역시 좋은 수단이 됩니다. 에센셜 오일에 물을 타서 당신만의 향기가 있는 스프레이를 만들 수도 있습니다. 「아라비안 나이트(Arabian Nights)」 이야기를 읽어 주기 전에는 카펫에 자스민 오일을 뿌릴 수도 있습니다. 이처럼 선생님만의 또 다른 연결고리를 생각하기 바랍니다.

또 다른 방법으로는 축제와 청각 자극을 연결하는 것입니다. 1년 중 이맘때쯤 학교에선 어떤 소리가 나나요? 아침에 학생들이 등교할 때 어떤 소리가 들리나요? 박자가 빠른 음악? 정적인 음악? 아름답고, 부드럽고, 차분한 음악? 음악은 분위기에 영향을 주는 가장

효과적인 수단이므로, 선생님이 만들고 싶은 분위기에 따라 다르
게 사용할 수 있습니다. 음악과 축제를 잘 연결해 보기 바랍니다.
학생들은 그 축제를 영원히 기억할 것입니다.

강점 건축가: 학급 및 개인 보물상자

보물상자를 만들어 기념품과 희망적인 인용구들로 채우세요. 그리고 수업 시간이나 스트레스를 받는 상황에서 보물상자를 열어 보세요.

 연습 아이디어: 학교 환경 구성하기

학교를 방문하는 외부인의 입장이 되어 보세요. 학교를 둘러보고, 학교가 전하고자 하는 메시지가 무엇인지 스스로 질문해 보세요. 선생님은 어떤 메시지를 전달하고 싶은가요?

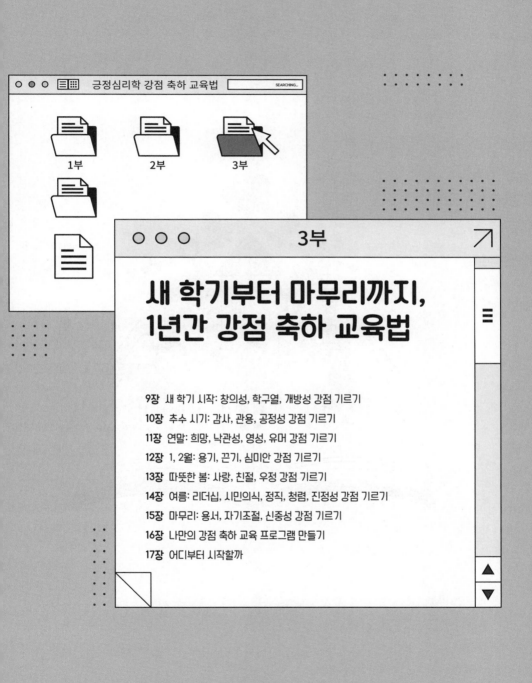

긍정심리학 강점 축하 교육법 SEARCHING...

1부 2부 3부

3부

새 학기부터 마무리까지, 1년간 강점 축하 교육법

09

새 학기 시작: 창의성, 학구열, 개방성 강점 기르기

　새해, 새 학기를 시작하는 시기는 창의성, 학구열, 관용 강점을 증진할 좋은 기회입니다. 저는 강점을 기르는 다양한 행사 및 활동을 축제라고 부릅니다. 시작을 기념하는 축제는 선생님이 왜 여기에 있고 무엇을 성취하고자 하는지를 명확히 하면서 새해 혹은 새 학기의 분위기를 조성하는 방법이 될 수 있습니다. 또한 시작 기념 축제는 다음 질문들에 대답할 좋은 시간입니다. '선생님의 학생들은 자신이 학교에 왜 오는지 알고 있나요?' '배우는 것이 왜 중요한지 알고 있나요?' '누군가 이에 대해 한 마디로 설명해 줄 수 있나요?' '선생님은 왜 교육이 중요하다고 생각하나요?'

　할렘의 흑인 학생들을 변호사, 의사, 교사로 키워 낼 정도로 놀라운 성공을 한 교사 마르바 콜린스(Marva Collins)는 노래로 답하며 배우는 간단한 격언을 활용합니다.[1]

콜린스: 방학은 무엇으로부터의 휴식이 아닌가요?

학생들: 배움으로부터!

콜린스: 여름에는 무엇을 할 것인가요?

학생들: 책 10권을 읽어요!

이는 간단한 학습 기술이지만 효과가 있습니다. 선생님만의 몇 가지 격언을 만들고 실천을 시작하기 위해 시작 축제를 활용해 보기 바랍니다.

저는 학교 행사에 색상, 음악을 결합하고, 새 학년이 시작되는 학기 초(영국의 새 학기 시작 시기는 9월 초)에는 햇살과 해바라기 색, 경쾌한 음악이나 새소리로 학교를 채우기를 권합니다. 새로운 모험의 시작은 희망과 가능성 그리고 긴장으로 가득 차 있습니다. 학년의 시작도 비슷합니다. 선생님과 학생 모두 학기 초에는 긴장, 흥분, 떨림을 경험합니다. 대부분에게 변화란 매우 불편하고 두려운 일입니다.

만약 어떤 안정된 체계가 있다면 변화가 즐거운 경험으로 변할 수 있습니다. 익숙한 것과 변화의 적절한 혼합은 불안을 줄여 줍니다. 매년 시작하는 '의식'을 갖는 것이 불안한 시간에 안정된 체계를 제공합니다. '첫날' 모임에서 같은 노래, 기도, 이야기를 하는 것이 친숙함을 제공할 수 있습니다.

변화는 도전적이며 학생들의 삶은 항상 변하고 있습니다. 변화를 견딜 수 있게 만드는 것은 우리가 삶을 통제할 수 있다는 안정된 감각입니다. 학생은 일, 환경에 대한 통제력이 없기 때문에 안정감을 느끼기 어렵습니다. 학생들은 학교에 가야 하기 때문에 학교에 있고, 어른들이 만든 학교 환경에서 어른들이 시키는 것을 하며 하루를 보냅니다. 여기에 어떤 선택의 여지가 없습니다.

만약 선생님이 학생에게 선택권을 준다면 학생이 스스로 통제하며 주변 세계에 영향을 미칠 수 있다는 감각, 즉 자기효능감을 향상시킬 수 있습니다. 예를 들어, 가상 놀이를 통해 캐릭터와 이야기를 만들고 자유롭게 놀면서 학생은 스스로 통제력을 느낄 수 있습니다. 놀이를 통한 자기통제 감각(자기효능감)은 학생의 삶으로 옮겨갑니다. 어린 학생의 경우, 이 시기에 환경에 대한 지배감을 높이고 선택권을 발휘하게 하는 가상 놀이를 제공할 필요가 있습니다. '좋아하는 이야기를 선택해 자유롭게 쓰기'와 같은 교육 방법은 학생에게 상상력을 발휘하고 자기 행동에 책임을 질 수 있는 기회를 줍니다. 학생이 통제감과 안정감을 느끼도록 돕고 싶다면, 더욱 개방적인 교육을 통해 학생의 선택 기회를 늘려야 합니다.

학년 초에 관계를 형성하고, 명확한 규칙을 제정하고, 긍정적 분위기를 조성하는 것이 필요합니다. 선생님은 자신과 학급을 위해 '전통' 구축하기를 시작할 수 있습니다. 예를 들어, '선생님은 하루가 시작될 때 항상 교실 문 입구에서 이름을 부르며 학생을 환영하고 악수한다.'와 같은 전통을 학기 첫날부터 시작하는 것이 좋습니다. 또한 선생님은 다음과 같은 여러 학급 전통을 만들 수 있습니다. '하루의 시작에 음악을 듣는다.' '월요일에는 주말에 있었던 최고의 순간을 나눈다.' '첫 주에 행동의 우선순위를 정하고 새로운 규칙들을 만든다.' '수업 전 차분해지고 학습할 준비가 되도록 몇 분간 조용히 하고 자기 숨소리를 듣는다.'

저는 음식도 축제의 일부가 되어야 한다고 생각합니다. 학기 첫

날 쉬는 시간에 먹을 수 있는 특별한 음식은 많은 학생에게 긍정적인 시작이 되고 있다는 신호와 느낌을 줄 것입니다.

목표 설정은 학년 초에 이뤄져야 할 전통입니다. 개별 목표, 수업 목표 및 학교 목표를 설정할 수 있습니다. 선생님은 학교 차원에서 환경 프로젝트, 재활용 약속, 자선 프로젝트와 같은 한 해의 집단 목표를 세울 수 있습니다. 전체 학교 목표는 세상에 변화를 가져올 수 있다는 신념을 길러 줄 뿐 아니라 공동체 의식을 구축하는 데도 도움이 됩니다. 설정된 전체 학교 목표가 그 해의 관습으로 자리잡는다면 지역사회와 협력할 수도 있습니다. 지역사회 사람들을 목표 설정 과정에 초대한다면 사람들은 다양한 제안을 내놓을 수 있을 것입니다. 이러한 제안을 감별하여 한 해의 목표를 발표할 수 있습니다.

교사의 목표를 학생과 공유할 수도 있습니다. 올해 더 많은 운동을 하기, 새로운 언어를 배우기, 일주일에 책 한 권 읽기와 같은 교사의 개인적 목표를 학생들에게 알려 주기 바랍니다. 자선 프로젝트 수행, 학생들에게 특별한 서비스 제공, 교실을 깔끔히 정돈하기 등은 학급을 위한 목표가 될 수 있습니다. 교사와 학생이 자신의 대표 강점을 얼마나 자주 사용했고, 1년 동안 얼마나 증진했는지 알아보는 것을 목표로 삼을 수 있습니다.

교사는 학기 시작과 끝에 대한 체계를 만들어 학생들에게 안정감을 줄 수 있습니다. 학기의 시작 활동과 학기 마무리 활동을 일치시킨다면 학생들에게 안정감과 울림을 줄 수 있습니다. 예를 들어, 새 학기 첫날에 한 게임을 마지막 날에 하거나 첫날 읽었던 시를 마지막 날에 다 함께 암송할 수도 있습니다.

학년 말 아름다운 마무리를 위한 '기억의 진주들' 활동으로, 올해의 가장 중요한 기억을 공유할 수 있습니다. 제가 아는 한 교장은 그 해 가장 행복하고 흥미진진한 기억들을 보관하라는 의미로 학기 초에 각 학급에 사진 앨범을 선물합니다. 학년이 끝날 때, 각 학급의 사진들을 학교 전체와 공유합니다. 학년 초, 학년 말을 장식하는 아름다운 메아리는 학생들에게 안정감을 줍니다.

학년 초에 창의성, 학구열, 관용에 대한 강점 형성 도구로 '기억의 진주들' 활동을 사용할 수 있습니다. 이 활동은 매우 구체적인 방법으로 행복한 추억을 맛보고 각인하게 합니다. 여름 휴가의 최고 순간을 기억하기 위한 시간을 가져 보기 바랍니다. 학생들이 최고의 순간을 기억하기 위해 세부적인 것들을 그리거나 글로 쓸 수도 있습니다. 조용한 분위기에서 휴가 중 최고의 순간을 떠올리고 학생들이 진주(좋은 기억을 간직하는 상징물)에 세 번의 입김을 불어넣게 해 보기 바랍니다. 이것은 진주에 기억을 각인시키는 의식이 됩니다. 학생이 슬프거나, 기분이 저조하거나, 포기하고 싶을 때 진주를 잡고 특별한 기억을 떠올려 보는 행동은 학생의 마음과 영혼을 회복시켜 줄 것입니다.

행복한 기억은 정서를 관리하고 회복탄력성을 구축하는 중요한 원천입니다. 행복한 기억들이 현재 기분에 영향을 미칠 수 있으므로 시작 축제에 그 기억의 일부를 상기시키는 것은 좋은 방법이 됩니다.

시작 축제와 관련되는 강점(창의성, 학구열, 관용)은 인지적 강점이라 부르는 강점들입니다. 생각, 지식 및 학습과 관련된 이러한 강점들은 학년 및 학기 초에 기르기에 적절한 강점들입니다.

창의성 강점을 기르는 활동

창의성이란

창의성(creativity)이란 새로운 아이디어와 새로운 방법을 생각해 내는 능력입니다. 미술이나 글쓰기에서 창조적일 수 있듯 수학이나 과학에서도 창조적일 수 있습니다. 창의력과 상상력은 예술뿐만 아니라 교육 전반에 걸쳐 모든 학습의 핵심이 됩니다. 우리가 아침에 옷을 입거나 집에 가구를 배치할 때 창의적 결정을 할 수 있습니다. 창의성은 우리가 예술에 능숙해야 한다는 것이 아니라 새로운 방식으로 새로운 것을 시도하고 다르게 생각해야 한다는 것을 의미합니다. 유용하고, 생산적이며, 아름답거나, 삶을 향상시키는 참신한 아이디어나 행동을 생각해 내는 것도 창의성입니다. 창의적인 사람들은 돈이나 물질의 보상보다 창조의 기쁨으로 동기부여가 됩니다. 우리가 무언가를 창조할 때 그것이 훌륭한 예술 작품이 아니어도 그에 대한 자부심과 기쁨을 느낍니다. 따라서 창의성은 학습의 중요한 측면인 내재적 동기와 밀접한 관련이 있습니다.

'창의적으로 해.'라는 직접적 지시가 언뜻 효과적으로 보이지만, 창의성을 교육하는 방법은 분명하지 않습니다. 그러나 특정 조건들은 창의성 개발을 돕는다고 검증되었습니다. 그 대표적 조건 중 하나는 긍정 감정입니다. 더 행복한 사람이 더 창의적인 사고가 가능합니다. 창의성 주제의 축제에서 '기억의 진주들' 활동을 정기적으로 사용하는 것은 좋은 방법입니다. '기분 전환 강점 활동' 역시 적절하며, 행사 및 활동에서 경험하는 감정적 여운을 알아차리는 일, 자신에게 활력을 주는 것들을 모으고 메모하는 일 등은 창의성 축제 동안 경험하기에 좋은 활동입니다. 학생이 창의적인 작업을 시작해야 할 때, 먼저 학생의 기분을 향상시키는 데 1~2분 정도의 시간을 사용하는 것이 좋은 출발이 될 수 있습니다.

창의성을 촉진하는 또 다른 조건들은 다음과 같습니다.

- 소요 시간 제시
- 책, 음악 및 예술 작품이 풍부한 환경
- 학습을 즐기는 조금은 장난기 있는 태도
- 비공식적 및 개방적 주제도 다루는 유연한 교육
- 자유로운 탐구

불행히도 우리의 교육 현실에서는 창의성의 촉진보다 억제가 더 많이 나타나는 것 같습니다. 시간의 압력, 빈번한 비판, 학습 과정의 엄격한 감독, 가능한 해결책 범위 제한하기 등은 모두 창의력을 훼손시킵니다. 이러한 것들이 오늘날 대부분의 교실에서 나타나고 있어서 참 안타깝기도 합니다.

창의적인 학생은 위험을 감수하고 비순응적인 성향을 보이기도 합니다. 주변에 고통받는 창의적인 천재 이미지가 널리 퍼져 있습니다. 하지만 창조성과 고통 사이에 반드시 필연적인 연관성은 없습니다. 그러나 창의성이 노력과 깊은 관련이 있는 것은 분명한 사실입니다. 예술적 혹은 과학적으로 독창적이고 위대한 작품을 제작하기 위해서는 엄청난 기술과 오랜 시간의 노력이 필요합니다.

지금부터 창의성 강점을 증진하는 활동들을 소개하겠습니다.

스토리텔링

스토리텔링은 이야기를 할 때마다 새로운 것을 만들어 내기 때문에 매우 창조적인 활동이 됩니다. 따라서 창의성을 증진하는 강점 형성 도구가 될 수 있습니다. 스토리텔링을 하는 교사는 창의적인 모델이 되고, 스토리텔링을 하는 학생(그림을 잘 못 그리거나 수학을 잘 못하는 것에 관계없이)은 자신이 뛰어난 창의성을 가졌다는 것을 자각하며 배울 수 있습니다.

철학 토론

철학 토론 또한 창의성에 초점을 맞춘 좋은 활동이 될 수 있습니다. 학생들이 창의성을 발휘하는 데 필수적 요소가 되는 새로운 아이디어와 의견을 시험해 보고 위험을 감수하는 법을 배울 수 있기 때문입니다.

토론 라인

토론 라인(opinion lines) 역시 위험을 감수하며 개성을 신장시키는 좋은 방법이 됩니다. 서로의 관점이 두드러지게 달리 나타나는 어떤 주제에도 이 활동이 가능합니다.

'가장 친한 친구는 절대로 논쟁해서는 안 된다.' 'TV를 너무 많이 보는 것은 당신에게 안 좋다.'와 같은 주제에서 각자 동의하는 정도에 따라 교실을 가로지르는 선의 양쪽 편에 학생들이 서도록 요청합니다. 친구의 생각을 따르는 것이 아니라 자기 스스로 생각하는 독립적인 사고를 하는 것이 중요하다는 것을 강조하기 바랍니다. 종을 흔들거나 드럼을 가볍게 두드려 학생들이 스스로 판단하여 원하는 편에 서도록 시간을 줍니다. 그다음 서로 다른 견해의 가치와 중요성을 강조한 후, 그들의 의견에 대해 이야기를 나누게 합니다. 토론 라인 활동은 관용 강점(다른 관점을 이해하고 고려하는 개방성 능력) 축제 활동으로 매우 유용하게 활용될 수 있습니다.

명상

명상은 오랫동안 창의력을 촉진하는 좋은 방법으로 여겨져 왔습니다.

- 숨소리 듣기
- 레인 스틱 듣기
- 레인 스틱 걷기

이와 같은 간단한 활동은 정기적으로 하는 것이 좋습니다. 숨소리를 듣기 위해 편하게 앉되 허리는 똑바로 세워야 합니다. 처음 시작할 때는 조용한 음악을 켜는 것이 좋습니다. 그다음 느리고 차분한 목소리로 다음과 같이 이야기합니다.

① 당신의 몸을 알아차려 보세요.

② 그리고 몸이 바닥과 의자에 닿는 것을 알아차려 보세요.

③ 아래에 있는 바닥과 의자의 표면의 느낌에 주목하세요.

④ 한 손을 다른 손 안에 부드럽게 넣어 배에 대고 깊게 숨을 마셨다 내쉬면서 긴장을 풀어 주세요.

⑤ 등을 곧게 펴고 편안하게 머리를 위로 당기는 끈을 상상해 보세요.

⑥ 그다음 발가락에 대해 생각해 보세요.

⑦ 그리고 발가락을 조금만 꿈틀거리면서 부드럽고 따뜻함, 무겁고 편안함을 느끼도록 이완시켜 주세요.

⑧ 당신의 발 전체를 생각해 보세요.

⑨ 부드럽게 숨을 들이마시고 내쉼에 따라 배가 움직이는 것에 주목하세요.

⑩ 등을 똑바로 세우고 편안하게 만드세요.

⑪ 부드럽게 살짝 미소를 지으세요.

⑫ 손은 무릎 위에 놓고 무게감 있고 편안하게 합니다.

⑬ 자신의 조용한 호흡을 들으며…….

⑭ 자신의 숨소리를 들을 때는 조금 더 천천히…… 조금 더 길게…….

⑮ 당신은 당신의 숨소리를 들을 수 있습니다……. 그리고 숨을 길게…….

⑯ 숨소리를 들어 보세요…….

⑰ 그리고 숨소리를 길게…… 듣고…… 길게…… 듣고…… 길게…….(10번 반복)

⑱ 마지막으로 눈을 뜨고 몸을 깨우기 위해 비틀어 보세요.

　－폴 윌슨(Paul Wilson)의 『더 콰이어트(The Quiet)』에서 발췌[2]

　학생들에게 레인 스틱 듣기는 명상을 위한 간단한 도입으로 사용할 수 있습니다. 학생들은 마음을 진정시키는 소리를 들을 수 있습니다. 구슬들이 떨어지는 것을 볼 수 있습니다. 스틱을 다시 돌리기 전에 1, 2초의 침묵을 남겨 두면, 학생들은 조금씩 익숙해져서 조용해지며 정적이 흐르게 됩니다.

　레인 스틱 걷기 또한 효과적인 움직임 명상이 될 수 있습니다. '구슬이 떨어지는 동안 각자의 발이 부드러운 모래 속으로 가라앉는다고 상상하세요.' '그렇게 방을 천천히 걸어 다니세요.' '구슬이 멈출 때 멈추세요.'

　'집중 듣기'를 위해 레인 스틱을 사용해 보세요. "집중해 주세요."라고 말하며 선생님이 1명씩 레인 스틱을 주세요. 이는 떠들썩한 수업을 조용히 시키고 진정시키는 데 정말로 효과적입니다. 특히 목소리를 낮추고 당신의 움직임을 느리고 우아하게 유지한다면 효과는 더 커집니다. 학생의 창의성을 구축하고 탐구하기 위한 특별한 활동을 하려면 스토리텔링, 명상은 반드시 포함될 필요가 있습니다.

무슨 용도일까

　물건이나 대상이 사용되는 새로운 방법을 찾는 '무슨 용도일까?(other use)'와 같은 게임을 할 수도 있습니다. 어떤 용도로 사용할 수 있을지 가능한 한 많은 것을 생각하게 하는 게임입니다. 예를 들어, 책은 커피 테이블, 우산, 모자, 문 버팀쇠, 쥐를 위한 집 등이 될 수 있습니다. 놀이를 하고, 탐험하고, 적절한 위험과 모험을 감수할 수 있도록 해 주는 모든 활동은 창의성 강점 형성의 도구가 될 수 있습니다.

창의성을 촉진하는 이야기

창의성을 간접적으로 강화시키는 데 명백하게 도움을 주는 이야기 장르가 창조 신화입니다.[3] 고대에는 창의성이 신들과 밀접하게 연관되어 있었습니다. 많은 창조 신화가 있는데 이것들은 학년 초에 탐구하기 좋습니다. 잘 알려진 유대교, 기독교, 이슬람 신화 외에도 재미있고 기괴한 신화들이 많이 있습니다. 제가 좋아하는 한 가지는 신이 재채기를 할 때 세상이 시작되었다는 고대 이집트의 신화입니다.

어린아이들에게 창의성을 보여 주기 위해 들려줄 만한 또 다른 이야기로는 「진저브레드 맨(The Gingerbread Man)」과 그림동화 「룸펠슈틸츠킨」 등이 있습니다. 학생들 스스로 자신만의 '현대판 진저브레드 맨'이나 '룸펠슈틸츠킨'을 만들도록 이끌 수도 있습니다.

학구열 강점을 기르는 활동

학구열이란

중국어에는 '배우는 것에 대한 사랑과 마음'이라고 영어로 번역되는 학구열(hao-xue-xin)이라는 단어가 있습니다. 사랑과 마음 두 단어가 모두 포함되어 있는 것에 주목해 보기 바랍니다. 이 단어에는 학습이 인지적이면서도 정서적인 것이라는 뜻이 담겨 있습니다. 우리가 배워야 할 주제와 함께 배우는 사람들에게 정서적 끌림을 느끼지 못한다면 무엇이든 숙달하기가 힘들 것입니다. 우리는 배우기를 '원해야' 하고, '원한다'는 것은 정서에 관한 것이기 때문입니다.

학구열(love of learning)은 교육의 핵심입니다. 대부분의 사람은 무언가 배우는 것을 즐깁니다. 요리, 체육과 같은 특별한 관심사는 일반적 학구열을 키우는 데 사용될 수 있습니다.

저는 피터슨과 셀리그먼의 두 가지 강점, 학구열과 호기심을 결합시켰습니다. 둘 다 새로운 것을 발견하고 경험하고자 하는 열망 및 학습의 즐거움과 관련이 있으며, 둘 다 즐거움, 정신건강, 좌절을 극복하는 능력을 길러 줍니다.

호기심은 문제 행동과도 연관이 있습니다. 고양이를 죽이거나, 꼬치꼬치 캐묻기를 좋아하거나, 자신과 타인을 위험에 빠뜨리는 극단적인 위험 또는 스릴을 추구하는 것 등이 호기심의 예입니다. 우리가 초점을 맞춰야 할 것은 긍정적 호기심입니다. 호기심은 세상과 사람들에 대해 더 많은 것을 배우고 싶은 것이고, 더 많은 열정을 가져다주는 강점입니다. 새로운 것을 배우거나 발견함으로써 만족되는 호기심은 효능감, 행복 등의 긍정 정서를 불러일으키고, 더 많은 호기심을 만드는 선순환을 일으킵니다. 호기심은 행복, 만족스러운 삶과 가장 밀접한 관련이 있는 강점 중 하나입니다. 호기심이 많은 사람은 스트레스나 지루함을 느낄 가능성이 적으며, 창의적일 가능성이 높고, 일과 놀이에서 학습과 도전을 즐깁니다.

새로운 것을 배우는 일에는 항상 불안감이 따라옵니다. 그래서 호기심 있는 사람이란 불안감을 참아 내고 불확실성에 대처할 때에도 안전함을 느끼는 사람입니다. 어린 학생들의 안전감 부족은 호기심을 억제합니다. 어떤 것이 '지루하다'고 주장하는 학생은 사실 평소 불안한 정서 상태이거나 용기가 부족할 수 있습니다. 그러므로 안정적이고 구조화된 교실 환경을 조성하는 것은 호기심 발달을 촉진하는 방법이 될 수 있습니다. 학생이 질문하고 자유로운 표현과 의견을 내면서 안전함, 존중받는 느낌을 받는 것이 중요합니다. 교사나 친구들이 민감하게 반응하거나 무시할 경우 호기심은 감소할 수밖에 없습니다. 저는 수업 시간 중 친구의 의견을 비웃는 것에 대해서는 전혀 관용을 보이지 않습니다. 조롱하는 웃음은 다른 사람에 대한 비난이고, 열린 지적 탐구를 억제하며, 학생이 위험 부담을 느끼게 만들어 창의적인 의견이나 질문을 방해하기 때문입니다.

두려움, 죄책감, 실수에 대한 걱정 외에도 호기심을 감소시키는 또 다른 원인이 있습니다. 그것은 흥미롭게도 외부 보상입니다. 스티커나 사탕은 진정한 호기심을 유발하지 못합니다. 다른 사람들을 기쁘게 하거나, 경쟁에서 이기려고 하거나, 단순히 보상을 얻으려는 욕구는 오히려 호기심으로부터 학생을 멀어지게 만듭니다.

학구열은 호기심, 창의력 같은 내재적 동기와 밀접하게 연관되어 있습니다. 가장 성공적인 학습자는 결과보다 숙달된 기술에, 1등을 차지하는 것보다는 노력 자체에 초점을 맞춥니다. 이것은 성취보다는 노력과 향상을 많이 칭찬해 주는 것이 중요하다는 것을 의미합니다. "훌륭한 글이야."라는 말을 들은 학생은 좋은 평가를 받기 위해 비슷한 수준의 좋은 글을 써야 한다고 느끼며, 이는 후에 좌절로 이어질 수 있습니다. '우수' 등급 이하의 어느 지점으로 떨어지면 '다 그만둬야지'라고 느낄 수도 있습니다. 이런 현상은 완벽주의와 높은 성취 경향을 가진 학생들이 흔히 겪는 일입니다.

반대로, "정말로 열심히 했네!"라는 말을 들은 학생은 비록 다음 글이 처음 기준에 미치지 못할 수 있지만 자신이 항상 그 정도로 열심히 할 수 있다는 것을 압니다. 항상 1등을 하거나 A를 보장받을 수는 없지만, 열심히 노력하고 점진적으로 발전하는 것은 가능합니다. 따라서 성취보다 노력을 칭찬할 때 더욱 회복탄력적이고 자신감 있는 학습자가 양성됩니다.

학구열은 아무것도 없는 상태에서 생기지 않습니다. 심리학자들은 격려, 인정 없이는 재능이 잘 자라지 않는다고 말합니다. 학생의 학구열을 키우고 유지하는 데 교사의 역할이 매우 중요합니다. 좋은 교사는 학생들의 질문을 격려하는 안전한 학습 환경을 만들고, 학생 스스로 학습을 계획하고 관리하도록 도움으로써 성공적인 학습자를 만들어 냅니다. 따라서 실패도 정상적 학습 과정이며 환영받아야 할 부분이 되는 것입니다.

　　무엇보다도 교사는 자신의 학구열을 학생에게 전달할 필요가 있습니다. 선생님이 가르치는 학생이 중년이 되었을 때 수업 내용을 기억하지는 못할 것입니다. 그러나 선생님의 열정, 학생에 대한 관심, 학생의 성공에 대해서 선생님이 얼마나 기뻐했는지, 그러한 선생님의 사랑은 기억할 것입니다. 학생이 선생님의 열정을 경험하도록 교실에서 선생님이 정말 좋아하는 것들을 하는 데 많은 시간을 보내야 합니다. 무엇보다도 선생님의 학구열이 학생들의 삶에 스며들도록 하는 것이 가장 좋은 방법입니다.

　　지금부터 학구열 강점을 증진하는 활동들을 소개하겠습니다.

철학 토론

　　철학 토론은 호기심과 학습에 대한 사랑을 고무하는 중요한 활동이 됩니다. 또한 안전한 학습 환경을 조성하고 예절 바르게 토론하는 습관을 형성하는 훌륭한 방법입니다. 철학 토론 수업에서 서로의 견해를 존중하고, 예의 있는 방식으로 도전하고 도전받는 방법을 배울 수 있습니다. 학생들은 모든 것에 관심을 갖고 있으며 철학 토론을 통해 진짜 궁금한 것에 대해 질문할 수 있습니다. 선생님은 토론의 방향을 정해 주고 토론을 촉진할 수도 있고, 반대로 학생이 원하는 방향으로 가도록 학생들이 자신들의 토론과 상상 속에서 자유롭게 주고받을 수 있게 해 줄 수도 있습니다.

무엇이 새로울까?

'무엇이 새로울까?(what's new?)' 활동은 학구열을 북돋는 즐겁고 실용적인 방법입니다. 이 활동에서는 아침부터 하교 시간까지 적어도 새로운 것 1개는 배운다는 목표를 세우게 합니다. 예를 들어, 한 단어의 철자를 읽기 또는 쓰기, 무언가 새로운 사실을 발견하기, 새로운 게임 배우기 등 무엇이든 좋습니다. 하교시간 전에 선생님이 오늘 새로 배운 것이 무엇인지 이야기하면서 학생들이 발표하고 서로를 격려하게 할 수 있습니다.

그 외 학구열을 기르는 방법

학구열을 기르는 다른 방법으로 '새로운 단어의 철자 외우기나 읽기 배우기' 또는 '사전에서 긴 단어를 찾고 그 정의 배우기' 또는 '아이 때 했던 놀이를 기억하고 서로에게 가르치기' '새로운 음식 만들어 먹어 보기' '좋아하는 시나 노래 외우기' 등이 있습니다.

학구열과 호기심을 간접적으로 강화하는 이야기로 새로운 세상으로 나가는 주인공들이 등장하는 이야기가 있습니다. 「아기돼지 3형제」는 가장 어린 아이들에게 적합한 이야기입니다. 그림동화 「3개의 깃털(The Three Feathers)」은 유사한 구조와 주제를 가지고 있는데, 아직 많이 알려져 있지 않지만 아동·청소년에게 매우 적합한 이야기입니다.

오늘 운이 좋았거나 잘된 일을 하나의 이야기로 구성하여 서로 말하게 하면서 학교 일과를 마무리하는 방법은 학습에 대한 긍정적인 태도를 촉진시킵니다. 이런 활동들을 적절히 충분하게 실시한다면, 선생님 없이도 학생들 스스로 이런 활동들을 하는 법을 익히게 될 것입니다.

「3개의 깃털」

세 아들을 둔 국왕이 살고 있었다. 둘은 영리하고 총명한데. 막내는 말도 제대로 못하고 단순해 그냥 바보라고 불렸다. 왕은 어느 아들에게 왕국을 물려줘야 할지 고민이었다. 그래서 왕이 그들을 불러 말했다. "가서 이 세상에서 가장 아름다운 양탄자를 가져오거라. 그걸 가져오는 사람에게 내가 죽은 후 왕국을 물려주겠다." 왕은 그들을 성 밖으로 데리고 가 허공에 깃털 3개를 '후' 불러 날리며 말했다. "깃털이 부는 방향대로 가거라."

깃털 1개는 동쪽으로. 또 1개는 서쪽으로 날아갔다. 하지만 세 번째로 분 깃털만은 곧장 위로 날아가더니 더는 나아가지 못하고 곧 땅바닥에 떨어지고 말았다. 그리하여 첫째는 오른쪽 방향으로 가고. 둘째는 왼쪽 방향으로 가며. 바보 막내를 비웃었다. 막내는 세 번째 깃털이 떨어진 그곳에 머물러야 했다. 막내가 주저앉아 슬퍼하고 있는데. 순간 깃털 가까이에 뚜껑이 있는 문이 하나가 보였다. 그걸 들어올리니 계단이 보였다. 계단을 밟고 내려가니 이번엔 또 다른 문이 나왔다. 막내는 똑똑 노크를 했다. 그러자 안에서 누가 호출하는 소리가 들렸다. "작은 초록색 처녀(두꺼비)야. 여기저기 폴짝폴짝 뛰어가 문을 열고. 누가 왔는지 재빨리 보고 오너라."

문이 열렸다. 크고 뚱뚱한 두꺼비 한 마리가 앉아 있고. 그녀 주변으로 한 무리의 새끼 두꺼비들이 있는 게 막내 눈에 들어왔다. 뚱뚱한 두꺼비가 "어인 일인가요?"라고 물었다. 막내는 "세상에서 가장 예쁘고 정교한 양탄자를 가져와야 해서요."라고 대답했다. 그러자 그 두꺼비가 어린 두꺼비에게 말했다. "작은 초록색 처녀(두꺼비)야. 폴짝폴짝 뛰어가. 문을 열고. 큼직한 보물상자를 내게 갖다 주렴."

어린 두꺼비가 상자를 가져왔다. 뚱뚱한 두꺼비가 그걸 열더니 그 안에서 양탄자 하나를 꺼내 막내에게 건네주었다. 정말이지 아름답고도 정교한. 이 세상 어느 누구도 짠 적이 없는 그런 양탄자였다. 막내는 그녀에게 "고맙습니다."라고 말씀드린 후 다시 위로 올라왔다.

두 형은 막내를 워낙에 얕보았기 때문에 "어리석은 애가 뭘 알겠어. 아마 아무것도 가져오지 않을 거야."라고 믿었다. "그나저나 우리가 왜 시간과 노력을 들여 가며 그딴 걸 찾아야 해?" 그러고는 마주친 첫 번째 양치기의 아내들에게서 다소 거친 손수건을 몇 장 얻어 가지고 왕이 계신 집으로 돌아왔다. 형들과 동시에 막내도 아름다운 그 양탄자를 들고서 돌아왔다.

왕이 그 양탄자를 보더니 말했다. "정당한 판결에 의해 왕국은 막내가 물려받는다." 그러자 두 형이 왕에게 떼를 쓰며 말했다. "이해력도 부족한 저딴 바보가 무슨 나라를 통치한다는 거예요. 저희들이 수긍할 수 있는 다른 시험을 내주세요." 그래서 왕이 말했다. "가장 아름다운 반지를 가져오는 아들이 왕국을 물려받을 것이다."

왕은 세 아들을 밖으로 데려가 3개의 깃털을 공중에다 불어 날아간 방향대로 아들들이 가게 했다. 두 형은 다시 서쪽과 동쪽으로 갔다. 막내 순번의 깃털은 이번에도 곧장 위로 날더니 아래로 떨어지고 다시 그 문을 열었다. 막내가 다시 아래로 내려가 뚱뚱한 두꺼비를 만나 "가장 아름다운 반지를 구해야 해요."라고 말했다. 그녀(뚱뚱한 두꺼비)가 즉시 큼직한 보물상자를 가져오게 해서 반지를 하나 꺼내 주었다. 도저히 이 세상의 금세공인 기술로는 만들 수 없을 것같이 아름다운 반지였다.

두 형은 이번에도 막내를 비웃었다. "꼴에 바보 주제에 황금 반지를 구하러 가다니." 그리고 그들은 낡은 마차 바퀴 가운데에 뚫린 구멍에 끼워진 쇠막대에서 쇠못을 떼어내 가지고 왕에게 갔다.

막내가 가져온 황금처럼 빛나는 반지를 본 왕이 다시 말했다. "왕국은 그에게 물려줄 것이다." 두 형은 국왕이 세 번째 시험을 내겠다고 할 때까지 부단히도 왕을 괴롭혔다. "가장 아름다운 여인을 집으로 데려오는 아들에게 왕국을 물려주겠노라."

왕은 다시 3개의 깃털을 공중에 날렸다. 깃털들이 이전과 같이 날아갔다. 이번에도 막내는 아래로 내려가 뚱뚱한 두꺼비에게 말했다. "가장 아름다운 여인을 집에 데려가야 해서요!" "가장 아름다운 여인이라! 이번만은 전처럼 바로는 안 된다. 다만 그래도 넌 그 여인을 얻게 될 게다."

두꺼비가 속을 움푹하게 파낸 노란 '순무'에 생쥐 여섯 마리를 매달더니 막내에게 건네주었다. 그러자 막내가 엄청 슬픔에 잠겨 말했다. "저보고 이걸로 어쩌라고요?" "내 어린 두꺼비들 중 하나를 그 안에 올려놓아 보거라."

막내가 빙 둘러 앉아 있던 두꺼비들 중 아무나 하나를 집어 그녀(어린 두꺼비)를 노랑 마차 안에 올렸더니 어린 두꺼비가 놀랍도록 아름다운 아가씨로 변했고. 순무는 마차로. 여섯 마리의 생쥐는 말로 변했다. 막내는 그녀(어린 두꺼비 아가씨)에게 키스를 하고는 재빨리 말들을 몰고 출발해 왕에게 그녀를 데리고 갔다.

형들은 아름다운 소녀를 찾는 데 골머리를 앓을 생각이 전혀 없었다. 그래서 그냥 그들이 길을 가다 우연히 마주친 첫 번째 시골 여인을 데리고 왔다. 왕이 여인들을 보자 말했다. "내가 죽은 후 왕국은 막내의 소유가 될 것이다."

두 형은 불평들을 너무나 늘어놓아 왕의 귀청이 터져 나갈 정도였다. "바보가 왕이 되는 것에 동의할 수 없고 홀 중앙에 매달린 큰 원을 뛰어넘을 수 있는 여인이어야 왕비가 될 자격이 있습니다."라고 했다. 형들은 시골 여인들이라면 충분히 강인하니 그걸 쉽게 뛰어넘겠지만. 저 처녀는 점프하다 떨어져 죽을 것이라고 생각했다. 그래서 두 시골 여인이 먼저 점프를 했는데. 그만 그 큰 원 속을 점프해 통과하려다 몸이 너무 굳어 있다 떨어지는 바람에 그녀들의 거친 팔들과 다리들이 부러졌다. 그런 다음 막내와 함께 온 예쁜 처녀가 마치

한 마리 암사슴처럼 가볍게 점프해 그 원을 통과했다. 그리하여 막내가 왕관을 받게 되었다. 그는 오랫동안 왕국을 지혜롭게 잘 통치하였다.

개방성 강점을 기르는 활동

개방성이란

개방성(tolerance) 강점은 자기 생각과 다르거나 모순되는 생각을 주의 깊게 검토하는 능력의 강점입니다. 개방성은 확증 편향(자신이 옳다고 생각하는 것을 뒷받침하는 증거만 인식하는 경향)이라고 부르는 경향을 바로잡아 줍니다.

개방성은 나이가 들고, 교육을 받으면서 증가하는 경향이 있지만 항상 그런 것은 아닙니다. 그러므로 개방성을 기르는 환경을 조성하는 것은 매우 의미 있는 일입니다. 철학 토론은 자신의 주장을 뒷받침하거나 부정하는 증거를 찾는 일을 적극적으로 장려하는 방법입니다. 최소한 하나의 관점에 대해 반대 주장을 적극적으로 찾아 그것에 대해 생각하게 합니다. 이를 통해 대안을 고려하고, 논리적 대안 앞에서 자신의 주장을 바꾸려는 의지나 태도가 가치 있음을 잘 보여 주게 됩니다.

지금부터 개방성 강점을 증진하는 활동들을 소개하겠습니다.

같은 점, 다른 점

개방성을 키우는 또 다른 방법은 학생이 차이를 인지하고 받아들이는 습관을 기르도록 도와주는 '같은 점/다른 점(same, different)'과 같은 강점 형성 활동을 활용하는 것입니다. 가장 간단한 방법은 학생들이 친구들과 함께 서로 비슷한 것과 다른 것들을 가능한 한 많이 찾게 하는 활동입니다. 더 수준 높은 활동을 위해 '고기를 먹는 것은 잘못이다.'와 같은 주제에 대해 각자 지지하거나 반대할 수 있는 모든 주장을 찾을 수도 있습니다.

좋은 점, 나쁜 점

스토리텔링에서는 각 등장인물에 대해 생각하는 여러 과정이 포함되기에 개방성 증진 방법이 될 수 있습니다. '좋은 점, 나쁜 점 (good bits/bad bits)' 활동은 어떤 이야기에든 적용할 수 있는 활동입니다. 어린 학생에게는 단순히 이 이야기의 '좋은 점'과 '마음에 들지 않는 점'을 발표하게 할 수 있습니다. 학생들의 생각을 듣다 보면 필연적으로 어떤 학생이 좋아하는 부분을 다른 학생은 싫어한다는 것을 발견할 수 있습니다. 이를 통해 사람들이 각자 다르게 생각할 수 있음을 이해하고 이를 수용하게 할 수 있습니다.

이 게임의 다음 단계는 등장인물의 관점에서 생각해 보는 것입니다. 예컨대, 「잭과 콩나무(Jack the Giant Killer)」에서 '잭은 무엇을 즐겼나?' '잭이 즐기지 못한 것은?' '거인은 무엇을 즐겼는가?' '거인이 즐기지 못한 것은?'과 같은 관점에서 생각해 보는 것입니다.

한 가지 이야기라도 이를 바라보는 여러 다른 관점이 있기 마련입니다.

개방성의 또 다른 측면은 스스로에게 관대하며 자신의 실패도 수용하는 것입니다. 자신에게 매우 엄격한 학생들이 있습니다. 이런 학생들은 분노, 두려움, 슬픔 등의 부정 정서를 느껴서는 안 되고, 결코 실패하지 말아야 한다고 생각합니다. 그러나 타인에게 친절해지는 법을 배우는 것만큼 자신에게도 친절해지는 법을 배우는 것이 중요합니다. 나에게도 친절한 것은 정서적으로 성숙했다는 표시가 됩니다. 따라서 명상 및 기분 전환 활동을 통해 스스로를 돌보는 법을 잘 가르칠 필요가 있습니다.

비관이의 생각

개방성의 또 다른 장점은 명료한 사고입니다. 우리 모두는 때때로 혼란에 빠지고 지나치게 비관적으로 생각합니다. 무언가 잘못되면 '온 우주가 나를 싫어해.'라고 생각하기도 합니다. 친구와 말다툼을 하면 '그 친구와 끝났어.'라고 생각합니다. '비관이의 생각' 활동은 최악의 상황을 가정하는 것 또는 비관적으로 설명하는 놀이입니다. 이 놀이는 당신과 아이들이 더 균형적이고 긍정적인 사고방식을 갖도록 도와줍니다.

와우!

동료인 비즈니스 컨설턴트 아만다로부터 배운 활동은 타인의 행복을 기원하는 '와우(wow)' 활동입니다. 저는 고객 서비스 교육에 사용되는 이 활동을 학교생활에 적용했습니다. 나와 의견이 다른 사람에게 긍정적인 느낌을 갖는 것은 정말 어렵습니다. 그래서 긍정적인 생각을 게임으로 연습하는 것이 실천에 도움이 됩니다. 부드러운 음악을 틀어 주고 긴장을 풀게 한 후 학생에게 한 친구를 떠올리게 합니다. 그 친구에게 선물을 주는 모습을 상상하게 합니다. 잠시 후에 학생에게 친구가 아닌 누군가, 나와 의견이 다른 누군가를 상상하게 합니다. 친구가 아닌 존재에게 친구에게 준 것만큼 좋은 것을 선물해 보라고 할 수 있습니다.

와우 카드를 인쇄해 칭찬, 감사, 친절의 말을 학교 안의 친구가 아닌 다른 사람들에게 보내도록 해 보기 바랍니다. 또한 학기의 시작과 마지막에 친구는 아니지만 친절하고 존경할 수 있는 사람에게 와우 카드를 보내는 관습을 만들 수도 있습니다.

나와 논쟁한 사람과 놀기

혼자서 개인적으로 개방성을 키우기 위한 또 다른 활동에는 '나와 논쟁한 사람과 놀기' 또는 '나에게 동의하지 않는 사람을 찾아 그들과 놀기'와 같은 활동이 있습니다. 단순히 '잘 모르는 사람과 놀기' 또는 '나와 다른 사람을 찾고 대화를 나누는 것'도 유용할 수 있습니다. 고학년 학생들은 '동의하지 않는 신문 기사 읽기'로부터 유익을 얻을 수 있습니다. 다른 견해를 수집하거나 다른 장르의 영화를 가능한 한 많이 찾는 놀이는 다양성이 중요하다는 개념을 가르치는 데 유용할 수 있습니다.

개방성을 보여 주는 이야기:
코끼리는 무엇과 비슷할까

개방성에 대한 교훈을 주는 「장님과 코끼리(The Blind Men and the Elephant)」라는 전통 이야기가 있습니다. 저는 이 이야기를 '코끼리는 무엇과 비슷할까'로 각색했습니다. 장애인을 이용하는 은유를 제외하기 위해 장님이란 설정을 바꾸었습니다. 이 이야기 속에는 어둠 속에서 코끼리의 일부를 만져서 코끼리의 정체를 알아내려는 6명의 사람이 있습니다. 이 이야기를 통해 어떤 강점을 이야기 속에서 찾을 수 있었는지, 그 강점의 좋은 점은 무엇인지, 우리 반에 그 강점을 가진 친구는 누구인지 함께 이야기할 수 있습니다.

코끼리는 무엇과 비슷할까

TV가 발명되기 전. 사진기가 없던 시절. 인도 마을에 한 번도 코끼리를 본 적이 없는 6명의 사람이 살고 있었다. 그들은 이미 코끼리에 대해 들어 봤다. 그들은 코끼리가 거대하고 힘이 세며 바위를 들어 올릴 수 있다고 들었다. 또한 코끼리는 똑똑하고 온화하며 그들의 등에 아이들을 태울 수 있다고 들었다. 또한 코끼리가 사납고 위험하고 단 한 방으로 사람을 죽일 수 있다고 들었다. 그러나 그들은 코끼리를 직접 본 적은 없었다.

어느 날 여행자가 마을에 와서 근처의 물 웅덩이에서 코끼리를 봤다고 했다. 6명은 매우 신났다. 마침내 코끼리가 무엇과 같은지 확인할 수 있게 됐기 때문이다. 그들은 너무 흥분해서 늦은 저녁이었음에도 불구하고 바로 출발했다. 그들이 물 웅덩이에 도달한 무렵에는 땅은 어둠으로 덮여 있었다. 칠흑 같은 어둠이었고, 6명의 사람은 아무것도 볼 수가 없었다. 그들은 넘어지지 않기 위해 손으로 앞을 더듬으며 천천히 움직였다. 그리고 1명씩 코끼리를 발견했다.

이름이 ○○○(여기에 학생 이름을 넣을 수 있다)인 첫 번째 사람은 코끼리의 한 부분을 만지고는 말했다. "코끼리는 정말로 뱀. 길고 뚱뚱한 뱀 같아요." (저학년 학생들에게는 코끼리의 그림이나 인형의 코를 가리키며 '그가 ……을 발견했어.'라고 속삭이며 학생이 그 단어를 이해하도록 할 수 있다.)

이름이 ○○○인 두 번째 사람은 코끼리의 다른 부분을 만지며 "코끼리는 정말 창. 날카롭고 뾰족한 창 같네요."라고 말했다. (상아)

이름이 ○○○인 세 번째 사람은 코끼리의 또 다른 부분을 만졌고, 말했다. "코끼리는 나무 몸통. 두껍고 뭉툭한 나무 몸통 같군요." (다리)

이름이 ○○○인 네 번째 사람은 코끼리의 또 다른 부분을 만지고는 말했다. "코끼리는 정말로 거대하고 넓은 벽 같네요." (몸)

이름이 ○○○인 다섯 번째 사람은 코끼리의 또 다른 부분을 만지고는 말했다. "코끼리는 정말 밧줄. 얇고 가는 밧줄 같네요." (꼬리)

이름이 ○○○인 마지막 사람은 코끼리의 또 다른 부분을 만지고는 말했다. "코끼리는 정말 얇은 천. 바람 불면 날아갈 것 같은 얇은 천 같네요." (귀)

6명은 각자 자기가 옳고 다른 사람들은 틀렸다고 주장했다. 그들은 밤새도록 논쟁하고, 싸우고, 또 논쟁했다. 해가 뜨자 마침내 코끼리가 실제로 어떻게 생겼는지 보았다. 과연 누가 맞았을까?

10
추수 시기:
감사, 관용, 공정성
강점 기르기

1년 중 추수하는 시기는 감사, 관용, 공정성을 길러 줄 수 있는 좋은 기회입니다. 영국의 추수감사절은 영국 빅토리아 시대의 교회에서 시작되어 100년이 넘게 지속되어 왔습니다. 음식, 추수에 대한 감사의 관습은 많은 종교와 전통에서 나타나는 공통적인 관습입니다. 미국에서도 추수감사절은 한 해 최고의 축제로 가치 있게 여깁니다. 유대교 행사인 초막절(Sukkot)[1]은 수확의 기쁨을 나누는 시간입니다. 힌두교에서는 형제자매들이 우정을 나누고 서로 감사를 표하는 락샤 반드한[2]이란 축제에 추수와 감사의 요소가 포함됩니다. 이 모두 감사, 관용, 공정성을 학습할 적절한 기회를 제공하는 행사들입니다.

학교 공동체의 일원으로서 좋은 일을 공유하고 감사를 전하는 것이 중요합니다. 대부분의 종교가 감사의 행사를 가지고 있는데,

기쁨을 누리고 감사를 표하는 행위는 공동체를 위로하고 결속시켜 줍니다.

추수 축제의 또 다른 장점은 환대입니다. 우리의 시간과 음식을 다른 사람과 공유하는 환대는 모든 신앙에서 중요한 전통이며 아동과 청소년이 배워야 할 기술입니다. 타인을 우선적으로 생각하고, 친구들과 함께 이벤트를 계획하는 것은 중요한 사회적 능력입니다.

환대에 필요한 것은 요리, 그중에서도 빵 만들기입니다. 빵 만들기는 매우 간단하지만, 만족을 주는 경험이고 매우 고요한 활동입니다. 빵 만들기를 또 하나의 명상 방법으로 활용할 수 있습니다. 이 장의 끝에 누군가와 나누기에 충분한 4개의 작은 빵을 만드는 간단한 요리법이 제시됩니다. 다른 학급이나 외부인을 점심 때 초대하는 데 빵 만들기 활동을 사용해 보시기 바랍니다.

환대는 간단할 수도 있고, 매우 정교할 수도 있습니다. 제가 일했던 학교에서는 노인들을 위해 일주일마다 런치 클럽을 운영합니다. 학생들은 손님들에게 봉사하고, 그들과 함께 앉아 대화를 합니다. 이 활동은 학생과 노인 모두에게 큰 유익이 됩니다. 매주 이러한 활동이 힘들다면 추수 축제야말로 1년에 한 번 이런 환대를 할 수 있는 훌륭한 기회가 될 것입니다.

감사 강점을 기르는 활동

감사란

감사(gratitude)는 즐거운 삶을 사는 데 핵심이 되는 강점입니다.[3] 감사하는 사람이란 단지 "감사합니다."라고 말만 하는 사람이 아닙니다. 그들은 자신이 이미 가지지 못한 것보다 자신이 가진 것에 집중합니다. 오늘날 사람들은 누군가를 부러워하며 따라잡으려고 노력하고 감사하는 사람과 정반대 입장에 서 있습니다. 감사하는 사람들은 물질적 가치에 덜 집중하고, 자신이 가진 것들을 나누기를 더 좋아합니다. 감사 강점을 가진 사람들은 더 개방적이고, 더 헌신하며, 다른 사람들에 대한 책임감이 높은 반면 정신적 문제를 경험할 확률이 낮습니다. 또한 감사 강점을 가진 사람들이 그렇지 않은 사람보다 더 건강하고 더 수명이 길다는 증거도 계속 나타나고 있습니다.

감사는 삶에 의미와 가치를 더하고 우리 자신보다 더 큰 무엇과 우리를 연결해 주는 탁월한 강점입니다. 감사 강점에는 평범한 것(수돗물의 깨끗함, 봄의 색깔, 친절한 말들)에 주목하고 경탄하는 능력과 일상적이고 평범한 것을 당연하게 여기지 않는 능력이 포함됩니다. 감사는 웰빙을 증가시키고 좋은 관계를 촉진합니다. 배우자에게 감사를 표현하는 일은 행복한 결혼 생활의 초석이 됩니다. 감사의 대상은 사람, 신, 자연, 삶 자체를 포함합니다.

지금부터 감사 강점을 증진하는 활동들을 소개하겠습니다.

감사 일기

감사는 행복과 건강, 학문적 성공과도 강한 연관성을 보여 줍니다. 한 연구에서 매일 밤 세 가지씩 감사함을 느꼈던 것(감사 일기)을 기록한 집단의 에너지, 열정, 결단력, 주의력, 알아차림 능력, 긍정성, 행복이 높아졌습니다.

하루의 마무리로 교실에서 감사 일기를 쓰게 하여 학생이 그날 즐거웠던 것을 기록하게 할 수 있습니다. 교실 감사 일기를 통해 학급 전체에게 긍정적이었던 것을 발견할 수도 있습니다. '무엇이 잘되었지?(WWW)' 활동은 감사를 적용할 수 있는 방법 중 하나입니다. 이것을 꾸준히 실천한다면 학생들이 좋았던 일에 집중하는 연습을 하며, 부정 편향(잘못된 일을 더 많이 생각하는 경향)을 극복하는데 도움을 얻을 수 있습니다.

세상을 바꾸기

자신을 수동적인 피해자로 생각한다면 감사하기가 힘듭니다. '세상을 바꾸기(change the world)' 활동은 학생들이 세상을 조금 더 나은 곳으로 만드는 방법을 생각하도록 장려함으로써 피해자 경향성을 극복하게 만드는 강점 건축가 활동입니다. 이 활동은 개발도상국에 있는 한 마을을 지원하는 장기 프로그램이나 혹은 바로 오늘 우리 학교를 청소하는 단기 프로그램으로 시행될 수가 있습니다. 이 활동의 목표는 작은 변화가 큰 변화를 만든다는 것과 우리에게는 세상을 바꾸기 위한 능력이 있음을 이해하는 것입니다.

향유하기, 기억의 진주들

성찰과 반성과 경험을 만끽하는 능력 또한 감사를 키우는 데 도움이 됩니다. '기억의 진주들' 활동은 행복한 기억을 되살리는 능력을 증진시킵니다. 음식을 활용한 향유하기(savoring)라는 특별한 종류의 명상은 아이들에게 매우 인기가 좋습니다. 우리는 정신없이 바쁜 삶을 살면서 즐길 틈이 없습니다. 그러나 향유하기는 우리의 속도를 늦춰 주며 한 순간을 충분히 즐기게 만들어 줍니다.

① 음식을 천천히 함께 먹으면서 단맛과 풍미를 더 강하게 느낄 수 있습니다.
② 아이들에게 먹을 것을 나눠 주고 이를 보며 생각하게 하세요.
③ 그 후 조용히 먹으면서 먹고 있는 것의 맛과 질감에만 집중하게 하세요.
④ 음식에 대한 고요한 감사 표현으로 마무리합니다.

음악 외에 다른 것들도 음미할 수 있습니다. 상쾌한 가을 아침 다 같이 나가서 1분간 고요 속에 서서 푸른 하늘과 새들의 소리를 음미할 수 있습니다.

단지 멈춰 서서 아이들이 어떤 것에 자신의 모든 주의를 집중해 보는 일은 그들의 기분을 좋게 만들고, 기쁨을 느끼게 할 수 있습니다. 흥미롭게도 이는 좋은 팀워크 활동이 될 수도 있는데, 한 순간 모두가 똑같은 것에 집중하게 되기 때문입니다. 이와 같이 다양한 경험을 충분히 즐기게 해 보기 바랍니다. '기억의 진주들' 활동의 끝에 이런 경험들을 회상하고 마법의 추억 상자 속에 이를 집어넣어 보기를 바랍니다.

조용한 감사

조용한 감사(silent thank you) 활동은 학교에 매우 큰 영향을 줄 수 있습니다. 저는 스토리텔링 활동 중에 '감사합니다'라는 수화 동작(영국: 손을 얼굴에 가져다대고 턱에 손가락을 대고 그것을 아래쪽으로 움직임)을 가르쳤습니다. 이야기를 끝마친 후 저는 학생들에게 조용히 감사를 표했습니다. 학생들은 이야기를 해 준 것에 대해 저에게 감사를 표합니다. 이 같은 마무리는 조용하고 사색적입니다. 큰 박수나 합창소리보다 훨씬 좋습니다. 제가 이 감사 표현을 소개해 준 후 많은 선생님이 이 활동을 더욱 발전시켰습니다. 학생들이 짝 활동, 그룹 활동을 한 후나 하루의 끝에 선생님, 급식실 직원, 보안관 등에게 조용한 감사를 전합니다. 이로 인해 학교에서 '감사'의 사용이 유의미하게 증가했습니다.

스토리텔링

감사에 대한 스토리텔링 활동을 위해 학생들에게 진짜 재미있어 친구들에게 이야기해 주고 싶은 책을 가져오라고 합니다. 학생들이 각자 무언가를 준비해서 소개하며 서로 감사를 주고받을 수 있습니다. 감사의 강점을 강화하기 위해 성경에 나온 10명의 나병 환자 이야기(역자 주: 10명의 나병 환자가 예수님께 고침을 받았으나 단 1명만 감사를 표현하는 이야기)나 이 장 끝에 실린 사랑스러운 북아메리카 인디언 이야기인 「옥수수의 정령」 이야기가 활용될 수 있습니다.

철학 토론

감사의 본질과 중요성에 대해 토의해 볼 수 있습니다. 이를 통해 우리 자신과 의견이 비슷하든 그렇지 않든 감사하고, 생각하고 사유하는 능력과 타인의 여러 의견이나 견해에 대해 알 수 있습니다.

감사 편지, 감사 그림, 식사 전 감사기도

축제 기간 동안 정기적으로 친구들에게, 선생님들에게, 부모님에게 감사 편지를 쓰게 할 수 있습니다. 감사 편지를 읽고 쓰도록 격려하는 것은 인간관계 형성에 큰 도움이 됩니다.

삶에서 중요한 것을 표현하는 그림인 감사 그림을 그릴 수도 있습니다.

종교, 문화마다 식사 전에 감사를 표하는 예절이나 기도가 있는데, 각기 다른 특징을 보이기 때문에 이를 배우고 사용해 보는 것도 흥미로운 일입니다. 타즈 타고르(Taz Tagore)의 『감사의 계절 (Seasons of Thanks)』이라는 책이 이 활동에 큰 도움이 될 것입니다.[4]

관용 강점을 기르는 활동

관용이란

관용(generosity)은 감사로부터 흘러나옵니다. 감사하는 사람들은 이미 자신이 가진 것이나 좋은 일에 초점을 두고 나눌 것이 많다고 느끼기 때문에 더 관대하고 용서하는 이해심도 큽니다.

관용은 대인관계 강점 중에 하나인 친절 강점과 긴밀하게 연결되어 있습니다. 감사, 친절, 관용 같은 대인관계 관련 강점은 학교생활에서 매우 중요하기 때문에 더 집중적으로 다루는 것이 좋습니다.

관용, 용서는 받는 사람 못지않게 주는 사람에게도 유익합니다. 관대한 사람들은 이기적인 사람보다 더 나은 신체적ㆍ정신적 건강을 보이고 더 오래 산다는 연구 결과들이 보고됩니다. 친절과 관용, 타인에 대한 돌봄은 모든 종교와 철학의 핵심이며 보편적인 가치입니다. 그럼에도 불구하고 이러한 강점을 증진시키는 방법이 많이 연구되지 않았습니다.

친절과 관련된 재미있는 연구는 친절이 기분이나 정서 상태와 관련이 있는데 쾌활한 사람은 불행한 사람보다 친절한 행동을 훨씬 더 많이 한다는 것입니다. 쾌활함이나 긍정적인 감정은 관용을 증가시킵니다. 이러한 이유로 우리는 관용을 향상시키기 위해 긍정 감정을 불러일으키는 강점 건축가들[향유하기, 레인 스틱 명상, 숨쉬기 명상, 기분 전환 상자, 보물상자, 무엇이 잘 되었지?(WWW), 기억의 진주들 등]을 사용합니다. '세상을 바꾸기' 활동은 학기 마무리, 추수 시기에 사용하기 좋은 강점 건축가입니다.

지금부터 관용 강점을 증진하는 활동들을 소개하겠습니다.

성찰하기

우리는 우리가 집중하는 것에서 더 많은 것을 배울 수 있기 때문에 관용에 초점을 두는 것이 관용 증진의 길이 될 수 있습니다. 따라서 교실에서 관용에 대해 인지하고 이를 자주 다룬다면 학생들이 관용에 더 집중할 수 있을 것입니다. 성찰하기(reflections) 활동은 어떤 강점에서도 사용할 수 있는 강점 건축가입니다. 하루의 마지막 시간에 몇 분간 자신이 오늘 어떻게 관용의 힘을 사용했는지를 생각하는 활동입니다. 학생들은 그들의 성찰하기 활동 내용을 다른 사람들과 공유할 수 있습니다. 이 활동을 통해 관용이나 특정 강점을 얼마나, 어떻게 사용했는지에 주의를 집중해 볼 수 있습니다.

내일 관용을 어떻게 사용할지 생각하는 것과 성찰하기 활동을 통합하여 관용의 시야를 더욱 넓힐 수 있습니다. 미소 짓는 것처럼 작고 쉬운 일도 관용이라는 것을 알게 되면 학생들은 관용의 실천을 더욱 즐기게 될 것입니다. 친절과 관용은 언제 실천해도 좋고 가치 있는 일입니다.

빵 만들기

빵 만들기와 초대는 아이들에게 관용을 경험하는 실제적인 기술을 제공합니다. 누군가를 위해 빵 한 덩어리를 만드는 것은 단순하지만 관대한 선물입니다. 좋은 빵을 만들기 위해서는 정성과 시간이 필요하기 때문입니다. 이 장의 마지막에 4개의 작은 롤빵을 만드는 요리법을 제시했습니다. 아이들이 정성껏 반죽을 주무르면서 빵을 누구에게 줄 수 있을지 생각해 보도록 할 수 있습니다.

초대

관용은 자신에게 집중된 관심을 타인에게 돌리게 하는 강점입니다. 초대는 아이들이 타인을 위해 무엇인가를 준비하고, 환대하는 기술을 연습하는 강점 건축가 활동입니다. 환대하는 것도 기술이며 학습 가능한 기술입니다. 우선 초대에 응할 만한 사람이나 집단을 생각해 보기 바랍니다. 다른 반, 선배, 후배, 선생님, 학교를 지원해 주는 어머니회, 보안관, 조리사, 주무관 등 평소 학교 축제에 초대하지 못하는 분들까지 포함시켜 보기 바랍니다. 학생이 할 수 있는 일 중 기꺼이 즐겁게 할 만한 것들(노래 불러 주기, 시 낭송, 간단한 놀이, 초대 대상들이 흥미를 느끼는 주제로 수다 떨기)을 선택하게 하세요. 초대받는 사람이 즐길 만한 간단한 음식을 대접하는 것도 생각할 수 있습니다. 초대장을 간결하고 편안하게 꾸며 보세요. 이러한 활동은 다양한 교육과정이 통합되는 창의적 교육이 됩니다. 또한 학생의 재능과 친절이 발휘될 기회를 만들어 줍니다.

기타

학생이 개인적으로 할 수 있는 관용 활동으로는 장난감이나 게임을 친구와 공유하기, 저녁 식사 도움 주기, 도와 달라는 요청 없어도 부모님이나 선생님 돕기, 선물을 만들거나 사 오기 등이 있습니다.

관용의 힘을 보여 주는 훌륭한 이야기로는 성자 브리짓(St. Bridget, 역자 주: 한 소녀가 자기 가족의 빵과 아버지의 값비싼 칼을 내줌으로 인해 심각한 위기에 처하게 되는 내용)의 이야기가 있습니다.

공정성 강점을 기르는 활동

공정성이란

공정성(fairness)은 우리와 가까운 관계에서도 중요하지만, 친하지 않은 집단의 사람들과 어떻게 관계를 맺을 것인지에 영향을 주는 대인관계 강점입니다.

공정성 강점이 높은 사람들은 직업에 만족하고, 삶을 살아가는 동안 계속해서 무언가 배우고 싶어 하며, 공동체에 기여하는 활동에서 더 많은 성취를 이루며, 부도덕하고 반사회적인 행동은 덜 하는 경향이 있습니다.

공정성에는 두 가지 요소가 있습니다. 무엇이 옳고 그른지 논리적으로 판단하는 정의(justice) 요소와 타인에게 무엇이 옳고 좋은

지 아는 관심(care) 요소입니다. 정의감 발달은 분명하고 예측 가능한 단계를 통해 이루어지는 것으로 보입니다. 매우 어린 아이들은 옳음에 대해 자기중심적(자신에게 이득이 되거나 어려움에 처한 상황에서 벗어나게 해 주는 것을 옳은 것으로 봄) 입장에서 생각합니다. 조금 더 성장한 후에는 관계를 중요한 것으로 보고 친구와 가족에게 이익이 되는 것을 옳다고 생각합니다. 마지막으로 세계적 정의와 보편적 공정의 개념을 옳은 것으로 생각하게 됩니다.

이와는 대조적으로 공정성의 관심 요소는 타인과의 관계, 타인에 대한 관심, 복지를 중요하게 여기고 동정심과 정서적 민감성을 포함합니다. 흔히 '도덕적 판단'이라고 불리는 공정성은 도전과 자극을 좋아하고, 자신과 타인에 대해 깊이 생각하며, 자신의 사상을 매우 폭넓게 적용하는 사람들에게서 높게 나타납니다.

아리스토텔레스는 반복적으로 하는 행동 자체가 바로 그 사람이라고 보았습니다. 공정하게 행동하는 것이 자신을 공정한 사람으로 보게 만들고, 자신을 공정한 사람으로 여기는 일이 공정한 행동을 증진시킵니다. 이 원리는 학교에서도 적용이 됩니다. 공정한 행동을 한 것에 대해 긍정적인 피드백을 받으면 학생들은 자신을 공정한 사람이라고 느끼게 되고, 이러한 느낌은 후에 더 공정한 행동을 하도록 촉진합니다.

지금부터 공정성 강점을 증진하는 활동들을 소개하겠습니다.

철학 토론

학교에서의 도덕적 토론 활동이 공정성을 증진시켜 준다는 연구 결과가 있습니다. 여기서 교사의 역할 모델이 매우 중요합니다. 실제 이슈에 대한 균형 잡힌 반영, 양측의 입장을 확인하려는 의지, 타인의 감정을 고려하는 것 등과 같은 선생님의 태도나 행동이 공정성을 중요하고 공정성이 바람직한 특성이라는 것을 보여 주게 됩니다.

감정 던지기

공정성 증진을 위해 사용할 수 있는 강점 건축가로 우리 자신의 감정을 알아차리기 위해 설계된 감정 던지기(feelings rain) 활동이 있습니다.

① 하루를 시작할 때 학생들에게 1~10점(1점은 매우 두려움, 5점은 보통, 10점은 하늘을 날 정도로의 황홀함) 척도로 지금의 감정이 어떤지 점수를 매기게 합니다.
② 종이에 그 점수를 쓰고, 내용은 숨긴 채 종이를 공 모양으로 말게 합니다.
③ 그다음 교실 안에서 종이 공을 서로에게 던집니다.
④ 학생들이 충분히 자유롭게 활동했다고 느끼면 그만하라고 종을 칩니다.
⑤ 학생들은 종이조각을 다시 펴서 종이의 점수를 교사에게 알려 줍니다.
⑥ 교사는 학생들이 부른 점수를 칠판에 씁니다.

이 활동에는 여러 가지의 목표가 있습니다.

첫째, 학생들이 공 던지기를 멈춘 후 방금 전 느꼈던 감정을 자각하고, 판단하는 방법을 학습합니다.

둘째, 학급의 전반적인 분위기를 알려 줍니다. 만약 학생들의 기분이 매우 안 좋다면 기분 전환 상자나 보물상자를 열어 보는 활동시간을 가질 수 있습니다. 이 과정은 선생님이 학생의 감정에 관심이 있고, 학생의 감정을 소중하고 가치 있게 여긴다는 메시지를 전해 줍니다. 이때 학생들 각자의 감정은 비밀로 해야 합니다. 저는 학생들이 서로의 감정을 전체 학생 앞에서 공개적으로 드러내도록 요구하는 활동에 대해서는 반대하는데, 일부 학생이 무자비하게 친구의 상처받기 쉬운 약점을 이용하고 놀릴 수 있기 때문입니다.

셋째, 이 활동은 재미있습니다! 이 활동은 아이들을 기분 좋게 하는 에너지와 각자의 장난기를 터뜨릴 수 있기 때문입니다.

LAUGHS

감정 던지기는 LAUGHS(여섯 가지 감정) 활동과 조합하여 사용할 수 있습니다. LAUGHS은 기본적인 감정을 지칭하는 말로 사랑(Love), 분노(Angry), 불행(Unhappy), 죄책감(Guilty), 행복(Happy), 두려움(Sacred)을 뜻합니다. LAUGHS 활동은 자신의 감정을 이 여섯 가지로 표현하는 것입니다. 감정 던지기 활동에서 학생들은 점수 대신에 그들이 느끼는 주요 감정 단어를 쓸 수가 있습니다.

만약 학생들이 하루를 시작할 때 그들의 감정을 전달할 좀 더 개인적인 방식을 제공하고 싶다면, 각자 종이에 자신이 느끼는 감정

용어를 쓰게 한 후 교실 가운데 놓여 있는 양동이에 버리게 해 보세요. 그리고 선생님은 쉬는 시간을 이용해서 종이에 쓰인 감정들을 비밀스럽게 확인할 수 있습니다. 이 방법을 통해서 학생들의 개인 정보에 대한 비밀을 보장하면서 학생들의 감정과 소통할 수 있습니다.

LAUGHS는 정서적 자각을 발달시키는 방법으로도 활용될 수 있습니다. 한 가지 예로, LAUGHS를 스토리텔링과 결합하는 것입니다. 이야기의 어느 부분에서 어떤 감정을 느꼈는지 묻고 느낀 것에 대해 함께 토론해 보는 철학 토론 활동을 할 수가 있습니다. 학생들은 이야기 속에서 느껴지는 감정들을 써 보고 이러한 감정과 어울리는 이야기의 부분을 골라 만화를 그려 볼 수도 있습니다.

이 활동은 개인적이고 간접적인 방식으로 자신의 감정을 돌아보게 해 줍니다. 개인 정보가 존중되면서 학생들은 이야기를 통해 자신 속에 감춰진 감정을 자각해 보면서 자신의 감정과 동기에 대해 안전하고, 유익한 토론을 할 수가 있습니다.

공정성을 보여 주는 이야기

「빨간 암탉(The Little Red Hen)」은 어린아이들을 위한 공정성 이야기입니다. 조금 큰 아이들에게는 마지막에 나타난 그녀의 행동이 과연 공정한지 아닌지에 대해 생각해 보게 하는 질문을 할 수도 있습니다. 「골디락스(Goldilocks)」 또한 공정성에 대한 생각을 촉진시켜 줄 수 있습니다. 더 큰 학생에게는 「룸펠슈틸츠킨」 이야기를 읽고 공정성에 관한 문제를 생각해 볼 수 있게 할 수 있습니다.

「빨간 암탉」

작고 아담한 집에는 고양이. 개. 생쥐. 암탉이 함께 살았다. 하지만 집안일은 언제나 빨간 암탉 혼자만의 몫이다. 다른 동물들은 하루 종일 따뜻한 볕 아래 꾸벅꾸벅 졸며 게으름만 피우기 때문이다. 여느 때와 같이 친구들을 대신해 홀로 마당을 쓸던 빨간 암탉이 밀알 몇 알을 발견한다. "누가 이 밀을 심을래?" 빨간 암탉이 묻지만 고양이. 개. 생쥐로부터 돌아오는 대답은 하나같이 똑같다. "나는 안 돼."

매번 거절당하면서 빨간 암탉은 홀로 밀을 가꾸고. 베고. 가루로 만들어 결국 케이크를 혼자서 만들었다. 드디어 빨간 암탉이 직접 키운 밀로 만든 케이크가 오븐에서 나오자 방에만 있던 세 친구가 웬일인지 부엌으로 모여든다. "누가 이 케이크 먹을래?" 빨간 암탉이 묻자 이번에는 모두 "나는 돼."라고 외친다. 그러자 빨간 암탉이 말한다.

"나 혼자서 밀을 뿌리고 밀을 가꾸고 밀을 베고 밀을 방앗간으로 가져가서 밀가루로 갈았어. 나 혼자서 막대기를 모으고 불을 지피고 케이크 반죽을 했어. 그러니까 나 혼자서 다 먹을 테야." 그리고 빨간 암탉은 부스러기 하나 남기지 않고 케이크 한 접시를 깨끗하게 비워낸다.

「골디락스」

예쁜 금발머리 소녀 골디락스는 숲속을 헤매다 한 오두막을 발견했다. 노크를 했지만 아무도 나오지 않았고, 골디락스는 그 집에 그냥 들어갔다. 부엌에 간 골디락스는 죽 세 그릇이 식탁에 놓여 있는 것을 발견했다. 첫 번째 죽과 두 번째 죽은 각각 뜨겁거나 차가웠고, 세 번째 죽은 딱 적당한 온도여서 골디락스는 세 번째 그릇의 죽을 맛있게 먹었다.

식사를 마친 골디락스는 피로가 몰려와 거실로 갔는데, 그곳에는 3개의 의자가 있었다. 첫 번째 의자와 두 번째 의자는 너무 크거나 작아서 앉을 수 없었고, 세 번째 작은 의자가 딱 맞아서 편하게 앉았는데 그 의자가 갑자기 부서져 버렸다.

골디락스는 어쩔 수 없이 지친 몸을 이끌고 침실로 들어갔다. 침실의 첫 번째와 두 번째 침대는 너무 딱딱하거나 푹신해서 잠을 잘 수가 없었고, 딱 맞는 세 번째 작은 침대에서 골디락스는 잠이 들었다.

집 주인인 세 마리의 곰이 산책을 마치고 집으로 돌아오자, 그들은 누군가가 건드린 죽과 아기곰의 빈 그릇을 발견했다. 뒤이어 곰들은 거실에서 누군가가 앉았던 의자와 부서진 아기곰의 의자를 발견한다. 마지막으로 곰들은 침실에서 누군가 누웠던 흔적이 있는 침대와 아기곰 침대에 누워 있는 소녀를 발견했다. 웅성이는 소리에 골디락스는 눈을 뜨고, 세 마리 곰이 자기를 쳐다보고 있다는 사실에 놀라 곧바로 멀리 도망친 뒤로 그 오두막에는 얼씬도 하지 않았다.

기타

가장 친한 친구들 외에 다른 친구들을 게임에 참여시키기 또는 게임을 할 때 모든 사람이 같은 규칙을 따르게 하기 등을 포함할 수 있습니다. 스스로의 자각과 공감이 공정성 발달의 필수 요소임을 고려할 때, 성찰하기 활동도 매우 유용한 공정성 강점 형성 도구가 됩니다.

감사, 관용, 공정성 강점을 보여 주는 이야기: 옥수수의 정령

「옥수수의 정령」 이야기는 감사, 관용, 공정성 강점을 담고 있습니다. 이 이야기를 통해 아이들에게 어떤 강점을 찾을 수 있었는지, 그 강점의 좋은 점은 무엇인지, 그 강점을 가진 친구는 누구인지 함께 이야기할 수 있습니다.

「옥수수의 정령」

아주 먼 옛날에 햇살이 많이 비치고, 비가 자주 오고, 항상 토양이 매우 비옥하고, 옥수수가 잘 자라고, 먹을 것이 아주 많은 마을이 있었다. 먹을 것이 너무 많기 때문에 마을 사람들은 점점 들판에서 일하는 방법을 잊었고 들판에는 잡초가 자라기 시작했다.

사람들은 옥수수를 바구니나 땅에 있는 구멍에 조심스럽게 보관하는 방법도 잊었다. 그러자 쥐들이 옥수수를 먹어 치웠고, 비가 오면 옥수수는 씻겨 내려갔다.

가장 최악은 옥수수의 정령에게 고맙다고 말하는 것조차 잊은 것이다.

마을 사람 중에 밭에 있는 잡초를 제거해야 하는 것을 기억하는 사람은 딱 한 사람이었다. 옥수수를 바구니와 땅속 구멍에 조심스럽게 저장하는 것을 기억한 사람. 옥수수의 정령에게 고맙다고 말하는 것을 기억한 사람. 그의 이름은 다요하그완다였다.

어느 날, 다요하그완다가 숲속을 걷고 있었는데 한 노인이 구멍투성이에 잡초로 둘러싸인 오두막집 앞에 앉아 있었다. 노인은 누더기를 걸치고 울고 있었다. "할아버지, 왜 울고 계시나요?" "왜냐하면 마을 사람들이 내 옥수수의 잡초를 제거하기를 잊었기 때문에. 옥수수를 바구니나 땅속의 구멍에 보관하는 것을 잊었기 때문에. 그리고 옥수수에게 고맙다는 말을 하는 것을 잊었기 때문에 난 울고 있네."

다요하그완다는 이 노인이 보통 사람이 아니라는 것을 곧 알았다. 노인은 옥수수의 정령이었고 자신이 사람들에게 잊혔다는 생각 때문에 울고 있는 것이었다.

다요하그완다는 굶주림에 지쳐 있고 거의 죽어 가기 직전인 마을로 돌아갔다. 다요하그완다는 사람들에게 자신이 보고 들은 것을 말했다. 그는 사람들이 다시 옥수수의 정령을 기억한다면 그 정령이 도와줄 것이라고 말했다.

다요하그완다는 자기 옥수수를 보관해 놓은 곳을 팠다. 그가 저장해 놓은 옥수수보다 더 많은 옥수수가 있었다. 그는 옥수수를 마을 사람들과 나눠 먹었고 마을 사람들은 굶주림에서 벗어났다.

그 후 햇살이 비쳤고, 비가 왔으며, 토양이 비옥해졌고, 옥수수가 계속 잘 자랐으며, 마을 사람들은 밭에서 일하며 잡초를 제거하는 것을 기억하였다. 사람들은 옥수수를 바구니나 땅에 있는 구멍에 조심스럽게 보관하는 것도 기억했다. 그리고 가장 중요한 옥수수의 정령에게 감사하다고 말하는 것을 기억하였다.

빵 만들기: 2개는 먹고 2개는 나눠 줄 4개의 롤빵 만들기

빵은 많은 문화적 전통의 중심이 되어 왔습니다. 또한 빵은 만들기가 간단하고 만드는 보람을 느낄 수 있습니다. 이 요리법은 손님에게 충분한 크기의 큰 롤빵 4개를 만들어 주는 것입니다. 아이들은 그들이 만든 음식을 다른 사람들과 나눌 수 있습니다. 아침에 조리를 시작하면 점심에 먹을 수 있습니다.

- 준비물
    - 200g 밀가루(2/3 백밀, 1/3 통밀이 좋은 반죽을 만든다.)
    - 1/4파인트의 물(140ml)
    - 쉽게 섞이는 효모 1봉지
    - 설탕 1스푼
    - 식물성 기름 1디저트스푼

- 요리법
  ① 모든 것을 넣고 섞어 도우를 만든다. 물은 반죽의 상황에 맞게 적절하게 붓는다.
  ② 5분 동안 반죽을 주무른다.
  ③ 학생들에게 반죽을 조용하게 주무르고 반죽의 질감과 느낌을 즐기라고 격려한다.
  ④ 기름칠이 되어 있는 쟁반에 반죽을 4개의 롤 모양으로 만들어

올려놓는다.

⑤ 물수건으로 덮고 따뜻한 곳에서 1시간 동안 부풀게 한다.

⑥ 빵을 굽기 전에 양귀비 씨앗이나 참깨 혹은 귀리를 뿌리거나, 더 원한다면 빵 겉을 우유로 바를 수 있다.

⑦ 가스 세기 7, 화씨 445도, 섭씨 220도로 15분 동안 굽고 냉각대에 올린다.

⑧ 빵이 식었을 때, 빵 안을 무엇인가로 채우거나 빵을 이용해 샌드위치를 만들어서 간단한 수프와 함께 즐길 수 있다.

11
연말:
희망, 낙관성, 영성,
유머 강점 기르기

　연말은 한 해를 돌아보고 다음 해를 맞는 반성과 기다림의 시기입니다. 여러 종교에서는 이 시기를 기념합니다. '도착' 또는 '온다'로 해석되는 강림절은 기다리고 성찰하는(reflection) 시간을 가지는 기독교의 오래된 전통입니다. 강림절 그 자체는 축제가 아니지만, 전통적으로 크리스마스의 축제 전에 금식을 하는 시기이며, 내면을 돌아보는 준비의 시간입니다. 기독교인들은 2,000년 전의 고대 크리스마스 이야기와 예수님의 탄생을 되돌아봅니다.

　순간의 만족, 패스트푸드, 빠른 의사소통이 만연한 현대에서 기다림과 성찰은 다소 구시대적인 느낌이 듭니다. 그러나 성찰을 통해 행동의 균형을 찾고, 금식을 통해 축제를 열고, 가만히 있는 여유로운 시간 속에는 고대의 지혜가 있습니다. 강점을 축하하는 강림절 축제는 크리스마스를 차분히 준비하고, 한 해를 조심스럽게 돌아보기 위한 목표로 시작되었습니다.

크리스마스 전에 한 달을 강림절로 보내는 학교들은 좀 더 평화롭고 정신적이고 차분하게 이 시기를 보냅니다. 이 외에도 학생들에게 몇 가지 귀중한 삶의 기술을 가르치는데, 그중의 하나가 기다림입니다. 만족을 지연하고 충동을 조절하는 능력은 건강한 정서적 삶에 필요한 중요한 요소입니다. 이 능력은 학업 성취 및 성인기의 건강과 경제적 안정에 기여합니다. 정신적으로 성숙한 삶의 중요한 특징은 자기인식입니다. 자기인식이란 내면을 들여다보고, 지금 느끼는 감정을 자각하고, 감정을 다스리는 법을 배우는 것입니다.

이 축제는 연말 시기에 아이들로 하여금 삶을 돌아보는 일을 가치 있게 여기게 합니다. 조용함을 즐기고, 조용한 시간을 삶의 중요한 부분으로 수용하는 것을 배웁니다. 한 해 동안의 추억을 회상하고, 목표를 세우며, 미래에 대해 낙관적 태도를 갖고, 과거를 되돌아보는 강점 건축가 활동이 이 축제 중에 이루어집니다.

행복한 기억 창고는 회복력 있는 어른이 되는 데 필수적인 요소입니다. 따라서 아이들이 기억할 수 있는 행복한 추억을 만들어 주는 것이 강림절 축제의 주요 목표가 됩니다. 또한 긍정 감정이 효과적 학습과 수행을 돕는다는 사실에 근거해 즐거움 증가 역시 축제의 목표가 됩니다.

강림절 축제는 기독교 전통에 뿌리를 두고 있습니다. 다른 종교에 뿌리를 둔 축제인 이드 알피르트(이슬람교의 축제), 하누카(유대교 축제), 디발리(힌두교의 등명제)도 함께 축하할 수 있습니다. 같은 종교적 전통을 가진 아이와 어른이 함께 축제에서 나오는 이야기와 전통을 이 시기의 다양한 활동에 접목시키는 것은, 각자의 종교를 믿는 사람들에게 진실된 느낌을 더해 줍니다. 저는 힌두교를 믿는 동료 리애나와 함께 축제를 즐기며 이런 진실함을 느꼈습니다.

연말 축제 동안 우리가 집중하는 강점은 희망, 영성, 유머입니다. 희망은 모든 신앙 전통과 교육의 본질적인 부분입니다. 미래에 희망이 없다면, 교육에서 얻을 수 있는 것은 아무것도 없습니다. 교사는 앞을 내다보는 사람이기 때문에 선천적으로 희망적인 사람들입니다. 선생님이 희망적일 때 학생들이 희망을 배웁니다.

영성 또한 연말 동안 집중하기에 적절한 강점입니다. 영적인 인식은 건강하고 균형 있는 삶의 중요한 부분입니다. 하지만 바쁜 학교생활 속에서 이를 증진하기에는 어려운 부분입니다. 그래서 심오하고 진지하게 영성에 대해 생각할 시간과 여유가 이 축제를 통해 만들어질 수 있습니다.

유머는 희망과 영성처럼 우리 삶에 의미를 제공하고, 우리를 자신보다 더 큰 것과 연결해 주는 '초월적 강점'입니다. 내면을 들여다보고 성찰하는 엄숙한 순간조차 유머는 우리 자신을 초월하는 균형감과 새로운 관점을 제공할 수 있습니다. 따라서 유머가 없는 영성과 종교는 생기가 없이 오히려 엄숙한 형식주의로 흐를 수 있습니다.

희망, 낙관성 강점을 기르는 활동

희망, 낙관성이란

희망(hope)과 낙관성(optimism)은 미래에 나쁜 일보다 좋은 일이 더 많을 거라는 믿음입니다. 또한 우리가 더 좋은 일이 일어날 가능성을 갖고 행동을 할 수 있으며 긍정적으로 앞을 내다보는 강점입니다. 희망, 낙관성은 미래에 대한 단순한 신념이 아닙니다. 그 자체만으로 기분 좋고, 긍정적인 감정이며, 우리에게 삶의 에너지를 주고, 동기부여를 해 주는 강점입니다. 따라서 희망과 낙관주의는 목표 달성을 위한 행동을 촉진합니다.

희망과 낙관성을 증진하는 것은 여러 측면에서 가치가 있습니다. 비록 인간이 유전적으로 비관적 성향을 갖고 있지만 학습을 통해 낙관성 수준을 높일 수 있습니다. 낙관성은 학문적인 성공 및 더 나은 대인관계, 건강, 더 적은 우울증, 더 많은 인내심과 더 효과적인 문제 해결력 그리고 더 긴 수명 등과 연관성이 있습니다.

지금부터 희망, 낙관성 강점을 증진하는 활동들을 소개하겠습니다.

의지 기르기

희망과 낙관성을 목표에 대한 태도라는 측면에서 바라볼 수 있습니다. 목표 설정에는 두 가지 측면이 있는데, 첫 번째는 목표 달성을 위한 의지(나는 할 것이다)이고, 두 번째는 목표를 성취하기 위한 방법(이렇게 할 것이다)입니다. 이것은 '의지 기르기'라고 불리는 강점 건축가 활동에서 다룰 수 있습니다.

학생에게 이번 주 목표, 이 기간 목표, 올해 목표, 미래 목표 등과 같이 자신의 목표를 스스로 정하도록 장려합니다. 그리고 각 목표의 달성을 위해 필요한 달성 방법을 생각하도록 합니다. 길의 끝에는 목표 달성 의지를, 길 위에는 목표 달성 방법이 표시된 목표 지도를 그리도록 할 수도 있습니다. 방법을 만들 때는 단계를 정하고, 그 단계들이 최종 목표를 이루기 위한 절차가 되게 합니다. 학생이 이것을 창의적으로 활용하여 단계에 도달할 때마다 단계별 인증서를 만들어 단계별로 수여할 수 있고, 더 나아가 학생들이 스스로 '단계 인증서'를 만들어 단계를 달성할 때마다 스스로 인증서를 수여하게 할 수도 있습니다. 단계마다 ① 구체적이고, ② 측정이 가능하고, ③ 달성 가능하며, ④ 현실적이고, ⑤ 시기적절한 목표들이 정해져야 합니다.

목표를 설정하고, 그 목표를 성취할 수 있도록 작은 단계들로 나누고, 각 단계별 성취를 위해 열심히 노력하고, 달성한 단계에 맞게 축하하는 일은 희망을 갖고 효과적으로 삶의 비전을 성취해 가기 위한 중요한 경험입니다. 이 경험은 다른 사람이 대신 해 주기를 기다리며 가만히 앉아 있지 않고, 어디로 갈지, 무엇을 원하고, 무엇을 해야 하는지 스스로 결정하고 그것을 이루기 위해 열심히 노력하게 하는 원동력이 될 것입니다.

희망, 낙관성에 관한 이야기

낙관적 생각(긍정적인 사고방식)은 학습을 통해 길러질 수 있습니다. 전통적 고전 이야기들은 대부분 희망적인 이야기이기 때문에 이러한 이야기에 대한 스토리텔링은 희망을 길러 주는 강점 건축가가 될 수 있습니다. 특히 「신데렐라」는 크리스마스에 어울리는 좋은 이야기입니다.

나선 걷기 명상

나선 걷기는 낙관적인 생각과 깊은 사고를 촉진하는 데 도움이 되는 간단한 명상 방법입니다. 나선 걷기는 미로를 걸었던 초기 기독교의 기도 형태에 기초를 두고 있습니다. 가장 유명한 미로 중 하나는 프랑스 샤르트르의 성모 성당에 있는 미로입니다. 미로를 따라 천천히 걷는 걷기 여행은 기도를 동반함으로써 영혼의 정신적 여행으로 승화됩니다.

선생님도 학교에서 나선이라는 가장 단순한 종류의 미로를 만들 수 있습니다. 밝은 양초를 나선의 중심에 놓습니다. 아이들은 촛불 하나를 들고 조용한 음악이 흐르는 어두운 장소로 들어갑니다. 선생님은 나선의 바깥쪽에 미리 앉아 있고, 학생들은 조용히 나선 걷기를 시작할 준비를 합니다. 학생들은 아직 불을 붙이지 않은 작은 양초를 들고 나선 밖에 둘러앉습니다.

안내자는 학생들을 환영하고 나선을 걸을 것이라고 설명합니다. 어린 학생에게는 이것이 '특별한 걷기' '나선'이라고 말해 주고, 고

학년에게는 이 활동이 고대의 기도 및 명상의 한 형태라고 말해 줍니다. 학생들이 나선을 걸을 때 그들의 소망을 생각하게 합니다. 걸음마다 행복한 기억을 나선에 새겨 넣거나, 각자의 소망과 목표에 대해 차분히 생각할 수도 있습니다.

안내자가 먼저 작은 양초를 들고 나선을 따라 걸어서 중앙의 밝은 촛불 옆에 앉습니다. 학생들도 안내자 뒤를 따라 초를 들고 나선에 들어옵니다. 학생들은 나선 속으로 들어왔다 나가기를 반복합니다. 안내자는 학생들이 언제 멈추고, 언제 다시 걷게 할지를 부드럽게 조절할 수 있습니다.

나선 중앙의 안내자는 자신의 양초에 불을 붙입니다. 그리고 학생들 모두에게 눈맞춤, 가벼운 신체적 접촉을 하며 불을 나눠 줍니다. 학생들은 양초에 불을 붙일 때 편안한 상태에서 기독교인들이 몇백 년간 사용했던 기도를 응용해 사용할 수도 있습니다. "영광스럽게 빛나는 그리스도의 빛이 너의 길 앞의 어둠을 흩어 놓으리라." 혹은 종교적 색채를 띠지 않도록 바꿔 말할 수도 있습니다. "영광스럽게 빛나는 이 빛이 너의 길 앞의 어둠을 흩어 놓으리라." 좀 더 어린 학생들에게는 안내자가 이렇게 말할 수 있습니다. "주연아, 너만을 위한 빛나는 크리스마스의 빛(혹은 우리 반의 빛, 행운의 빛 등)이야."

학생들이 나선 안쪽을 거쳐 나선의 바깥쪽에 도착하였을 때 양초를 가지고 자신의 자리로 돌아와 앉습니다. 모두 자리 잡을 때까지 바깥 원은 촛불로 계속 빛날 것입니다. 모두 자리에 앉은 후 안내자, 학생 모두 함께 빛을 즐깁니다!

나선의 매력은 매우 간단하지만 심오한 경험이라는 것입니다.

학생들에게 촛불을 건네줄 때 밝아지는 얼굴을 보는 것, 함께 모여 조용히 생각할 시간을 갖는 것은 선생님의 큰 특권입니다. 때때로 학생들이 나선 걷기에서 꺼낸 기억이 행복하지 않은 것일 수도 있습니다. "나는 올해 돌아가신 할아버지를 생각했어요." 또는 "나는 행복하지만 슬프기도 했어요."라고 말하는 일이 종종 있습니다. 나선 걷기가 아이들에게 기쁨 말고도 슬픔을 불러올 수 있다는 가능성을 알아야 합니다. 나선 걷기 명상은 슬픈 기억을 꺼내기에도 안전한 시간이며 장소입니다.

마지막이 매우 중요합니다. 저는 행복한 기억은 양초와 같아서 안쪽에서 타오르되 밖으로 빠져나가지 않는다고 이야기해 줍니다. 저는 양초로 '마술'을 하곤 합니다. 저는 양초 가위를 들고 빛의 원 주위를 천천히 돕니다. 학생의 양초 심지를 가위로 자르며 들어 올리면 연기가 천장 쪽으로 소용돌이치며 올라갑니다. 스마트폰을 비롯한 첨단 기술에 익숙한 학생들이 양초 가위에 경외심을 느끼고 '우와!'라고 외치는 모습을 보는 것은 제게 특별한 기쁨을 줍니다. 학생들의 촛불을 끄면서 어깨에 가볍게 손을 올립니다. 나선이 학생에게 어떤 의미였는지 공유하기 위한 행동입니다. 저보다 먼저 손을 올리는 학생들도 종종 있었습니다. 공유한 기억, 미소, 간단한 침묵 모두 이 순간 조용히 마음속으로 스며듭니다.

그 외의 희망 강점 건축가

희망을 기르기 위해 아이들 스스로 할 수 있는 강점 건축가로 '행복한 기억 앨범' 만들기가 있습니다. 좋은 일을 적는 일기장을 만들 수도 있습니다. 스스로 자신의 대표 강점을 인식하고, 새로운 방법으로 다양하게 강점을 사용하려고 노력하는 것은 개인의 행복과 희망을 높여 줍니다.

앞서 소개된 '비관이의 생각' '기억의 진주들' '무엇이 잘 되었지?(WWW)'는 낙관성을 기르기 위한 강점 건축가입니다. 중요한 것은 태도를 바꾸기 위해 행동으로 옮기는 일입니다. 좀 더 행복한 것을 소망하기만 하고, 어떤 행동도 하지 않으면 그 소망은 결코 이뤄지지 않습니다. 따라서 긍정적인 말과 행동의 습관을 들이기 위해 노력해야 합니다. 이 같은 습관은 학생뿐만 아니라 부모, 교사에게도 중요합니다. 실천하면 할수록 우리는 좀 더 지속적인 변화를 경험할 수 있을 것입니다.

영성 강점을 기르는 활동

영성이란

나선 걷기는 희망과 영성을 기르는 데 핵심적인 강점 건축가입니다. 저는 나선을 걷는 아이들의 얼굴이 기쁨과 놀라움으로 빛나는 것을 보았습니다. 나선 걷기 후 몇몇 학생이 '환상적이었다'는 반응을 보였습니다. 저는 그 학생들이 영성 강점을 가졌다고 확신합니다. 교사나 학생 모두 바쁜 학교생활에서 영적인 돌아보기를 할 여유를 가지기가 힘듭니다. 그러나 영성 강점을 지닌 아이들에게 영적인 돌아보기는 정서적으로 건강한 삶을 만들어 줍니다.

영성(spirituality)은 삶의 물질적이지 않은 측면, 초월적인 측면에 대한 인식과 믿음의 강점입니다. 보통 영성은 전통적인 믿음과 관습의 형태를 취합니다. 하지만 구체적인 기성 종교를 가지고 있지 않아도, 스스로 영적이라고 생각하는 사람들도 많습니다. 영성은 우리 자신을 넘어선 어떤 것에 대한 믿음, 즉 우리에게 삶의 의미를 제공하고 우리를 도덕성, 선함에 연결해 주는 어떤 것에 대한 믿음을 암시합니다. 어떤 것이란 신, 신성한 느낌, 삶의 목적에 대한 감각, 정의에 대한 신념, 감사의 중요성 또는 평화나 교육에 대한 신념일 수도 있습니다.

관련 연구들을 보면 종교적 실천이나 관습에의 참여는 반사회적인 행동을 줄이고 학업적 성공 가능성을 높이는 것으로 나타납니다. 종교적이고 영적인 신념, 관습은 더 나은 신체·정신적 건강, 용서, 희망, 친절, 동정심 같은 미덕들과도 관련 있는 것으로 보고됩니다.

지금부터 영성 강점을 증진하는 활동들을 소개하겠습니다.

영성을 기르는 강점 건축가

삶과 삶의 의미에 대해 깊게 생각하는 영적인 능력은 정서적 성장의 중요한 부분이 됩니다. 영성과 가장 관련 높은 강점 건축가는 나선 걷기 명상입니다. 그 외 모든 종류의 명상은 영적인 인식을 기르는 데 도움이 됩니다.

'기억의 진주들' '무엇이 잘 되었지?(WWW)'와 같은 강점 건축가 활동도 긍정적인 성찰과 희망의 증진에 도움이 됩니다. 희망, 감사, 아름다움에 대한 사랑, 즉 심미안 강점 모두 영적인 것과 밀접한 연관이 있고, 이러한 강점을 사용하는 강점 건축가 또한 영성을 증진시킵니다.

빵 만들기

영성 계발에서 종종 간과되는 것이 요리와 특히 빵 만들기입니다. 제게 있어서 빵, 케이크를 만드는 베이킹은 근본적으로 사랑의 행위입니다. 누군가를 위해 크리스마스 케이크를 만드는 일은 사랑과 기다림이라는 영성의 중요한 측면을 증진시켜 줍니다. 케이크를 만드는 것은 시간이 걸립니다. 먼저 케이크를 만들고, 일주일 정도 브랜디를 넣고, 마를 때까지 기다리면 좋은 케이크를 먹을 수 있습니다. 이것보다 더 영적인 것이 있을까요? 강림절 축제 동안 모든 학생이 개별적으로 크리스마스 케이크를 만드는 것을 시도해 보기 바랍니다.

영성에 관한 이야기

종교의 수많은 신성한 이야기들은 영성을 증진하는 내용을 포함하고 있습니다. 만약 기독교 강림절 축제를 연다면 전통적 크리스마스 이야기를 사용할 수 있습니다. 강림절 기간에 몇 주에 걸쳐 한 번에 1명씩 등장인물을 소개하고, 강림절 양초에 불을 밝히면서 점진적으로 이야기를 구성해 나가는 것은 아주 효과적인 방법이 됩니다. 저는 「베들레헴으로 가는 길」을 이야기할 때 매주 등장인물을 소개했고, 그때마다 조약돌의 길을 만들었습니다. 이 장의 끝에 이 이야기가 수록되어 있습니다.

학생들 스스로 할 수 있는 영성을 기르기 위한 개별적인 강점 건축가로는 혼자 시간 보내기, 명상하거나 기도하기, 자신이 모르는 신념·종교적 전통을 찾아보기, 진심으로 기도하기, 종교·신앙 서적 읽기가 있습니다.[1] 고학년 학생의 영성 증진을 도와주는 훌륭한 웹사이트(https://gratefulness.org)도 있습니다. 이곳에서 아동·청소년의 영성에 관한 더 많은 정보를 찾을 수 있습니다. 이곳에서 선생님과 학생들은 타인에 대한 긍정적인 생각과 영성의 촛불을 보다 밝게 켤 수 있을 것입니다.

유머 강점을 기르는 활동

유머란

유머(humour)는 자기에 집중되고 초점화된 인식에서 벗어나, 자신이 처한 상황의 모순과 우스꽝스러움을 발견함으로써 역경에 유연하게 대처하도록 돕는 강점입니다. 유머는 풍자나 빈정거림과 달리 자비롭고 동정적인 마음을 내포하고 있습니다. 농담을 하는 것이 유머의 한 측면이지만 농담만이 유머 강점은 아닙니다. 사람들을 미소 짓거나 웃게 만드는 것, 상황의 밝은 면을 보며 삶을 즐겁게 하는 능력이 유머 강점에 해당됩니다.

유머와 건강에 대한 장기적 연구는 없지만, 웃음은 확실하게 좋은 정서와 신체적 건강에 긍정적 효과를 미칩니다. 따라서 유머 감각이 뛰어나다는 것은 정신적 건강의 특징일 수 있습니다. 유머는 삶에 대해 장난기 있고 익살스러운 태도를 장려함으로써 개발될 수 있습니다. 유머를 만드는 능력은 창조성, 지성과 연관되어 있습니다.

한편, 교사는 유머의 부정적 측면에 대해 고민할 필요가 있습니다. 불쾌한 웃음에 대처하는 방법은 그게 무엇이든 불쾌하다고 말하는 것입니다. 진정한 유머는 건설적이고 파괴적이지 않으며, 우호적인 사회적 관계를 형성하고 사람들이 스스로에 대해 좋은 느낌을 갖도록 만듭니다. 저에게 있어서 진정한 유머를 판단하는 리트머스 시험지는 '이 유머가 누군가에게 상처를 주는가?' 하는 것입니다.

지금부터 유머 강점을 증진하는 활동들을 소개하겠습니다.

유머에 관한 이야기

어떤 전통적 이야기들은 우스꽝스러운 느낌을 줍니다. 남의 이야기를 듣다가 한 소년이 당나귀를 어깨에 메고 집에 데려다주는 「게으른 잭(Lazy Jack)」이라는 이야기가 그렇습니다. 이 이야기를 통해 아이들에게 어떤 강점을 찾을 수 있었는지, 그 강점의 좋은 점은 무엇인지, 그 강점을 가진 친구는 누구인지를 함께 이야기할 수 있습니다. 재미있는 이야기를 연구하고, 수집하며, 소개하는 것은 십 대 청소년 대상 수업에 적합한 강점 건축가입니다.

「게으른 잭」

게으름뱅이 잭은 엄마와 함께 가난하게 살고 있었다. 엄마의 성화에 못 이겨 농장 일을 하러 간 잭은 돈을 받지만, 구멍난 주머니 때문에 돈을 다 잃어버리고 말았다. 엄마가 다음에는 바지주머니에 넣어 오라고 했지만 다음 날 받은 것은 돈이 아닌 우유였기 때문에 다 새어 버리고 말았다. 엄마는 다음에는 손에 들고 오라고 일렀는데 이번엔 고양이를 손으로 들고 오다가 온몸에 할퀸 상처를 입게 되었다. 엄마는 한숨을 쉬며 내일은 꼭 끈에 묶어서 오라고 했지만 이번에는 고기 덩어리를 받아서 끈에 묶어 끌고 오는 바람에 고기를 먹을 수 없게 되었다. 엄마는 다음에는 꼭 등에 지고 오라고 말을 했는데 이번에 받은 것은 당나귀였다. 무거운 당나귀를 등에 지고 끙끙거리며 집으로 가는 잭을 보고 지나가는 사람들마다 웃음을 터트렸다. 그런데 마침 웃어야만 말문이 터지는 마법에 걸린 소녀를 만나게 되었다. 우스꽝스러운 잭을 보고 소녀가 웃자, 소녀는 마법에서 풀려나 말을 할 수 있게 되었다. 소녀의 아버지는 잭에게 감사의 표시로 많은 돈을 주고, 잭과 엄마는 행복하게 살았다.

유머를 길러 주는 강점 건축가

또 다른 강점 건축가는 농담 대회입니다. 좋은 농담은 짧고 재미있는 이야기이기 때문에 농담을 하는 것은 스토리텔링이 될 수 있습니다. 모든 좋은 농담은 이야기이지만 모든 좋은 이야기가 농담인 것은 아닙니다. 배우고, 농담을 하고, 책에 쓰여 있는 농담을 모으고, 가장 좋은(또는 가장 안 좋은) 농담에 상을 주는 것은 유쾌하고 재미있는 유머 강점 기르기 활동입니다.

장난기 있고 익살스러운 것이 유머 강점을 증진할 수 있기 때문에 이러한 모든 활동이 유머를 위한 강점 건축가에 포함될 수 있습니다. 수업 시간에 학생의 장난기 있고 익살스러운 태도를 장려하는 방법을 고안해 보기 바랍니다. 게임, 코미디 영상, 음악, 재미있는 삽화를 사용하는 것이 이런 목적에 유용할 수 있습니다.

희망, 낙관성, 영성, 유머 강점 이야기: 베들레헴으로 가는 길

이사야

강림절은 베들레헴으로 가는 길을 여행하면서 크리스마스의 신비에 대해 준비하는 시간입니다. 이 이야기를 연극으로 꾸밀 수도 있고, 이 이야기를 통해 아이들에게 어떤 강점을 찾을 수 있는지, 그 강점의 좋은 점은 무엇인지, 그 강점을 가진 친구는 누구인지 함께 이야기할 수 있습니다. 우리가 처음으로 만난 사람은 이사야라고 불리는 남자입니다. 이사야는 크리스마스가 생기기 오래전에 살았습니다. 그리고 이사야는 그 주변에서 일어나는 일들을 명확히 듣고 보고, 사람들에게 인생에서 무엇이 중요한지 상기시키는 역할을 하는 선지자였습니다. 이사야는 그의 백성 이스라엘 자손에게 귀를 기울였습니다. 그는 자신이 겪은 고난과 전쟁, 어둠에 대해 귀를 기울였습니다. 무엇보다도 이사야는 하느님의 말씀에 귀를 기울였습니다.

이사야는 이스라엘 백성들이 그와 함께 하느님의 말씀에 주의 깊게 귀를 기울였던 이전의 시절을 기억했습니다. 또한 희망에 차서 미래를 바라보았습니다. 이사야는 장차 모든 사람이 평화롭게 사는 법을 가르쳐 줄 누군가가 태어나기를 소망했습니다. 그는 예수 그리스도가 태어나기 여러 해 전, 그 일이 일어날 것을 미리 마음으로 보았습니다. 다음 이야기는 수천 년 전부터 우리에게 전해져 내려온 이사야에 대한 이야기입니다. 이사야는 "어둠 속을 걷던 사람들이 큰 빛을 보았다. 깊은 어둠의 땅에 살던 사람들이 빛을 보았다."라고 말했습니다. 이것이 베들레헴으로 가는 길을 밝혀 주는 이사야의 촛불입니다.

마리아와 요셉

길을 더 따라가다가 우리는 베들레헴으로 가는 마리아와 요셉을 만났습니다.

마리아는 지난 일을 돌아보고 기억하는 소녀였습니다. 마리아는 천사가 그녀에게 왔던 일을 기억했습니다. 천사는 말했습니다. "두려워 말아라, 마리아. 너는 임신을 할 것이고 예수라는 이름을 가진 아들을 낳게 될 것이다. 그는 위대할 것이고 가장 높은 신의 아들로 불릴 것이다." 마리아는 희망에 부풀어 미래를 내다보았습니다. 그녀는 아기가 무사히 태어나기를 소망하고 바랐습니다.

(선생님: 여기 베들레헴으로 가는 길을 밝혀 줄 이사야의 촛불과 마리아의 촛불이 있습니다.)

목자

여기 베들레헴으로 가는 목자 몇 명이 있습니다. 이 목자들이 뒤를 돌아보고, 그들 위에 하늘에서 빛나는 큰 별과 노래하며 빛나는 천사들을 기억했습니다. "하늘에서는 하느님께 영광을, 땅에서는 주님의 백성에게 평화를." 그들은 베들레헴 어딘가 말 구유에 누운 아기를 볼 것을 기대하며 걷고 있었습니다.

(선생님: 이사야의 촛불, 마리아의 촛불이 여기 있고, 그리고 베들레헴으로 가는 길을 밝힐 목자의 촛불이 여기 있습니다.)

현자

현자들은 베들레헴에 가기 위해 먼 곳에서부터 여행을 시작했습니다. 그들은 밤하늘에 나타나는 새로운 별을 기억하고는 그들이 가는 곳마다 다음과 같이 물으며 따라갔습니다. "유대인의 왕이 되기 위해 태어난 아기는 어디에 있는가? 우리는 그의 별이 동쪽에서 떠오르는 것을 보았고 그를 경배하기 위해 왔습니다." 그들은 새로 탄생한 왕을 찾았고, 그에게 선물을 주길 희망하며 앞을 향해 나아갔습니다.

(선생님: 여기에 베들레헴으로 가는 길을 밝혀 줄 이사야, 마리아, 목자들 그리고 현자들의 촛불이 있습니다.)

아기 예수

곧 크리스마스가 될 것이고, 여기 이 길의 끝에 구유에 누운 아기 예수가 있습니다. 그가 우리의 기억을 상기시키기 위해 태어났기 때문에 우리는 그에게 우리의 기억, 우리가 돌아본 것들, 우리의 희망을 가지고 나아갈 것입니다. 우리는 베들레헴에 가서 아기 예수에게 우리의 기억과 희망을 전할 수 있습니다.

(선생님: 여기에 베들레헴으로 가는 길을 밝혀 줄 이사야, 마리아, 목자들, 현자들 그리고 그리스도의 촛불이 있습니다.)

학생들은 여러분이 만든 길을 걷고, 크리스마스 소원과 행복한 기억을 구유 옆에 내려놓을 수 있습니다.

12
1, 2월:
용기, 끈기, 심미안
강점 기르기

크리스마스가 지난 시기인 1, 2월은 한 해 중 가장 힘든 시간일지 모릅니다. 날씨도 춥고 어둡고 연말의 휴유증으로 종종 많은 사람이 피곤해할 수 있습니다. 봄은 아직 멀어 보입니다. 우리에게는 침대 밖으로 뛰어나올 용기와 봄 햇살이 우리를 비출 때까지 인내하는 끈기가 필요합니다. 이 두 가지 힘, 용기와 인내심 및 끈기는 이 시기에 초점을 맞춰야 할 강점입니다.

더불어 심미안(아름다움에 대한 사랑) 강점에도 주목할 필요가 있습니다. 색깔, 음악, 미술 작품으로 한 해의 아름다움을 집, 직장, 학교에 가득 채워 넣어 보기 바랍니다. 이러한 활동은 우리의 기분을 들뜨게 하고, 우리에게 영감을 주는 좋은 자극이 됩니다.

1, 2월 학년을 마무리하는 시기에 공연, 예술 활동을 통해 용기, 인내, 끈기, 심미안 강점을 기를 수 있습니다. 스토리텔링은 아이

들과 함께 작업하기에 좋은 훌륭한 공연예술입니다. 또한 학급 학생들이 춤, 드라마, 음악에 관심이 많다면 이에 초점을 맞출 수도 있습니다. 혹은 선생님이 과학에 관심이 있다면 과학 축제를 열 수도 있습니다. 학생과 선생님이 사랑하는 것이 역사라면 2주간 역사 기간을 잡아 야외극, 복원, 전시 행사를 할 수 있습니다. 이를 통해 끈기, 용기, 심미안을 증진하는 다양한 방법을 경험할 수 있을 것입니다. 선생님 학급만의 축제를 기획하고 즐겨 보기 바랍니다. 그리고 그것을 기념해 보기 바랍니다.

축제를 위해 어린 학생에게는 「세 마리 염소(The Three Billy Goats Gruff)」와 같은 전래 이야기를 사용할 수 있습니다. 후반부에서 이 이야기를 소개하겠습니다. 고학년 학생에게는 전설과 신화를 소개하거나 마지막에 소개되는 「달은 어디에 있을까?(Where is the Moon)」 이야기를 소개할 수 있습니다.

용기 강점을 기르는 활동

용기란

용기(courage)를 이해하기 위해 '용기 있다'와 '두려움이 없다'가 서로 다르다는 것을 아는 것은 매우 중요합니다. 용기는 우리가 두려움을 느끼고, 굳이 행동하지 않아도 될 때 나타내는 강점입니다. 만일 두렵지 않다면 용기를 굳이 낼 필요가 없습니다. 용감한 사람들은 두려움에 직면하지만 그것을 극복합니다. 용기란 옳은 행동을 방해하는 두려움을 이겨 내는 힘입니다.

어떤 작가들은 용기를 한층 높은 차원의 힘이나 강점으로 묘사합니다. 용기는 다른 강점 사용을 가능하게 만들기 때문입니다. 예를 들어, 어려운 상황에서는 인내할 용기가 필요합니다. 친구, 연인과 같이 가깝고, 사랑하는 인간관계를 만들기 위해서도 용기가 필요합니다. 실천하고 위험 또한 감수하는 용기를 내야 성장하고 발전할 수 있습니다. 중국 철학자들은 용기를 친절함, 진실함과 같은 태도나 가치를 실현하기 위해 필요한 필수적 요소로 보았습니다.

용기는 또한 무언가를 배우기 위해서도 필수적입니다. 어떤 것을 이해하지 못하면 자연스럽게 다음과 같은 두려움, 연약함, 근심이 생깁니다. '내가 이걸 할 수 있을까?' '누가 날 보고 비웃거나 놀리지 않을까?' '실수하지는 않을까?'

그래서 걱정이 지나치게 많은 학생은 배움과 학습에 어려움을 겪습니다. 새로운 기술, 지식을 배우는 데 생기는 걱정에 대처할 용기가 없기 때문입니다. 그때 학생들은 '너무 무섭다'를 '지루하다'라고 표현하며 배움을 거부합니다.

용기를 낼 때 진정한 자존감이 형성됩니다. 위기에서 살아남는다면 우리는 다음 도전에도 살아남을 것이라는 자신감이 생깁니다.

어린아이들은 용기를 신체적 측면에 국한해서 생각하기도 합니다. 하지만 청소년, 성인이 가지는 가장 보편적인 두려움은 대중 앞에 서서 말하는 일입니다. 이때 용기를 발휘하는 가장 좋은 방법은 용기를 실천하는 것입니다. 우리가 평소 두려워하는 것을 실제로 반복적으로 실천함으로써 근육을 키우는 것처럼 용기를 키우는 것입니다. 용기가 생기면서 우리가 할 수 있는 범위가 점점 넓혀지고 다시 할 수 있다는 자신감도 그만큼 커집니다. 또한 전에는 끔찍하게 여기던 환경이나 상황에서 묵묵히 견디는 조용한 용기도 있습니다. 이런 학생들에게 "난 네가 굉장한 용기를 보여 주고 있다고 생각해."라고 말해 주기 바랍니다.

지금부터 용기 강점을 증진하는 활동들을 소개하겠습니다.

철학 토론

용기를 연습할 기회를 잡게 될 때 용기를 향상시킬 수 있습니다. 철학 토론은 학생들에게 친구들 앞에서 이야기할 용기, 반대를 드러낼 용기, 대중적이지 않은, 특별한 것을 표현하는 용기 발휘의 기회를 줍니다. 학생들이 자신의 의견을 스스로 결정하고 선택할 필요를 강조하고, 많은 사람이 동의하지 않더라도 자신의 의견을 주장할 용기를 발휘하도록 도와주기 바랍니다.

이야기 선택하기

스토리텔링은 또한 대중 앞에서 말하는 두려움에 맞서는 용기를 연습할 기회를 줍니다. 이러한 기회를 학생들에게 주기 위해 다음과 같이 해 보기 바랍니다.

① 학생들이 좋아하는 이야기가 적힌 카드들을 준비하세요.
② 학생들이 가장 원하는 이야기에 자신의 스티커를 붙여 선택하게 하세요.

③ 이 선택은 공개적으로 이뤄져야 합니다. 이것이 그들 자신의 선택임을 강조하세요.

④ 친구들이 환호성을 지르거나 혹은 비난하는 소리로 학생 개인의 선택을 어렵게 만들지 않게 주의를 주세요.

⑤ 선택된 많은 이야기 중 아무거나 1개를 골라 준비 없이 즉석에서 그 이야기를 하도록 학생에게 시켜 보세요.

모델링은 용기를 증진하는 중요한 방법입니다. 선생님이 먼저 스토리텔링하는 것도 훌륭한 용기 교육 모델이 될 수 있습니다.

격려하는 분위기 조성

집단의 격려는 학생의 용기 개발을 돕는 중요한 요소입니다. 강점 건축가 격려 활동은 학급 응집력을 높이고, 공동체 정신을 증진하는 데 도움이 될 것입니다. 학생들은 선의의 경쟁을 하면서도 서로 깎아내리지 않고, 상황마다 서로 돕고 격려해야 합니다. 선생님이 학생에게 최선을 다하도록 격려하기 위해 평소 어떤 말과 행동을 사용하는지 돌아보고, 이에 대해 학생들과 이야기해 보기 바랍니다. 학생들에게 '우리 반 격려왕'을 뽑아 볼 수도 있습니다.

말하는 사람, 듣는 사람

강점 건축가 '말하는 사람, 듣는 사람' 활동은 사회적 기술을 연습하고 긍정적으로 격려하는 관계를 만들어 줍니다. 또한 대화 훈

런도 될 수 있는 기본적 경청 게임입니다.

① 말하는 사람, 듣는 사람 2인 1조 역할의 짝을 만드세요.
② 주제를 정해 1분간 말하는 사람이 말합니다.
③ '멋진 기분을 느끼게 한 것들'과 같은 긍정적인 주제들을 활용하세요.
④ 듣는 사람들은 머리, 눈, 얼굴을 모두 사용해서 들어야 합니다.
　－머리: 말하는 내용에 집중하고 기억하기
　－눈: 말하는 사람을 항상 보기
　－얼굴: 웃기면 웃기, 슬픈 이야기면 슬픈 표정으로 반영하기
⑤ 말이 끝나면 듣는 사람이 자신이 들은 것에 대해 말하되, 경청해서 들었다는 것을 전달해 줍니다.
⑥ 말하는 사람은 평가표에 항목별로 들은 사람에 대해 평가하고 채점합니다.
　－듣는 사람의 머리: 기억하는지
　－듣는 사람의 눈: 항상 봤는지
　－듣는 사람의 얼굴: 말하는 사람의 느낌을 잘 반영했는지
⑦ 세 가지 항목 중 1개 체크는 보통, 2개 체크는 잘함, 3개 체크는 매우 잘함으로 듣는 사람을 평가·해석합니다.
⑧ 역할을 교대합니다.

'말하는 사람, 듣는 사람' 게임은 말하는 사람의 용기를 증진시킵니다. 듣는 사람의 집중하는 태도는 말하는 사람에게 용기를 북돋아 주고, 친하지 않은 친구들과도 즐겁게 대화할 수 있게 만듭니다.

좋은 듣기를 가르치는 것은 교실 내 바람직한 의사소통 방식이 자리 잡게 해 줍니다. 학급은 하나의 팀이며 때로는 경쟁 관계에 있고, 때로는 서로 미울 때가 있을지라도 기본적으로 서로 격려하고 도와야 합니다. 따라서 진정한 용기는 상대에게 친절하고 서로 격려하는 것입니다.

용기에 관한 이야기

위험을 직면하고 극복하는 이야기들은 용기의 구체적인 특성을 보여 줍니다. 「세 마리 염소」는 저학년 아이들을 위한 이야기입니다. 고학년에게는 영웅 신화가 용기를 보여 주는 좋은 이야기가 될 수 있는데, 그리스 신화인 「헤라클레스(Hercules)」 또는 「잭과 콩나무」 같은 이야기가 있습니다. 이 이야기를 통해 아이들은 어떤 강점을 찾을 수 있었는지, 그 강점의 좋은 점은 무엇인지, 그 강점을 가진 친구는 누구인지 함께 이야기할 수 있습니다.

「세 마리 염소」

 루시. 에르네스토. 단디니라는 어린 염소 세 마리가 학교가 끝나고 숨바꼭질 놀이를 하며 집으로 간다. 그때 덩치가 큰 못된 골목대장 오스민이 다리를 막고 있다. 세 친구 중 에르네스토와 단디니는 평소에 어머니. 아버지. 학교 선생님이 "못된 골목대장을 만나면 그저 피해라. 멀리 돌아가도 좋으니 그저 피해라."라고 해 준 말을 기억하고 시간이 많이 걸리지만 먼 길로 돌아갔다. 그러나 루시는 피할 생각이 없다. 왜냐하면 오스민이 루시의 인형을 뺏어서 가지고 있기 때문이다. 루시는 다리 난간에 서 있는 오스민에게 달려들어 있는 힘을 다해 밀쳤다. 결국 오스민은 개울로 빠져 물에 빠진 생쥐가 되었다. 루시는 오스민이 불쌍해서 개울로 내려가 물에 빠진 오스민을 꺼내주었다. 루시가 오스민에게 "너 다친 데 없니?"라고 묻자 오스민은 오히려 루시에게 "괜찮아. 근데 넌 다친데 없니?"라면서 걱정해줬다. 그때 길을 돌아서 집으로 갔던 에르네스토와 단디니가 루시를 도와주러 다리로 돌아왔다. 루시는 에르네스트와 단디니에게 물에 젖은 오스민을 새로운 친구로 소개해 주었다.

그 외의 용기 강점 건축가

'친구 만들기'와 같이 잘 모르는 사람과 이야기하는 활동은 용기를 실천하는 강점 건축가입니다. 용기 있는 행동을 조사하고 9·11 테러 때 다른 사람들을 구한 소방관 같은 영웅들을 찾아볼 수도 있습니다.

끈기 강점을 기르는 활동

끈기란

끈기(persistence) 없이는 성공하기 힘듭니다. 끈기는 무조건 참는 것이 아니라 힘들거나 포기하고 싶어도 이를 극복하고 지속하는 강점입니다. 끈기는 학업 성취의 열쇠이며 인생에서 성공의 열쇠가 되기도 합니다. 그러나 끈기가 항상 옳은 것은 아닙니다. 때때로 우리는 부적절한 목표에 계속 매달리기도 합니다. 성공과 행복은 우리가 언제 끈기를 발휘하고, 언제 포기할지에 달려 있습니다.

지금부터 끈기 강점을 증진하는 활동들을 소개하겠습니다.

끈기를 기르는 강점 건축가

끈기는 용기와 관련되어 있지만 두렵다고 끈기가 약해지는 것은 아닙니다. 지루함을 느끼거나 다른 흥미 있는 것들에 주의를 뺏길 때 끈기는 부족해집니다. 자기조절은 끈기의 중요한 요소이므로 자기조절을 증진하는 '명상' '이야기 공간 조성'(다음 장에 소개)과 같은 강점 건축가들이 끈기 증진에 도움이 됩니다. 남들이 보기에 지나친 두려움도 끈기 부족을 가져옵니다. 연구 결과에 의하면 사람들은 어렵다고 생각하는 과제를 더 오래 지속합니다. 쉽다고 느끼는 과제에 비해 실패했을 때 자아존중감에 상처를 덜 받기 때문입니다.

끈기는 낙관성과 관련이 깊습니다. 실패를 예상할 때 사람들은 더 쉽게 포기합니다. 반면 성공을 예상할 때는 어려움이 닥쳐도 계속 노력할 것입니다. 그러므로 낙관성을 위한 '비관이의 생각' '무엇이 잘 되었지?(WWW)'와 같은 강점 건축가 활동이 끈기 증진에 활용될 수 있습니다. 또한 '보물상자' '기분 전환 상자'와 같이 우리 기분을 나아지게 만드는 강점 건축가 활동도 효과적일 것입니다.

학생 스스로 실천할 수 있는 강점 건축가로는 '목표는 무엇일까?'가 있습니다. '목표는 무엇일까?'는 학생들 스스로 목표를 설정하고

어떻게 이것을 달성할 것인지에 대해 방법을 생각한 후, 그 목표를
달성할 때까지 계속 실천하고 노력하는 활동입니다.

능력보다 노력에 칭찬하기

끈기는 능력이 아닌 노력을 칭찬할 때 증진됩니다. 학생의 똑똑
함을 칭찬하는 것은 실패 후 그들의 끈기를 떨어뜨리는 반면, 노력
에 대한 칭찬은 끈기를 증가시킨다는 연구들이 있습니다. 실패의
이유를 능력 부족이 아닌 노력 부족으로 돌릴 때 끈기가 지속됩니
다. 여학생들은 실패를 능력 부족으로 인식하는 경향이 높습니다.
끈기 있게 지속하도록 하기 위해서는 실패를 낮은 능력이 아닌 낮
은 노력 때문이라는 인식으로 전환시켜 주는 것이 필요합니다. 지
능과 달리 노력은 우리의 통제권 안에 있기 때문입니다.

우리는 '버릇없다' '성격이 못됐다' 등의 부정적 낙인이 아이에게
얼마나 해로운지 알고 있습니다. 그런데 '똑똑하다' '머리 좋다'와
같은 긍정적 낙인 또한 문제가 있습니다. 만약 선생님이 "수연이는
친절하구나."라고 말한다면 선생님은 '학생'에게 낙인표를 붙인 것
입니다. 학생은 '난 항상 친절하지는 않다'는 것을 알기에 부담과
불안을 느낍니다. 그래서 선생님께서는 더 정교한 언어로 칭찬해
주는 것이 좋습니다. "수연아, 그건 참 친절한 '행동'이었어."

'행동'에 이름표를 붙이는 것은 그것이 긍정적이든 부정적이든
'학생' 자체에 이름표를 붙이는 것보다 더 교육적인 방법이 됩니다.

행동에 이름 붙이기(○)	학생에게 이름 붙이기(×)
• "장난감에 고집을 부리는구나."	• "넌 고집이 세."
• "참 용감한 행동이었어."	• "넌 참 용감하구나."
• "난 네가 아름다움을 발견하는 것에 감동을 받아."	• "넌 아름다움에 대한 감각이 뛰어나구나."

강점 포스터 만들기

또한 끈기는 좋은 관계와 사회적 지지를 통해 증진됩니다. 선생님은 교실 안에서 지지적 관계를 형성할 수 있습니다. 만약 모두가 서로 지지한다면, 어려움에 직면해도 쉽게 포기하지 않을 가능성이 높습니다. 이와 관련한 강점 건축가로 강점 발견하기가 있습니다. 여러 방법으로 실행될 수 있지만 지지적 관계 형성을 위해 '강점 포스터 만들기'를 추천합니다. 아이들은 평소 친하지 않은 친구들로 이루어진 모둠으로 작업합니다. 그리고 서로의 대표 강점을 나누고, 토의를 통해 각 모둠의 대표 강점을 확인합니다. 그림, 글자 등을 사용해 대표 강점 포스터를 만듭니다. 이 활동을 통해 학생들은 서로의 강점에 대해 긍정적 대화를 나눌 수 있습니다.

성공 축하하기

교실은 개인의 성공, 영광이 모두에게 반영되는 공동체로 기능해야 합니다. 따라서 타인과 자신의 성공을 축하하는 것은 공동체를 유지하는 데 핵심 요소가 될 수 있습니다.

실패를 보는 관점

실패를 어떻게 바라보는가는 끈기의 중요한 요소입니다. 실패를 위기가 아닌 재앙으로 받아들인다면 쉽게 포기하게 됩니다. 성공적인 과학자, 군인, 예술가는 대부분 실패를 경험했습니다. 그들은 실패를 배울 것이 많은 경험으로 보는 태도를 가졌습니다.

스토리텔링

스토리텔링은 끈기를 길러 주는 강점 건축가입니다. 하나의 스토리텔링을 숙달하기 위해선 끊임없이 연습해야 합니다. 어떤 이야기들은 끈기에 대한 긍정적 메시지를 담고 있습니다. 이런 이야기는 끈기 있는 행동들을 구체적으로 보여 주고 학생의 끈기를 증진시켜 줍니다. 성자 브렌던의 항해에 관한 것이나 「달은 어디에 있을까?」(이 장 마지막에 제시)는 끈기를 강조하는 이야기입니다. 끈기 축제 기간 동안 친구들에게 들려줄 이야기를 배우고 연습하는 활동은 학생의 용기와 끈기를 동시에 증진시키는 기회가 될 수 있습니다. 이 이야기를 통해 아이들에게 어떤 강점을 찾을 수 있었는지, 그 강점의 좋은 점은 무엇인지, 그 강점을 가진 친구는 누구인지 함께 이야기할 수 있습니다.

성자 브렌던의 항해

어느 날 브렌던은 갑자기 하느님의 계시를 받았다. 그것은 대서양 북서쪽에 '지상 낙원'이 존재한다는 것이었다. 그는 수도사 몇 명을 이끌고 항해를 시작했다. 앞으로 나아가면서 점점 안개가 짙어지고 추위가 심해졌다. 얼어붙은 바다를 노로 깨면서 간신히 저어 갈 정도였다. 그렇게 며칠 동안을 계속 앞으로 나아가던 어느 날 밤. 홀연히 바다 위에 교회의 모습이 나타났다. 마치 수정으로 만든 것처럼 투명한 무지갯빛으로 감싸인 교회였다. 그들이 그 주위를 배로 한 바퀴 도는 사이에 교회는 어두운 바다 속으로 천천히 모습을 감추어 버렸다. 교회의 측면은 900미터였다고 기록되어 있다. 그런 후에 성 브렌던 일행은 다시 북쪽으로 노를 저어 갔다. 몇 주 동안이나 눈 덮인 암초 외에는 아무것도 보이지 않는 바다를 지나갔다. 암초에 가까이 다가가 보니 바위를 뒤덮고 있던 눈이 금세 생명을 얻어서 이상한 울음소리를 내는 무수한 새가 되어 날아갔다. 또한 그들의 배보다 더 큰 물고기가 맴돌았는데 그것이 뿜어내는 숨에 그들은 겁에 질렸다. 바다는 더욱 거칠게 파도쳤고 태양은 이따금씩 모습을 드러낼 뿐이었다. 절망적인 항해가 계속되던 어느 날 드디어 육지에 도착했다. 그러나 그 땅은 낙원이 아니라 오히려 지옥 그 자체였다. 대지는 불타서 녹아 있었고 눈 덮인 산꼭대기에서는 불기둥이 천둥소리를 내며 연기를 뿜어내고 있었다. 공포에 질린 수도사 중 한 사람이 십자가가 새겨진 깃발을 들자 돌들이 머리 위로 수도 없이 떨어졌다. 이 항해는 완전히 실패로 돌아갔다. 그러나 성 브렌던은 좌절하지 않고 두 번째 항해에 나섰다. 이번 항해에서 그들은 간신히 '약속의 섬'을 발견했다고 한다. 그 섬은 1년 내내 구름에 가려지는 일이 없이 햇빛이 비치고. 풍성한 열매를 맺는 나무들이 여기저기에 자라며 지면에는 보석이 깔려 있었다고 한다.

출처: 마노 다카야(2000). 낙원. 임희선 역. 서울: 들녘. (각색해서 인용)

영화 〈니모를 찾아서〉

끈기의 중요성을 보여 주는 영화들이 있습니다. 제가 가장 좋아하는 것 중 하나는 〈니모를 찾아서(Finding Nemo)〉입니다. 저는 끈기를 말할 때 학생들이 단기 기억상실을 가진 영화 속 푸른 물고기 도리를 떠올리게 합니다. 도리는 니모의 아빠가 낙담하고 있을 때 "그냥 계속 수영해. 그냥 계속 수영해."라고 노래하며 말합니다. 저는 끈기를 나타내는 수화를 사용하면서 "계속 노력하라. 계속 노력하라."라고 노래를 불러 줬습니다. 아이들은 이 노래를 좋아했고, 끈기를 이해하고 생각하게 되었습니다.

심미안 강점을 기르는 활동

심미안이란

심미안(love of beauty, 탁월함과 아름다움에 대한 사랑과 감상)은 초월 강점 중 하나로, 우리 자신보다 더 위대한 어떤 것과 연결시켜 주는 강점입니다. 이 강점은 경외심과 경이로움의 감정과 관련이 있습니다. 이를 통해 자연, 위대한 예술, 음악, 드라마, 축구, 과학, 도덕적인 선함 같은 영역에서 탁월함과 아름다움을 느끼게 해 줍니다. 또한 누군가의 친절함이나 용기 때문에 감동의 눈물을 흘릴 수도 있습니다. 이러한 심미안 강점이 없다면 아름다움, 탁월함, 삶에 대해 냉소적인 태도를 가지게 됩니다.

지금부터 심미안 강점을 증진하는 활동들을 소개하겠습니다.

심미안 강점을 기르는 강점 건축가

심미안을 어떻게 증진시키는지에 대해 알려진 것은 많지 않습니다. 다만 아름다움, 우수성이 주목을 받고 가치 있게 여겨지는 환경에서 성장할 때 심미안이 개발되는 것으로 보입니다. 강점 발견하기는 친구들의 강점에 주의를 기울이고 친구의 강점을 발견하는 활동인데, 이러한 활동이 심미안 증진에 사용될 수 있습니다. 학생들이 이탈리아의 아름다운 예술 작품을 음미하고, 즐겁게 놀고, 스스로 무언가를 만들어 볼 수 있게 해 주는 활동 또한 심미안을 키우는 강점 건축가로 교과과정에 포함될 수 있습니다.[1] 심미안 개발 관련 영화에는 이상을 추구하는 용기에 대한 이야기인 〈빌리 엘리어트(Billy Elliot)〉가 포함될 수 있습니다.

이야기 공간 만들기

제가 추천하는 핵심 강점 건축가 활동은 '이야기 공간 만들기'입니다. 이 활동을 통해 끈기, 용기, 심미안을 함께 기를 수 있습니다. 저는 스토리텔링을 할 때 친밀한 분위기 조성이 어렵기 때문에 가급적 큰 강당은 피했습니다. 그런데 양탄자를 이용해 '공간 속의 공간'을 만들면 학교 강당에서도 재밌는 활동을 할 수 있다는 사실을 깨달았습니다. 이야기 공간 만들기 활동은 이야기 전달을 위해 시각적·정서적 분위기를 조성하고, 자율성, 용기, 자기조절력을 발휘하며, 아름다운 것을 함께 만들어 갈 수 있도록 해 줍니다. 또한 이 활동은 명상의 요소를 시작과 끝에 포함하여 창의성, 독립적 선택, 의사결정 능력, 낙관성, 자아존중감도 길러 줍니다.

이 활동은 강당 같은 넓은 공간에서 펼쳐지지만 처음에는 교실에서 시작됩니다. 원활한 활동을 위해서 2명의 어른이 필요합니다. 활동이 시작되기 전에 스토리텔링에 쓰이는 각종 소품(이야기 배경천, 스카프, 인형, 지팡이 등)이 들어 있는 이야기 상자와 최소 15개의 양탄자를 강당 중앙에 준비합니다.

이야기와 관련된 창의적 활동을 하기 위해서는 먼저 좋은 분위기와 환경을 만들어 낼 필요가 있습니다. 교실에서 학생에게 이야기를 들려준 후, 1명씩 천천히 침묵 속에서 홀로 강당까지 걸어가는 '자기조절 게임'으로 시작합니다. 교실에 남아 있는 학생들은 선생님이 고개를 끄덕일 때까지 기다려야 합니다. 선생님이 눈을 맞추고 고개를 끄덕이면 해당 학생은 일어나서 강당으로 차분하게 걸어갑니다. 한 선생님은 먼저 강당에 가서 학생들이 천천히 그리고 계획적으로 큰 원을 만들게 도와줍니다. 강당에는 학생들이 하나의 큰 원을 만들어 앉게 합니다. 입장하는 첫 번째 아이를 향해 미소를 지으며 앉을 곳을 손짓으로 알려 줍니다. 학생은 선생님 옆에 와서 앉습니다. 1미터쯤 떨어진 옆에 다음 차례의 학생을 앉히고 점차 학생 모두 큰 원을 그리고 앉을 때까지 지도합니다.

그다음 2명씩 짝을 짓습니다. 두 학생이 양탄자를 집어 들고 다시 자리로 오도록 합니다. 2명당 1개의 양탄자를 갖습니다. 그들이 돌아올 때, 다음 한 쌍에게 양탄자를 가져오라고 손짓해 줍니다. 가끔씩 침묵 속에서 조용하고 침착한 목소리로 칭찬해 주도록 합니다. "나는 너희가 서로에게 매우 참을성 있게 기다려 주고 있다는 사실이 좋아." "정말 서로 친절하구나. 훌륭한 팀워크야." "너 정말 침착하고 우아하게 움직였어, 잘했어." "침묵이 정말 멋져. 너희 모두 자제력이 좋구나."

이와 같이 느리고 잔잔하게 주어지는 긍정적 강화는 학생의 집중력을 높여 줍니다. 선생님의 차분하고 조용한 목소리는 편안하고 사려 깊은 분위기를 만들고, 학생의 긴장을 풀도록 도울 것입니다.

모든 양탄자를 가져왔을 때, 이야기 상자를 여는 활동이 시작됩니다. 처음 몇 번은 선생님이 직접 가르쳐 줘야 합니다. 가운데 이야기 가방에서 학생 1명씩 혹은 짝끼리 물건을 가져오는 과정이 반복됩니다. 기본적으로 아이들은 최소 한 가지 물건을 꺼내지만, 학급 아이들 수에 따라 상자에서 여러 개를 꺼낼 수도 있습니다. 여러 물건이 들어 있는 가방은 1개 혹은 2개의 물건으로 여길 수도 있습니다. 이야기 천들은 한 가지 또는 두 가지 물건으로, 스카프들은 한 가지 혹은 열두 가지 개별적인 물건으로 여길 수 있습니다. 아이들마다 1개 이상의 물건을 꺼내야 합니다.

이 과정을 몇 번 반복하면 학생들은 곧 우왕좌왕할 필요가 없이 스스로 어떻게 해야 하는지 기억할 것입니다. 1명 혹은 짝끼리 같은 행동을 반복하기 때문에 학생들은 무슨 일이 일어나고 있고, 언제 자신의 차례인지 알기 위해 내내 주목하여 지켜보고 관심을 가져야 합니다. 이런 방식은 편안하고, 평화로우면서 집중하는 분위기를 형성합니다.

첫 번째 학생이 이야기 상자를 엽니다. 두 번째 학생은 아름다운 천을 펼칩니다. 그다음 학생은 어떤 물건을 꺼낸 뒤 아름다운 천 위

어디 둘지를 결정하고 그 물건을 놓습니다.

선생님은 학생들에게 천천히 조심스럽게 움직여서 아름다운 배치를 만들기 위해 각 물건을 어디에 둘지 선택하도록 안내합니다. 학생이 1명씩 물건을 놓을 때 모두의 관심이 집중되기 때문에 그들의 용기를 격려해야 합니다. 학생들이 자신의 차례를 알아차리고 어디로 움직여야 하는지, 어떻게 행동해야 하는지 조용한 도움과 격려를 줄 필요가 있습니다.

상자가 텅 빈 것을 발견한 학생이 상자를 닫으면 이제 시작할 준비가 완료되었습니다. 선생님은 학생들의 협동심과 이미 만들어 낸 예술작품에 대해 긍정적으로 피드백하고, 예술작품을 만드는 데 도움을 준 조용한 분위기를 함께 만든 것을 칭찬합니다. 그다음 소품을 고르는 방법을 결정합니다.

저학년 학생에게는 선생님이 원을 돌면서 그들이 일어날 차례가 되면 각각에게 고개를 끄덕여 신호를 줍니다. 벽돌집이 될 무언가, 염소가 될 무언가를 선택하라고 알려 줄 수도 있습니다. 선생님은 이런 식으로 한 번에 몇 명씩 중앙에서 무엇을 선택하는지 세심한 지도를 할 수 있습니다.

저는 고학년 학생들에게 말합니다. "1명이 물건을 고르러 가는 동안 다른 1명은 양탄자에서 기다리세요. 무엇을 골랐는지 친구에게 이야기해 주세요. 그리고 다음에는 역할을 바꿔 나머지 학생이 원하는 것을 고르러 나가세요."

모든 선택이 이루어졌을 때 이야기 천을 양탄자 위에 펼쳐 놓고 선생님이 원하는 작업을 시작할 수 있습니다. 학생들은 이야기를 다시 만들거나, 장면이나 등장인물을 다시 만들거나 혹은 단지 그 물건들을 가지고 놀 수도 있습니다. 이러한 자유로운 상징 놀이는 창의성, 정서 인식, 정서 조절, 공감 능력, 회복탄력성, 낙관성을 기르는 데 큰 역할을 합니다. 선생님이 학생에게 너무 많은 것을 요구하지 않아도 됩니다. '그냥 노는 것'에 대해 걱정하지 말기 바랍니다. 그냥 노는 것도 매우 중요합니다.

선생님이 학생에게 자신이 들었던 이야기를 다시 말해 달라고 부탁할 수도 있습니다. 주의 깊게 듣는 것은 중요합니다. 제가 학생들을 응시하고, 귀를 기울이며 집중한다는 것을 보여 줬을 때 한 번도 스토리텔링을 해 보지 못한 학생까지도 스토리텔링을 시작했습니다! 제가 학생들을 쳐다보기만 하면 학생들은 하던 일을 멈추고 제게 이야기를 들려줬습니다.

선생님은 카메라를 사용하여 녹화하고, 나중에 수업 시간에 다 함께 볼 수 있습니다. 학생들은 어떤 이야기로 작업하고 있었는지, 자신의 소품이 무엇을 나타내는지 설명할 수 있고, 말하기와 듣기 활동으로 확장시킬 수도 있습니다.

활동의 끝은 시작과 마찬가지로 중요합니다. 마지막 마무리를 위해 적어도 15분의 시간을 확보하기 바랍니다. 학생들이 활동에 익숙해질수록 더 빨라지겠지만 마무리 활동을 서두르지 않도록 노력해야 합니다. 우선 학생들은 소품들을 다시 상자나 가방 속에 넣은 채 중앙의 이야기 천에 올려놓아 이전의 순서대로 아름답게 복원해야 합니다. 그들은 상자에서 물건을 꺼낼 때와 정확히 똑같은 방법으로, 하나씩 돌려놓습니다. 앞 친구가 돌아오면 다른 친구가 가운데로 이동합니다. 선생님은 자기 차례가 언제인지 학생 스스로 알아차리게 돕습니다. 상자가 꽉 차서 마지막 학생이 문을 닫았을 때, 양탄자를 치우고, 다시 침묵 속에서 1~2명씩 고요하게 교실로 돌아갑니다. 그렇게 활동이 완성됩니다.

용기, 끈기, 심미안 이야기: 달은 어디에 있을까?

이 이야기를 통해 아이들에게 어떤 강점을 찾을 수 있었는지, 그 강점의 좋은 점은 무엇인지, 그 강점을 가진 친구는 누구인지 함께 나누게 할 수 있습니다.

「달은 어디에 있을까?」

나는 이 이야기를 어떤 늙은 사람에게 들었다. 그는 이 이야기를 자신의 할머니에게서 들었다고 했다. 오래전 그리 아주 오래되지는 않은 늪과 습지로 덮여 있는 땅이 있었다. 검은 빛의 웅덩이와 초록 빛의 작은 개천물이 흐르는 진득하고 냄새나는 갈색 빛의 진흙 개천이 있는 곳이었다. 달이 밝게 비출 때 물 사이를 걷게 되면 물에 빠지지 않고 걸을 수 있었다. 그러나 달이 없을 때에는 어둠이 늪과 습지를 덮고 마녀와 요괴들이 구멍에서 튀어 나왔다(이 이야기는 가로등이라는 것이 발명되기도 전의 일이다). 그 장난꾸러기 요괴들은 지나가던 사람들을 밀고, 발을 걸어 검은색 물, 녹색 물, 냄새나는 갈색 진흙 개천으로 빠지게 만들었다. 그래서 친절한 달이 이러한 일을 듣고 스스로 지상으로 내려오기로 결심했다.

그 달의 마지막 날에 달은 크고 검은 망토로 몸을 가리고, 크고 검은 두건으로 밝은 머리카락을 가리고 땅으로 내려왔다. 오직 그녀의 발가락이 닿은 곳에서 작은 빛이 새어 나올 뿐이었다. 그녀는 검은 물 사이의 늪과 습지를 걸으며 녹색의 작은 개천을. 냄새나는 진흙 개천을 지나다녔다. 그러다가 검은 옷이 나뭇가지에 걸려서 옴짝달싹할 수 없게 되었다. 달이 빠져나오려고 하는 동안 울부짖음을 들었다.

울음소리는 한 여행객이 내고 있었다. 마녀와 요괴가 그를 찌르고. 괴롭히며 검은 물에 빠뜨리려 하고 있었다. 그 검은 물은 전체 늪지에서 가장 깊었다. 달은 그 불쌍한 여행객을 도와주고 싶었다. 그녀는 빠져나가기 위해 계속해서 몸부림치며 망토를 잡아당겼다. 그녀의 두건이 뒤로 벗겨졌다. 그녀의 밝은 머리카락이 드러나자 늪지는 달빛으로 가득 찼다. 낮처럼 밝아졌다. 해와 달의 밝은 빛을 싫어하는 마녀와 요괴들은 비명을 지르며 그들이 나왔던 땅속의 검은 구멍으로 다시 들어갔다. 여행객은 안도의 한숨을 내쉬고 검은 물을 피해 갈 수 있게 되었다.

여행자는 무사했지만 그 불쌍한 달은 여전히 그 꼬인 나뭇가지에서 두건을 더 잡아당기며 몸부림치고 있었다. 두건이 머리 위로 다시 떨어져 어둠이 다시 한번 습지를 덮었다. 어둠 속에서 마녀들. 요괴들이 밖으로 나올 수 있었다. 그들은 허둥지둥 돌아다니다가 기뻐서 꽥꽥거리고 꽥꽥거렸다. 그리고 이번에는 불쌍한 달이 물웅덩이 밑으로 빠지게 되었다. 그들은 달을 찌르고 물웅덩이 밑으로 밀어 넣었고 커다란 돌로 덮었다. 불쌍한 달이 갇히고. 어둠이 습지를 덮었다. 하지만 습지에 희미한 빛이 남아 있었다. 그녀의 망토 밑에서 보이는 발가락의 어렴풋한 빛이 그녀가 거기에 있다는 것을 보여 주었다.

달이 있는 곳에는 이제 어둠이 덮여 있어서 아무도 감히 그곳에 갈 엄두를 내지 못했고 오직 마녀와 요괴들이 어둠 속에서 신나게 뛰어 놀 뿐이었다. 그 늪과 습지에는 마녀와 요괴들 외에 다른 이도 살고 있었다. 그 중에 티디 문이라는 작은 남자도 있었다. 과묵한 사람이었지만 근처 이웃들에게 도움을 아끼지 않는 사람이었다. 달이 사라진 후 어둠으로 인해 무섭고 겁이 난사람들은 티디를 찾아갔다.

며칠간 그와 사람들은 검은 물의 큰 웅덩이에서 달을 찾으려 했으나 찾지 못했다.

몇 주간 그와 사람들은 매일같이 녹색 물에서 달을 찾았으나 마찬가지로 찾지 못했다.

몇 달간 그와 사람들은 매일같이 갈색의 냄새나는 진창에서 달을 찾으려고 했으나 또 찾지 못했다.

그와 사람들은 매일 밤마다 달을 찾기 위해 노력했으나 실패했다.

그런데 어느 날 한 여행객이 아주 크고 검고 깊은 물속에서 달을 봤다고 티디와 사람들에게 알려 주었다. 티디는 고개를 끄덕이며 사람들과 웅덩이로 향했다. 마침내 그곳에서 작고 어렴풋한 빛이 깊은 물 아래의 돌에서 새어나오는 것을 발견했다. 사람들은 밧줄을 가져왔고 계속 기도문을 외웠다. 마녀와 요괴들이 계속해서 모여들고 있었기 때문이었다. 티디는 밧줄을 돌 주변에 묶었고 사람들은 그것을 당기기 시작했다. 그러자 마녀와 요괴들이 소리를 질렀다. 마녀와 요괴들은 그들을 찌르고 밀기 시작했다. 그러나 그들은 계속 밧줄을 당겼다. 밤새 밧줄을 당기자 돌이 움직이기 시작했다. 갑작스러운 섬광과 밝은 달빛이 물 밖으로 쏟아져 나오며 하늘이 밝게 빛나기 시작했다. 늪은 빛으로 뒤덮였고 결국 마녀와 요괴들은 그들이 살던 구멍으로 도망가 버렸다. 티디는 친절한 달을 올려다보며 모자를 벗어 인사했다. 사실인지는 모르겠지만 달은 웃으며 손을 흔들어 주었다.

13
따뜻한 봄:
사랑, 친절, 우정
강점 기르기

봄은 새롭게 생명이 탄생하는 계절입니다. 새로운 탄생과 관련된 이야기로 부활절 이야기가 있습니다. 크리스마스의 탄생 이야기와 달리 부활절 이야기는 축하는커녕 언급하기 불편해하는 이야기입니다. 부활절 이야기에는 배신, 잔인한 사건, 죽음, 부활, 경이로움이 포함되어 있는데, 서양 예술·문학·음악의 배경이 되기도 합니다. 한편 부활절 이야기는 사랑, 친절, 우정 강점을 담고 있습니다. 죽음과 부활이 포함됐다는 이유로 부활절 이야기를 외면하고 피해야 할까요? 아니면 그 안에서 강점을 찾고 축하해야 할까요?

죽음은 삶의 잔인한 한 부분입니다. 우리가 이 주제를 피하는 이유는 학생들이 죽음에 대해 불편해하고 불안해할 거라고 생각하기 때문입니다. 어른들이 무언가를 회피하면 아이들도 '이것은 너무 끔찍해서 어른들도 감당할 수 없고 언급도 못할 주제야.'라고 느낍니다. 부활절 이야기는 죽음과 잔인함 같은 어려운 주제를 안전한 방식으로 다루어 볼 수 있는 완벽한 이야기 도구입니다.

저는 교실에서 죽음, 이별에 대한 토론을 일부러 부추기지는 않습니다. 너무 강렬한 주제라서 격한 감정을 불러일으킬 수 있기 때문입니다. 학생들이 있는 교실은 치료 센터가 아닌 교실입니다. 하지만 학생 자신이 보고 들었던 것으로 인해 이러한 주제를 먼저 스스로 꺼낸다면, 저는 정직하고 최선을 다해 이에 반응할 것입니다.

저는 일부러 '죽음'을 토론의 주제로 삼지는 않지만 부활절 이야기 같은 죽음이 포함된 이야기는 나누고 전달합니다. 부활절 이야기는 대단히 슬프지만 감동적이며 죽음에 대해 간접적으로 생각할 기회를 줍니다. 또한 슬픈 이야기는 우리에게 간접적으로 슬픔을 경험하게 해 주면서 자신이 지니고 있는 슬픔에서 조금씩 벗어날 수 있게 해 줍니다.

부활절 이야기를 하나의 동화처럼 들려줄 수 있습니다. 조용하고 차분히 예수의 죽음을 그의 사랑이 채워진 삶과 연관 지어 말해 줄 수 있습니다. 부활절 이야기를 축제의 중심 이야기로 말할 때, 앞서 말한 「베들레헴으로 가는 길」을 예시로 삼아 「예루살렘으로 가는 길」로 수정해 말할 수 있습니다. 두 가지의 길은 같으면서도 다른 여행길입니다. '길'은 자갈을 사용하여 부활절 몇 주 전에 다시 복도에 설치합니다. 우리는 예수의 삶과 고난에 대해 듣고, 학생들은 예수를 자신의 경험과 연결하여 생각합니다. 친절에 관한 이야기를 들려주는 예수를 기억하며, 친절한 사람들에 대해 생각합니다. 치료자로서의 예수를 기억하고, 우리가 아는 아픈 사람들을 생각합니다.

마지막 사건은 너무 슬프기 때문에 불을 끄고 이야기할 수도 있습니다. 아이들은 슬픔을 견디는 힘이 있습니다. 저는 조명과 꽃으로 복도를 채우고 아이들이 걸어서 길 끝에 도달할 때에는 초콜릿 달걀을 주었습니다. 어떤 학교가 그랬던 것처럼 리본과 구슬로 길을 장식하면 고통의 장소를 예술 작품으로 변형하는 활동이 될 수 있습니다. 이 활동을 위해 반드시 부활을 실제 믿거나 기독교인이 될 필요는 없습니다. 사랑이 죽음보다 강하고, 가장 고통스러운 상황에서도 좋은 일이 일어날 수 있다고 믿는다면 누구에게나 가능한 활동입니다. 이 믿음이 부활 이야기의 핵심이기 때문입니다. 어떤 종류의 신앙을 가진 사람이나 혹은 신앙이 없더라도 그 이야기의 핵심에 있는 사랑과 희망은 모두가 존중할 수 있습니다.

물론 기독교에만 사랑과 친절에 관한 이야기가 있는 것은 아닙니다. 이 장의 끝에는 위대한 사랑에 관한 「코끼리와 엄마」라는 불교 이야기가 제시됩니다. 불교인들은 부처님이 모든 생물을 돕기 위해 여러 번 동물 형태로 다시 태어났다고 믿는데, 이것은 그 화신들 중 하나의 이야기입니다.

강점과 긍정적 감정에 관한 연구에서 발견된 중요한 점은 우리의 불편한 감정과 슬픔을 해소할 공간이 필요하다는 것입니다. 사회·정서적 학습을 과도하게 강조하는 것은 부작용을 일으킬 수도 있습니다. 예를 들어, 긍정 정서, 공동체 의식을 과도하게 강요하는 것은 우울 증상이 있는 학생들에게 악영향을 줍니다. 또한 건전한 회의주의나 토론에 방해가 될 수 있습니다. 전통적 이야기를 사용하는 것은 이러한 우려를 해결하는 데 도움이 됩니다. 전통적 이야기에는 도덕과 더불어 의심이나 회의, 교활함, 반항으로 가득 차 있습니다. 기쁨, 승리와 함께 슬픔, 절망을 위한 공간도 있습니다. 저는 사랑, 친절, 우정과 관련한 일을 하면서 제 안의 복수심, 공격성이 숨 쉴 수 있는 몇 가지 전통적 이야기를 함께 읽습니다. 이렇게 균형을 잡는 일은 중요하며, 전통 이야기들은 이를 가능하게 해줍니다.

사랑 강점을 기르는 활동

사랑이란

사랑(love)은 수천 년 동안 인류를 사로잡았습니다. 지난 수십 년간 심리학자들이 사랑을 과학적으로 연구했지만, 사랑이란 주제에는 아직도 그리고 영원히 수수께끼로 남는 측면이 있을 것입니다. 사랑에는 생각, 감정, 행동의 세 가지 측면이 있습니다. 또한 사랑에는 세 가지 종류의 관계가 있습니다. 우리가 의지하는 사람들과의 사랑, 우리에게 의지하는 사람들과의 사랑, 낭만적인 사랑입니다. 인간관계에는 하나 이상의 사랑이 포함되어 있고, 시간에 따라 사랑의 종류가 변할 수도 있습니다. 사랑을 포함하는 관계는 상호적이어야 합니다. 우리는 때때로 "저 가수, 배우, 축구팀을 사랑해."라고 말하지만 이러한 감정은 한 방향으로만 흐르므로 사랑으로 분류되지 않습니다. 또한 부모−자녀, 연인들 사이의 유대감이 사랑의 본질은 아닙니다. 사랑의 본질은 더 깊은 데에 있고, 그래서 사랑에 대한 탐구와 배움이 우리에게 필요합니다. 동료들 사이의 사랑, 우리에게 영감을 주는 대상에 대한 사랑, 스승과 제자 간의 사랑도 있습니다.

지금부터 사랑 강점을 증진하는 활동들을 소개하겠습니다.

관계를 통한 사랑 강점 기르기

우리는 종종 교사로서 학생들이 나를 사랑한다는 것을 인정하기를 꺼립니다. 학생의 사랑은 무서운 책임이기 때문입니다. 또한 내가 학생들을 사랑한다는 것도 인정하기 어려워합니다. 그러나 배움에서 사랑은 필수적입니다. 최고의 선생님은 학생들을 사랑하는 선생님이고 가르침 중에 사랑을 흘려보내는 선생님입니다.

아이들은 사랑받으며 사랑하는 법을 배웁니다. 우리가 가르치는 대부분의 학생은 유년 시절 중요 타인을 통해 세심한 돌봄을 받아 왔습니다. 이러한 돌봄은 학생들에게 세상을 탐험하고 새로운 생각을 배우는 기반, 미래의 인간관계가 이와 유사하게 따뜻함과 성취감을 줄 것이란 믿음, 타인을 신뢰할 수 있다는 자신감, 힘든 시기에 안전한 피난처를 제공합니다.

하지만 모든 아이가 이러한 돌봄을 받은 것은 아닙니다. 유년 시절 세심한 보살핌을 받아 본 경험이 없는 아이들은 학습 능력이 저하됩니다. 그래서 이들에게는 더 많은 가르침과 주의가 필요한데, 이들은 쉽게 흥분하거나 좌절하고, 선생님 및 친구 관계를 잘 맺지 못하기도 합니다. 또한 이런 아이들은 괴롭힘 당하거나, 남을 괴롭힐 가능성도 높습니다.

다행히 모든 관계는 학생에게 큰 영향력을 줄 수 있습니다. 유년 시절의 경험을 바꿀 수는 없지만, 단 1명의 사려 깊고 세심하고 사랑이 넘치는 관계, 나를 이해해 줄 것 같은 단 1명의 어른이 상처받은 아이에게 변화를 일으킬 수 있습니다. 그리고 작은 변화는 점점 커질 수 있습니다. 따라서 사랑을 주는 선생님은 아이들의 세상을 변화시킬 수 있습니다. 이 일에는 선생님의 용기, 끈기 강점이 필요합니다. 완벽한 가르침의 핵심은 바로 사랑입니다.

최고의 듣기

희망적인 것은 감성은 배우고 가르칠 수 있는 기술이라는 점입니다. 듣기, 긍정적 반응 같은 사회적 기술을 정교하게 가르치면 학생의 친구 사귀기, 좋은 관계 형성에 도움을 줄 수 있습니다. '말하는 사람, 듣는 사람'(12장에서 소개) 강점 건축가 활동은 사회적 기술을 가르치는 방법의 하나이며, '최고의 듣기' 강점 건축가에 이를 함께 활용할 수 있습니다. '최고의 듣기' 강점 건축가는 좋은 소식에 어떻게 반응할 것인지를 학습하며 강한 유대감을 증진시키는 사회적 기술입니다. '말하는 사람, 듣는 사람' 활동에서 듣는 사람은 머리, 눈, 얼굴을 통해 듣고, 말한 내용을 기억하며, 눈을 맞추고, 말하는 사람의 얼굴을 바라보며 상대방의 감정을 반영해 주는 것이었습니다. '최고의 듣기'는 여기에 더 다양한 방법을 더해 줍니다.

'최고의 듣기' 방법과 관련하여 좋은 소식에 반응하는 네 가지 방식을 살펴보면 다음과 같습니다.

반응의 네 가지 방식

- 나 어제 공원에서 좋은 시간을 보냈어!

① 능동 파괴적 반응: 공원은 위험하잖아. 어제 너 너무 무리했네. 오늘은 제발 너 때문에 안 피곤했으면 좋겠다.

② 수동 파괴적 반응: 그러든지 말든지.

③ 수동 건설적 반응: 잘됐네!

④ 능동 건설적 반응: 정말 좋았겠다! 거기서 뭐했어? 무엇이 가장 좋았어?

능동 파괴적 반응은 얼핏 들으면 사려 깊은 소리로 들리지만 적극적으로 기쁜 일을 파괴하는 반응입니다. 수동 파괴적 반응과 수동 건설적 반응은 둘 다 말하는 이에게 별 관심을 기울이지 않습니다. 마지막으로 능동 건설적 반응은 진정한 열정과 관심을 갖고, 말하는 사람이 더 이야기할 수 있게 촉진하는 열린 듣기 반응입니다.

말하는 사람이 계속 말할 수 있게 만드는 질문이나 반응을 열린 반응 질문이라고 합니다. 예를 들어, '더 말해 줘!' '무슨 일이 일어났어?' '그러고는?' 등의 반응입니다. 이러한 사회적 기술은 눈에 띄게 친밀과 우정을 쌓게 도와줍니다. 또한 교사와 학생 간 관계를 세우는 데도 매우 중요합니다. 사랑은 감정, 생각뿐만 아니라 행동도 포함되는데, 최고의 듣기에서 능동 건설적 반응은 사랑을 행동으로 보여 주는 좋은 방법이 됩니다.

그 외의 사랑 강점 건축가

자기인식과 공감을 증진하는 사회적 기술 학습 방법에는 '어떻게 느끼니?'(이 장에서 설명), '좋은 점/나쁜 점' 등이 있습니다. 철학 토론 역시 사회적 의사소통 기술을 발달시키는 데 매우 효과적입니다.

어떤 이야기가 사랑과 우정을 반영하면서 이 둘 간의 차이점을 보여 주는지 고민하는 것은 매우 흥미로운 일입니다. 저는 학생들에게 이것을 생각해 보도록 합니다. 왜냐하면 저도 정확한 정답이 없기 때문입니다. 사랑의 주제를 분명하게 전하는 이야기로는 「코끼리와 엄마」 「예루살렘으로 가는 길」 「미녀와 야수(Beauty and the Beast)」 등이 있습니다.

친절 강점을 기르는 활동

친절이란

다른 사람에게 배려, 사랑을 보여 주는 친절(kindness)은 대부분의 신앙 전통과 많은 문화 가치 체계의 핵심입니다.[1] 친절이 사랑과 연결된 개념인 것은 확실하지만, 저는 용기와도 관계있다고 주장합니다. 진정한 용기는 친절을 동반하며 진정한 친절은 용기를 필요로 합니다. 친절함을 단순히 '기분 좋음'과 혼동해서는 안 됩니다. 친절은 타인의 필요를 먼저 채워 주는 것이기 때문에 힘들고 도전적인 일입니다. 타인에게 좋은 일이 자신의 입장에서는 노력이나 불편함을 요구할 수 있기 때문입니다. 흥미롭게도, 영국 수화에서 용기와 친절의 몸짓은 매우 유사합니다. 두 가지 모두 심장에 손을 얹고, 용기는 주먹에서 손을 빼고, 친절은 주먹에서 엄지를 뺍니다.

지금부터 친절 강점을 증진하는 활동들을 소개하겠습니다.

친절함을 기르는 강점 건축가

친절함은 부분적으로는 유전되며 긍정성과 관련이 있습니다. 친절한 사람들은 많은 경우 더 행복하고 건강합니다. 친절함과 기분 사이에는 강한 연관이 있습니다. 행복을 느끼고 기분이 좋을수록 타인에게 더욱 친절을 베푸는 경향이 있습니다. '기분 전환 상자' 강점 건축가는 이 부분에서 유용할 것입니다.

놀라운 점은 어떻게 친절을 개발하는지에 대해 많이 알려진 바가 없다는 점입니다. 저의 견해로는 친절에 대해 명확히 이야기하며, 친절에 가치를 부여하는 공동체에서 아이를 기르는 것이 가장 좋다고 생각합니다. 어떤 아이들은 '친절'이 무엇을 의미하는지 정말 모를 때가 있습니다. 아마 친절에 대해 경험이 많지 않고, 주의를 기울여 본 적이 없어서일 것입니다. 그러나 친절을 베풀면서 '이렇게 하는 것이 친절이야.'라고 구체적 행동에 대해 명명해 준다면 아이들은 친절을 바로 배울 것입니다.

친절 찾기

친절하게 행동함으로써 친절을 배우고, 친절에 집중할수록 더 많이 얻는다는 원칙을 적용해 '친절 찾기' 강점 건축가를 사용할 수 있습니다. 교실에서 생활하면서 친절해 보이는 학생의 이름과 친절한 행동을 종이에 적어 상자 안에 넣습니다. 수업이 끝난 후 상자에서 친절한 행동을 꺼내 읽어 줍니다.

친절과 관련한 이야기: 여왕벌

친절을 북돋는 데 제가 사용하는 이야기는 그림동화「여왕벌」입니다. 이 이야기를 통해 아이들에게 어떤 강점을 찾을 수 있었는지, 그 강점의 좋은 점은 무엇인지, 그 강점을 가진 친구는 누구인지 함께 나누어 볼 수 있습니다.

「여왕벌」

옛날 어느 나라에 3명의 왕자가 살고 있었다. 그중 막내 왕자는 너무 착해서 '바보' '멍청이' 취급을 받았다. 먼저 여행을 떠난 두 형을 찾아 막내 동생도 함께 모험을 떠났다. 막내 동생은 두 형을 찾으러 길을 떠나서 고생 끝에 마침내 두 형을 찾았다. 막내 동생이 두 형에게 본인이 세상에 돌아다니면서 이름을 날리겠다고 하자 이 말을 듣고 두 형은 동생을 비웃었다. 함께 길을 떠난 삼형제는 한참을 가다가 개미탑을 보게 되었다. 두 형은 개미탑을 부순 다음 조그만

개미들이 겁에 질려서 알을 이리저리 운반하는 모습을 구경하고 싶어 했다. 그러나 정이 많고 착한 막내의 생각은 달랐다. "평화롭게 살게 내버려 둡시다. 형들이 개미들을 괴롭히는 걸 원치 않아요."

잠시 뒤 수없이 많은 오리가 헤엄치고 있는 호수가 나타났다. 두 형이 몇 마리 잡아서 구워 먹자고 했지만 막내가 말렸다. "평화롭게 살게 내버려 둡시다. 형들이 오리를 죽이는 걸 원치 않아요."

다음에는 벌집이 나타났다. 벌집에 가득 찬 꿀이 밖으로 흘러 넘쳐서 나무줄기를 따라 흘러내리고 있었다. 두 형은 밑에다 불을 피워 벌들을 연기로 쫓은 다음 꿀을 가로채자고 말했다. 그러나 막내는 형들이 그렇게 하지 못하도록 막았다. "평화롭게 살게 내버려 둡시다. 형들이 벌들을 태우는 걸 원치 않아요."

삼형제는 드디어 성에 도착했다. 그런데 성 안에는 돌처럼 굳어 버린 마구간의 말 몇 마리 외에는 아무것도 없었다. 삼형제는 모든 방을 샅샅이 뒤지고 다니다가 마침내 3개의 자물쇠가 달린 맨 끝 방에 도착했다. 방 안을 들여다보니 잿빛 난쟁이가 탁자 앞에 앉아 있었다. 삼형제는 난쟁이를 불렀다. 세 번째 불렀을 때에야 난쟁이는 자리에서 일어나더니 자물쇠를 열고 밖으로 나왔다. 난쟁이는 맏형에게 따라오라고 손짓하더니 어떤 돌판이 있는 곳으로 데려갔다. 그 돌판에는 성을 마법에서 풀려나게 할 수 있는 세 가지 임무가 새겨져 있었다.

첫 번째 임무는 숲속의 이끼 속에 널려 있는 수천 개의 진주를 모으는 일이었다. 이 진주는 공주의 것인데 해가 지기 전까지 모두 모아 놓아야 하고, 만일 하나라도 빠뜨리면 진주를 찾던 사람까지 돌로 변한다고 적혀 있었다. 맏형은 이끼가 펼쳐진 곳으로 가서 하루 종일 찾았지만 날이 저물 때까지 겨우 100개밖에 찾지 못했다. 그래서 돌로 변해 버렸다. 다음 날에는 둘째 형이 모험에 나섰지만 겨우 200개밖에 찾지 못하여 둘째 형도 돌로 변했다. 마지막으로 막내가 이끼에서 진주를 찾아야 할 차례가 되었다. 진주 찾기가 너무 힘들어 울고 있으니까 언젠가 막내가 형들로부터 목숨을 살려 주었던 개미들 오천 마리가 나타났다. 개미들은 순식간에 진주를 모아서 수북이 쌓아 놓았다.

두 번째 임무는 공주의 침실 열쇠를 호수에 빠뜨렸는데 그것을 호수 밑바닥에서 가져오는 것이었다. 막내가 호수로 가 보니 언젠가 목숨을 살려 주었던 오리들이 헤엄쳐 와서 물속으로 쑥 들어가 열쇠를 물 밖으로 가져왔다.

세 번째 임무는 가장 어려웠다. 왕에게는 세 딸이 있었는데. 잠든 세 딸 중에서 가장 어여쁜 막내딸을 가려내는 일이었다. 그러나 워낙 생김새가 똑같아서 가려내기가 힘들었다. 세 자매가 유일하게 다른 점은 자기 전에 각각 다른 종류의 군것질을 했다는 것이었다. 첫째 딸은 사탕을 한 알 먹었고. 둘째 딸은 시럽을 먹었고. 막내딸은 벌꿀 한 숟가락을 먹었다. 바로 그때 막내 동생이 지켜 주었던 여왕벌이 나타났다. 여왕벌은 세 공주의 입술을 혀끝에 대 보았다. 그러더니 꿀을 먹은 공주의 입가에 사뿐히 앉았다. 그래서 동생은 막내딸이 누구인지 알아맞힐 수 있었다.

이제 마법은 풀리고 사람들은 모두 깊은 잠에서 깨어났다. 돌로 변했던 사람들은 모두 본래의 모습을 되찾았다. 얼간이 막내 왕자는 가장 어여쁜 막내 공주와 결혼을 했으며. 왕이 죽은 뒤에는 왕국을 물려받았다. 두 형들도 다른 두 언니들과 결혼을 했다.

우정 강점을 기르는 활동

우정이란

우정(friendship) 강점을 본래부터 타고난 사람들이 있습니다. 하지만 대부분은 친구를 사귀며 삶을 통해 우정을 학습합니다. 우정 강점은 개인적, 사회적 및 정서지능이 융합되어 발휘됩니다.[2] 우정을 타인과의 관계뿐 아니라 자신과의 관계를 포함하는 개념으로 확장한다면, 개인적 지능, 사회적 지능, 정서지능을 우정이라 지칭할 수 있습니다.

개인적 지능은 자기 자신을 이해하는 것으로, 자신의 감정과 동기, 강점과 약점, 주관적 안녕감을 위해 필요한 것들을 이해하고 이를 적절히 표현하는 능력입니다.

사회적 지능은 관계의 이해, 동기부여하기, 집단의 작동 방식 알기, 타인 설득 방법을 포함하는 능력입니다.

정서지능은 자신과 타인의 정서적 상태를 인식하고 감정을 적절하게 사용해 사고, 행동을 촉진하는 능력입니다.

이 세 가지 지능이 인생에서 어떤 결과를 가져오는지에 대한 연구는 아직 많지 않습니다. 이 지능들이 문제 행동을 감소시킬 수 있다는 주장이 있지만 더 연구될 필요가 있습니다. 이 세 지능이 우정을 어떻게 증진하는지에 대한 연구도 많지는 않습니다. 중요한 것은 학습은 감정적 사건이며 감정은 학습을 방해할 수 있다는 점입니다. 따라서 감정을 이해하고 수용하는 것이 중요합니다. 사회적 기술과 개인적 기술은 학습될 수 있고, 개인 내적 관계와 타인과의 관계도 개선할 수 있을 것입니다.

지금부터 우정 강점을 증진하는 활동들을 소개하겠습니다.

어떻게 느끼니?

'어떻게 느끼니?' 강점 건축가 활동은 학생의 감정·정서 상태를 지각하는 데 도움을 주는 활동입니다. 그러나 우리가 무엇을 느끼는지 아는 것보다 더 중요한 사실은 우리가 느끼는 것(감정)에 대해서 우리가 무엇을 어떻게 할 수 있는지 아는 것입니다. 어떤 활동 뒤에 어떤 감정을 느끼는지 학생에게 물어보세요. 고요함과 활기참은 우리에게 무엇을 남기는지, 긴장과 화가 남기는 것은 무엇인지를 아는 것은 매우 중요한 자기관리 기술입니다. 이런 기술은 '기분 전환 상자' 강점 건축가 활동의 필수 전제 조건이며, '보물상자'와 함께 사용하여 학생 스스로 자신을 관리할 수 있는 도구를 제공합니다.

칭찬 의자

칭찬하는 것을 배우는 것, 타인의 사소한 장점을 말해 주는 것은 학생들 중 아주 소수만 가진 기술입니다. 이 기술을 아이들에게 가르쳐 주기 위해 '칭찬 의자'는 좋은 방법이 될 것입니다. 1명씩 돌아가면서 편한 의자에 앉고 나머지가 그 사람의 좋은 점이나 잘하는 점을 말해 줍니다. 간접적인 모욕적 언어를 쓰지 않도록 주의하세요. '넌 그나마 수학은 잘해.' '너는 가끔씩 ~해.' '너는 대체로 성격이 좋아.' 등과 같은 말은 상대적으로 해석하면 '넌 대부분 못해.' '넌 보통 엉망진창이야.' '너는 가끔은 성격이 이상해.'로 들릴 수 있습니다. 칭찬은 진짜 칭찬이 되어야 합니다. 간단하고, 직접적이며, '거의' '때때로' '가끔' 같은 말들이 들어가지 않고, 인격적이어야 합니다. 시작 전 좋은 예시들을 보여 주세요. "민수, 나는 너가 친절한 행동을 많이 한다고 생각해. 네가 학급에서 말해 주는 아이디어들이 너무 좋단다!" 이런 것이 진짜 칭찬입니다. 아이들에게 진정한 칭찬을 가르치고, 이를 북돋고, 자주 사용하도록 도울 필요가 있습니다.

그 외의 우정 강점 건축가

강점 발견하기 강점 건축가는 사회적 지능을 증진시킵니다. 사회적 지능은 다른 사람들이 무엇을 좋아하고, 무엇을 하려고 하는지 아는 것입니다. 그리고 개인적 지능 역시 자신의 강점과 좋아하는 것, 싫어하는 것을 아는 것입니다.

이야기 중에 우정과 사회적 기술이 내포된 것들이 있습니다. 저는 4,000년 전 길가매쉬 서사시의 내용을 간단하게 들려주는 것을 좋아합니다. 다음에 제시하는 「코끼리와 엄마」는 불교의 전통 이야기이며 이 안에서 많은 강점을 찾을 수 있습니다.

사랑, 친절, 우정 강점 이야기: 코끼리와 엄마

이 이야기를 통해 아이들에게 어떤 강점을 찾을 수 있었는지, 그 강점의 좋은 점은 무엇인지, 그 강점을 가진 친구는 누구인지 함께 나누어 볼 수 있습니다.

「코끼리와 엄마」

옛날 히말라야산. 반짝이는 호수 옆에 아기 코끼리가 태어났다. 그 코끼리는 산에서 가장 아름다운 코끼리였다. 아기 코끼리는 순백의 피부와 고운 크림색 상아를 가졌다.

그의 자랑스러운 어머니는 가장 달콤한 잎과 가장 잘 익은 과일을 뽑아 주며 말했다. "얘야. 나보다 네가 먼저 먹으렴." 그리고 엄마는 호수의 물을 몸통에 가득 채워 아기 코끼리가 반짝일 때까지 뿌려 주었다. 그들은 시원한 진흙 속에서 행복하게 뒹굴었다. 어느 날 오후. 엄마 코끼리는 아기 코끼리를 데리고 장미사과 나무 아래로 가 뜨거운 태양을 피해 쉬고 있었다.

아기 코끼리는 점점 더 커지고 힘이 세졌고. 더 잘생겨졌다. 그는 모든 산에 있는 코끼리 가운데 가장 잘생겼다. 순백의 피부와 고운 크림색의 상아를 가졌기 때문이었다. 그런데 그가 점점 커지고 힘이 세질수록 엄마 코끼리는 점점 늙고. 연약해지고. 눈이 침침해졌다. 어린 코끼리는 가장 달콤한 열매와 가장 잘 익은 과일을 따서 엄마 코끼리에게 주면서 "저 말고 어머니 먼저 드세요."라고 말했다. 호수에서 반짝이는 물을 몸통에 가득 담아 엄마 코끼리가 반짝일 때까지 뿌려 주었다. 엄마 코끼리랑 같이 진흙에서 즐겁게 뒹굴고 오후에는 나무 그늘 아래로 엄마 코끼리를 모시고 가서 쉬었다. 엄마 코끼리가 쉬는 동안 아들 코끼리는 다른 코끼리들과 돌아다녔다.

어느 날 왕이 사냥을 하러 왔고. 가장 아름다운 흰색 코끼리를 발견했다. 왕은 그 코끼리가 타고 싶어 코끼리를 잡아 궁궐로 데려갔다. 왕은 흰색 코끼리에게 매우 잘해 줬다. 금색 실로 짠 옷도 입혀주고. 가장 달콤한 잎과 잘 익은 과일도 주었다. 그런데 코끼리는 울기만 하고 아무것도 먹지 않았다. 여러 날이 지나고 왕은 코끼리에게 왜 이렇게 슬퍼하는지 물었다. "눈이 안 보이는 저희 어머니를 돌볼 이가 필요해요." 그 코끼리가 대답했다. "어머니가 아무것도 못하는 동안에는 나는 아무것도 먹을 수도. 마실 수도 없어요." 왕은 깜짝 놀랐다. "나는 이렇게 친절한 코끼리를 본 적이 없다. 심지어 사람 중에도 말이다."

왕은 코끼리를 풀어 주었다. 엄마 코끼리는 호수 옆에 서 있었다. 차가운 물방울이 등 뒤로 떨어지는 것을 느꼈다. '비가 오나? 아니면 우리 아들이 돌아온 건가?' 아들 코끼리가 부드럽게 말했다. "어머니! 저예요!" 그들은 진흙 속에서 행복하게 뒹굴었다. 오후의 따뜻한 햇살에 그는 엄마 코끼리를 장미사과나무 아래 그늘로 데려가 쉬게 했고. 달콤한 잎과 가장 잘 익은 열매를 따서 엄마에게 드렸다. "저 말고 어머니 먼저 드세요."

14
여름:
리더십, 시민의식,
정직, 청렴, 진정성
강점 기르기

이 시기 강점 기르기의 상징색으로 녹색을 꼽은 이유는 상반기 여름 학기와 축제 시기가 잘 맞아떨어지기 때문입니다. 여름이 될수록 산림이 푸르고, 녹색 나뭇잎이 무성합니다. 각종 시험이 다가오는 시기인 만큼 자연의 싱그러움과 더불어 마음의 여유가 필요한 때입니다.

여름은 학습 공동체, 학부모 및 이웃 공동체, 지역 공동체, 세계 공동체 등 공동체를 기념하기에 좋은 시기입니다. 우리의 삶을 지탱하고 풍요롭게 하는 공동체를 기념할 이유는 충분합니다. 축제 기간 동안 자신의 소속 학교를 기념하며 파티를 열 수도 있고 크리스마스나 학기 말 파티가 아니더라도 공동체에 일조한 남녀노소 모두를 축하하는 파티를 열고, 각자가 기여한 재능, 영향력, 열정 등을 돌아보고 음미할 기회로 삼을 수 있습니다. 학교를 녹색 풍선과 초목으로 장식하고 즐겨 보기 바랍니다. 춤과 시를 배우고, 이야기를 하고, 학급 노래를 만들어 크게 불러 보기 바랍니다. 기말시험 전후에 기분 전환을 가져다줄 것입니다. 그리고 행복한 학생이 시험도 잘 보기 마련입니다.

이 시기는 또한 여러 공동체에 관심을 갖거나, 전에 시도해 보지 않았던 부모님 초청 이벤트를 열거나, 살아 있는 지역사회의 역사, 소식 등을 조사하고 접하기에 좋은 기회입니다. 지역사회의 과거를 살펴보고, 지역 원로들을 초청해 어떻게 살아왔고, 과거 모습은 어땠는지 학생들에게 들려주기 좋은 시기입니다. 전통과 구전 이야기는 지역사회 공동체를 기념하기에 좋은 수단입니다. 학생들에게 조상들이나 해당 지역에 살았던 다른 사람들의 이야기를 들려주는 것도 큰 즐거움이 됩니다. 이에 지역을 좀 더 기념하고, 탐사하고, 돌아보며, 가치를 갖고 살펴볼 수 있기 바랍니다.

지역사회를 기리는 전통적인 이야기들이 있습니다. 영국에는 지역별 이야기를 모은 『땅의 전설(The Lore of the Land)』이라는 놀라운 책이 있습니다. 거기서 저는 링컨서 지역의 이야기인 「달은 어디에 있을까?」(이 장 마지막에 소개)를 발견했습니다.[1] 아이들에게 그들이 사는 자리에 살았던 조상들의 이야기를 들려주는 것은 특별한 즐거움을 줄 수 있습니다. 장소는 중요합니다. 우리가 사는 장소를 더 많이 기념하고, 탐험하며, 우리의 터전을 소중히 돌봐야 합니다!

최근 영국에서는 국가를 기념하는 움직임이 일고 있습니다. 영국의 날을 찾기 시작하고 국가의 자부심에 대해 다시 관심을 갖기 시작했습니다. 학생들은 위인들의 이야기를 좋아합니다. 저는 어린 시절, 넬슨(Nelson) 제독처럼 과자상자로 만든 망원경을 보며 "신호가 없다."라고 외쳤습니다. 넬슨 제독이 코펜하겐 해전에서 퇴각을 거부한 장면을 기념하는 놀이였습니다. 저는 넬슨 제독이 퇴각을 거부했다는 사실은 잘 알고 있었지만 오늘날 이 이야기를 아는 학생들이 과연 몇 명이나 될까요?

제 딸이 고대 영국 여왕 보아디케아(Boadicea)의 분장을 하고 드레스 파티에 참석한 적이 있습니다. 파티에 있던 10대 20명 중 당시 왕비가 로마에 대항해 옛 영국 이세니족의 봉기를 이끌었다는 사실을 아는 사람은 거의 없었습니다. 이름이라도 들어 봤다는 학생이 고작 3명뿐이었습니다. 넬슨과 보아디케아는 영국의 훌륭한 리더였는데, 오늘날 이들의 이야기를 전하거나 기념하지도 않는 것은 아이들에게 국가에 대해 생각해 볼 기회를 뺏는 일입니다. 왕의 심장과 영국 국왕의 심장을 모두 가지고 있다고 연설하던 엘리자베스 1세(Elizabeth I) 여왕이나 플로렌스 나이팅게일(Florence Nightingale), 프랜시스 드레이크(Francis Drake), 헤이스팅스 전투에 임하던 해럴드(Harold) 국왕 등 국가의 위인들에 관해 이야기를 하기 바랍니다(역자 주: 우리 아이들에게는 나라를 지킨 이순신, 대한 독립을 외친 안중근, 김구, 윤봉길의 이야기를 할 수 있습니다). 이 장의 후반부에 영국의 위인에 관한 이야기를 실었습니다.

이 책에는 다른 여러 나라의 이야기도 실려 있습니다. 전 세계 각종 문화의 다양성과 풍요로움을 기념할 수 있습니다. 다문화 학급을 지도하고 있다면 여러 나라의 이야기를 나눌 수 있습니다. 새로 정착한 나라의 이야기와 자신들이 태어난 나라의 이야기를 함께 나눈다면 모두 풍요로워질 수 있습니다.

이 시기에 다양한 활동을 통해 공동체를 형성하고, 신뢰를 쌓는 정직함을 배우며, 함께 살아가며 돕는 시민의식를 기르고, 공동체의 성장과 번영을 돕는 리더십 강점을 학습해 볼 수 있습니다. 리더십은 학교에서 중점적으로 다루는 주제이지만 사실 편안한 주제는 아닙니다. "리더십이 제 강점입니다. 저는 리더십 발휘를 잘합니다."라고 말하기에 불편한 느낌이 있기 때문입니다.

영국의 리더십에 문제가 있다고 말하는 사람들도 있습니다. 부모들은 집에서 리더십 발휘하기를 꺼리고 일부 부모는 "안 돼."라고 말할 권한이 없다고 생각합니다. 어떤 형태든 권위는 안 좋은 것으로 여기는 최근 분위기로 인해 권위에 대한 존중도 점점 사라지고 있습니다. 그러나 리더십은 학생의 성장에 중요한 요소이며 일부 학생은 선천적으로 리더십을 가지고 있습니다. 학생들을 오래 지켜본 결과, 태생적 리더라고 해서 반드시 팀워크가 좋은 것은 아니고, 팀워크가 좋다고 해서 꼭 리더십이 좋은 것은 아닙니다. 팀워크가 좋은 사람은 자신의 장점을 발휘할 기회가 많지만 리더십이 장점인 사람은 자신의 장점을 발휘할 기회가 많지 않습니다. 어려움이 있겠지만 우리는 리더가 필요하기에 학생들이 리더십을 좀 더 기르고 발휘하도록 해야 합니다.

리더십 강점을 기르는 활동

리더십이란

리더십(leadership)이란 공동체를 도와 성공적 결과를 얻도록 이끌며, 목표를 향한 동기를 부여하는 강점입니다. 리더십이 타고난 성격 특성인가 아니면 상황에 따라 달라지는 특성인가에 대해서는 여러 견해가 있지만 성격 특성과 상황 모두 리더십에 기여한다는 주장이 가장 신빙성이 높습니다.

훌륭한 리더가 되기 위해서는 사회지능과 자기인식 그리고 남을 돕고자 하는 진정성이 있어야 합니다. 자기 영광만을 추구하는 사람은 좋은 리더가 될 수 없습니다. 이런 부류의 사람들은 당장은 리더처럼 보일지 모르지만 진정성 측면에서 타인을 돕고 섬기고자 하는 리더와 차이가 나게 마련입니다.

지금부터 리더십 강점을 증진하는 활동들을 소개하겠습니다.

리더십을 기르는 강점 건축가

보통 학생들은 리더에게 말하기보다 경청이 더 중요하다는 사실을 모릅니다. 그렇기 때문에 '말하는 사람, 듣는 사람' 역할 놀이가 리더십을 기르기에 좋은 방법이 될 수 있습니다. '최고의 듣기' 상황극도 유용합니다. 학교에서 리더십 상을 만들어 공동체를 돕고 동기를 부여하고 목표 달성을 도운 학생에게 이 상을 수여할 수도 있습니다.

학생에게 위인에 대해 이야기하고, 들은 이야기를 남들에게 전할 수 있도록 장려하기 바랍니다. 부모님은 자신을 리더로 여기고 아이들과 자신이 어떤 리더인지에 관해 이야기해 볼 수 있습니다.

학생이 리더십을 발휘하는 상황은 각자 다릅니다. 고학년 학생에게 리더의 역할을 슬기롭게 그리고 즐겁게 수행할 수 있도록 지원하고 도와주어야 합니다.

모든 학생에게는 셀프 리더십이라는 스스로를 이끌어야 하는 리더십이 필요합니다. 따라서 우리 모두 훌륭한 리더가 되는 방법을 배워야 합니다.

팀워크, 시민의식 강점을 기르는 활동

팀워크, 시민의식이란

리더십이라는 동전의 반대 면은 팀워크입니다. 이끌 팀이나 집단이 없으면 리더도 없습니다. 시민의식(citizenship)과 팀워크(teamwork)는 유사한 의미는 아니지만 관계가 깊습니다. 시민의식이 개인의 이익보다 대의를 위하고 집단에 대한 충성심, 책임감을 포함한다면 팀워크는 집단 내 다른 이들과 어울리고, 조화하고, 협동하는 데 필요한 행동에 초점을 맞춥니다. 팀워크와 시민의식을 가진 사람은 개인의 이익보다 집단을 위해 노력, 충성하는 사람입니다.

권리와 책임은 균형이 필요합니다. 최근 정치인들이 이 균형을 부르짖고 있습니다. 젊은이들에게 사회적 책임감을 길러 주는 방법은 서로의 이야기를 들어 주고 존중하는 것입니다. 의사결정권이 있고 공동체로부터 인정받는 느낌을 갖는 사람은 공동체 목표를 위해 함께 일할 가능성이 높습니다. 소속감을 느낄 때 공동체의 규범을 어기는 행동을 자제하게 됩니다. 따라서 선생님이 학생의 말을 경청하고, 의견을 들어 주며, 존중해 주고, 따돌림과 괴롭힘에 적극적으로 개입하고 중재하는 것이 훌륭한 지도 방법입니다.

소속감 때문에 발생하는 부정적 측면도 있습니다. 자신과 속한 집단과 다른 친구들을 따돌리고 평가 절하하는 경우입니다.

무언가에 소속될 때 얻는 긍정적 효과들이 많습니다. 최소 1개 이상의 과외 활동에 참여하는 학생들은 구성원들과 공동체에 대해 좀 더 긍정적 시각을 갖습니다. 자선 활동이나 봉사 활동 참가자는 사회에 대한 신뢰도가 높아집니다.

지금부터 팀워크, 시민의식 강점을 증진하는 활동들을 소개하겠습니다.

팀워크와 시민의식을 기르는 강점 건축가

'세상을 구하자'와 같은 활동 목표를 정하여 지역 및 여타 공동체를 돕고 팀워크와 리더십을 발휘하는 방법을 고민해야 합니다. 그 방법은 쓰레기 줍기 등의 단순한 일이 될 수도 있고, 더 구체적이고 넓은 범위의 일이 될 수도 있습니다.

학교 내에서 평소 함께 참여하지 않던 학생들을 하나의 집단으로 만들어 각자가 집단의 과제에 기여하도록 기회를 주는 것도 팀워크와 시민의식 강점을 기르는 데 도움이 됩니다. 많은 학급에 서로 어울리지 않는 학생 문제가 있습니다. 이러한 문제 해결을 위해 먼저 학급에서 '강점 찾기' 활동을 활용해 아이들이 반 친구들의 강점에 관심을 갖도록 만들 수 있습니다. 리더십을 기르기 위해 활용하는 '말하는 사람, 듣는 사람' 및 '최고의 듣기' 강점 건축가 활동도 이러한 사회성을 기르는 데 도움이 됩니다.

팀워크와 시민의식에 관한 이야기

팀워크를 보여 주는 이야기로는 「브레멘 음악대(The Musicians of Bremen)」와 중국동화 「요술 그림 붓(The Magic Paintbrush)」을 들어 볼 수 있습니다. 이 이야기를 통해 아이들에게 어떤 강점을 찾을 수 있었는지, 그 강점의 좋은 점은 무엇인지, 그 강점을 가진 친구는 누구인지 함께 나누어 볼 수 있습니다.

「브레멘 음악대」

농장에서 많은 세월을 보낸 당나귀. 개. 고양이. 수탉이 주인에 의해 버림받는다. 그래서 그들은 농장을 떠나 자유로운 땅 브레멘으로 가서 음악가가 되기로 결심한다. 브레멘으로 가는 길에 빛이 흘러나오는 집을 보게 되고 그 안에 4명의 도둑이 훔친 물건을 감상하는 모습을 목격한다. 그들이 음식을 얻기 위해 사람인 척 행동하자 그 소리를 들은 도적들은 모두 도망가 버렸다. 그 덕분에 동물들은 집을 차지하고 좋은 음식을 먹었다. 그날 저녁. 돌아온 도둑들은 집을 정탐하기 위해 동료 1명을 보낸다. 그는 어두운 집 안에서 고양이의 빛나는 눈을 보지만 그것이 촛불일 거라 생각했다. 바로 그때 고양이는 그의 얼굴을 할퀴고, 개는 그의 다리를 물고, 당나귀는 그를 발로 차며, 수탉은 그를 문밖으로 내쫓았다. 그는 동료들에게 마녀의 괴롭힘을 당했다고 주장했다. 마녀가 긴 손톱으로 자신을 할퀴었으며(고양이), 도깨비가 칼로 자신을 베었고(개), 거인이 둔기로 자신을 내리쳤고(당나귀), 그보다 더한 것은 용이 천장 꼭대기에서 울부짖었다고(수탉) 말했다. 도둑들은 집을 포기하였고 동물들은 그곳에서 평생을 행복하게 보냈다.

「요술 그림 붓」

그림 그리기를 좋아하지만 너무 가난해서 붓 한 자루 살 돈이 없던 마량은 꿈속에서 만난 신령님에게서 붓 한 자루를 얻게 된다. 그림을 그리면 그 그림이 그대로 살아나는 신기한 붓이었다. 떡을 그리면 김이 모락모락 나는 진짜 떡이 되고, 소를 그리면 소가 살아나 성큼성큼 걸어 나왔다. 착한 마량은 자신의 욕심을 채우거나 지위를 얻는 데 요술 붓을 사용하지 않고, 오히려 그 붓으로 어렵고 가난한 이웃을 도와주며 기뻐했다. 하지만 마량과 대비되는 욕심 많은 왕은 황금을 그려 내라며 마량을 괴롭혔다. 이 소문을 들은 욕심 많은 왕이 마량을 잡아들였다. 마량에게 용 한 마리 그려 보라고 하니 마량은 두꺼비, 털 빠진 닭을 그려 궁궐 안이 난장판이 되었다. 왕은 마량의 붓을 빼앗고 황금으로 된 산을 그려 지금보다 더 부자가 되려고 했다. 그런데 서툰 솜씨로 그리다 보니 황금 산은커녕 바윗덩어리만 굴러 떨어졌다. 왕은 하는 수 없이 마량을 풀어 주고 붓을 돌려주며 바다를 그려 달라고 했다. 마량은 왕을 물끄러미 보더니 잔잔한 파도가 이는 바다를 그렸다. 그러자 그림은 진짜 바다가 되었다. 물고기와 배도 그리자 왕은 물고기를 따라갔다. 이 일이 있은 뒤로는 아무도 마량을 보지 못했다.

정직, 청렴, 진정성 강점을 기르는 활동

정직, 청렴, 진정성이란

청렴은 아이들에게 설명하기 힘든 강점입니다. 정직(honesty)은 이해가 쉽지만 청렴(integrity), 진정성(authenticity)은 정직에서 한 발 더 나아가 곧고 열린 마음을 갖고, 중요한 가치에 따라 행동하는 강점입니다. 청렴, 진정성을 지닌 사람은 말과 행동이 일치하고 타인을 배려하는 사람입니다. 진정성이 있는 사람은 인정받는 훌륭한 관리자가 될 수 있으며, 좋은 친구가 많고, 행복하며, 성공한 인생을 사는 경우가 많습니다. 환경을 과도하게 통제하면 거짓 행동을 할 수도 있으므로 학생의 청렴, 진정성이 길러지기 원한다면 그들에게 선택권을 주어야 합니다.

지금부터 정직, 청렴, 진정성 강점을 증진하는 활동들을 소개하겠습니다.

정직, 청렴, 진정성을 기르는 강점 건축가

'스토리텔링'은 선택을 가능하게 합니다. 스토리텔러는 단어와 어감 그리고 분위기를 결정할 수 있습니다.

'이야기 공간 만들기' 활동과 이와 유사한 자유를 주는 활동은 틀에 짜인 학교생활에 일말의 선택권을 부여해 줍니다.

'철학 토론'은 학생들에게 자신의 생각을 표현하고 자신만의 가치를 찾을 수 있는 기회를 제공하면서 동시에 청렴성 강점을 기르도록 도울 수 있습니다.

아이에게 좀 더 정직하라고 말할 수 있습니다. 흥미롭게도 단순하게 "정직해라."라고 말하는 것이 "이거, 저거 해라."라고 지시하는 것보다 효과가 좋습니다. 그 이유는 일반적인 기준을 줌으로써 아이들이 스스로 생각하고 결정하게 할 수 있기 때문입니다. 정직을 가치 있게 여기는 공동체는 자연스럽게 아이들에게 정직한 자질을 가치 있게 여기라고 장려합니다.

나무 명상법

통제적·폭력적 환경에 맞서기 위한 자기방어 기제로부터 거짓말, 거짓 행동이 비롯될 수 있습니다. 정확한 자기인식은 정직과 청렴의 중요한 요소입니다. 자신에게 정직할 때 남에게 정직할 수 있기 때문입니다. 자기반성 능력을 기르는 훈련은 자기인식과 사색에 도움이 됩니다.

자연이 초록으로 물들어 가는 이 시기에 제가 특별히 즐겨 하는 사색법이 있습니다. 태극권에 기초한 '나무 명상법'입니다.

① 조용한 음악을 배경으로 명치에 손을 삼각형으로 모으고 천

천히, 조용히 세 번 심호흡을 합니다. 나무는 자라고 손은 벌어집니다.

② 다시 한번 천천히, 조용히 심호흡을 세 번 합니다.

③ 같은 호흡을 한 번 더 반복하는 동안 나무가 점점 자라 손이 벌어져 가지가 됩니다.

④ 푸르른 어린 나무와 그 사이에 비치는 평화로운 빛을 상상합니다.

⑤ 그 빛으로 학교와 다른 이들에게 가득 채운다고 상상합니다.

⑥ 마지막으로 가을 나뭇잎이 떨어지고 손을 무릎에 내려놓습니다.

저는 이렇게 나무 명상법을 학생과 함께 사용합니다. 그 효과가 아주 좋아서 바쁜 하루에도 마음의 여유를 찾게 됩니다. 우리에게 하루 중 이러한 고요함이 없다면 우리 자신을 돌아보기가 힘듭니다.

리더십, 정직, 청렴, 진정성 이야기: 돌에 꽂힌 칼 엑스칼리버

이 이야기를 통해 아이들에게 어떤 강점을 찾을 수 있었는지, 그 강점의 좋은 점은 무엇인지, 그 강점을 가진 친구는 누구인지 함께 나눌 수 있습니다.

엑스칼리버

수백 년 전 영국 아서 펜드레곤 왕이 승하했다. 왕의 아들이 있었지만 어린 시절 납치되어 소재를 아는 사람이 없었다. 왕의 뒤를 이을 사람도 없었다. 왕이 없는 상황에서 기사들은 권력을 위해 암투를 벌였고. 법은 무너졌으며. 백성은 권력자들에게 수난을 당했다. 상황이 최악으로 치닫자 마법사 멀린은 켄터베리 대주교에게 찾아가 세력가. 권력자들을 성탄절 당일 교회에 모아 기적을 구하는 기도를 하자고 요청했다. 대주교는 멀린의 말을 따랐다.

이들 귀족 세력이 도착해 보니 교회 마당에는 칼이 꽂힌 커다란 바위가 있었는데. 그 위에는 '누구든 이 칼을 뽑는 사람이 영국의 진정한 왕이다'라는 글귀가 적혀 있었다. 각자 달려들어 칼을 뽑으려 했다. 뽑고. 뽑고 또 뽑으려 했지만 어느 누구도 성공하지 못했다. 멀린은 말했다. "진정한 왕은 이곳에 없다. 신년에 영국의 모든 기사를 불러 모아 칼을 뽑는 시합을 열자."

각지의 기사들이 런던으로 향했다. 이들 가운데 엑터 경은 용감하고 고귀한 기사로 아들 케이. 양아들 아서와 함께 참여했다.

시합 당일 아침. 케이는 기사 작위를 받은 후 첫 출전이었기 때문에 흥분한 나머지 칼을 가져오는 것을 잊었다. 대신 동생 아서를 집에 보내 칼을 가져오도록 했다. 아서가 집에 도착했을 때 문은 잠겨 있었고 아무도 보이지 않았다. 이복 형제 케이와 우애가 깊었던 아서는 케이가 걱정됐고. 그 상황이 화가 났다. 어떻게 하든 케이에게 칼을 찾아주려고 하던 차에 교회 마당 바위에 칼이 꽂혀 있다는 사실을 기억했다.

아서는 즉각 달려갔다. 그리고 바위에 꽂힌 칼을 당겼다. "쑥" 칼은 손쉽게 뽑혔다. 아서는 그 칼을 케이에게 주었다. 케이는 그 칼이 자기 것이 아니라 돌에 꽂혀 있던 칼임을 알아봤다. 케이는 아버지에게 가져가 이렇게 말했다. "아버지 보십시오. 제가 영국의 진정한 왕입니다."

　엑터 경은 말없이 두 아들을 교회 마당으로 데려갔다. 그리고 성경을 꺼내 케이의 손을 그 위에 얹게 하고 물었다. "칼이 어디에서 났느냐?" 케이는 정직한 소년이었으므로 사실대로 대답했다. "아서가 가져다주었습니다." 엑터 경은 아서에게도 물었다. "칼이 어디서 났느냐?" "저 바위에서 뽑았습니다."

　엑터 경은 칼을 바위에 다시 꽂았다. 그리고 당겨 보았다. 당기고, 당기고 또 당겼지만 꿈쩍도 하지 않았다. 케이가 뒤이어 시도했다. 아무리 힘주어 당겨도 역시나 조금의 미동도 없었다. 아서의 차례였다. 칼은 미끄러지듯 쉽게 뽑혀 나왔다. 엑터 경과 케이는 그 자리에서 무릎을 꿇고 아서를 왕이라 불렀다.

　하지만 다른 귀족들은 격노했다. "어떻게 이 아이를 왕으로 맞을 수 있나?" 그리고 칼을 원위치로 되돌릴 것을 요구하며 크리스마스 축제의 마지막 12번째 날에 모여 다시 시합을 열자고 했다. 요구대로 시합이 열렸지만 누구도 성공하지 못했다. 아서만이 바위에서 칼을 뽑을 수 있었다. 하지만 기사와 귀족들은 인정할 수 없었다. 칼을 다시 바위에 꽂고 켄들마스 데이를 맞는 2월 2일 다시 시도해 보자고 했다. 이번에도 역시나 칼은 꿈쩍 않았다. 아서만이 칼을 뽑을 수 있었다. 그럼에도 기사와 귀족들은 인정하지 못했다. 부활절에 다시 해 보자고 했다. 약속대로 부활절에 모인 기사들과 귀족들이 당기고, 당기고 또 당겨 보았지만 칼은 움직일 생각을 않았다. 아서만이 가능했다. 하지만 사람들은 받아들이지 않았다. 부활절로부터 7주 뒤인 성령 강림절에 아서가 다시 한번 칼을 뽑았지만 기사들과 귀족들이 여전히 인정하지 않았다.

　하지만 영국에 질서를 세우고 평화를 가져다줄 왕을 바랐던 일반 백성들은 아서에게 환호를 보내며 왕으로 부르기 시작했다. 그때서야 이들도 포기하고 아서에게 무릎 꿇어 영국의 진정한 왕임을 인정했다. 아서는 제단에 칼을 올리고 무릎을 꿇었다. 왕관이 수여되고, 아서는 영국의 진정한 왕으로서 평생 동안 백성을 섬길 것을 맹세했다.

15
마무리:
용서, 자기조절,
신중성 강점 기르기

마무리는 고통스럽기에 누구나 회피하고 싶어 합니다. 헤어짐의 안타까움 때문에 많은 선생님이 학생들과 잘 마무리를 짓지 못합니다. 그러나 마무리는 매우 중요합니다. 마무리가 긍정적이고 희망적인가요? 아니면 조급하게 서둘러 마무리했나요?

수업의 마무리 또한 시작과 마찬가지로 중요합니다. 마무리를 하면서 오늘 활동을 잘 수행했다는 성취감을 갖게 되는지, 그동안 수업이 잘 진행되었는지, 수업에서 무엇을 배웠는지, 강점들은 얼마나 잘 사용되었는지 등에 대해 반성하는 시간을 잘 갖고 있는지 성찰해 볼 필요가 있습니다.

학년의 마무리는 다음 해를 위한 가장 중요한 준비가 될 수 있기에 매우 중요합니다. 좋은 마무리는 새 학기의 좋은 출발을 위한 초석이 될 것입니다. 하지만 마무리는 이별, 슬픔, 상실감을 수반하는 어려운 일이기도 합니다. 마지막은 마치 작은 죽음과도 같습니다. 마지막 순간은 모든 것에는 끝이 있고, 우리 자신도 언젠가 끝이 있다는 것을 상기시켜 줍니다.

또한 마지막은 우리가 겪었던 슬픈 이별과 미래에 있게 될 또 다른 이별을 무의식적으로 생각나게 합니다. 제가 1년간 참여한 집단 상담에서 과정 끝 무렵 한 참가자가 이별에 대한 두려움을 표현한 적이 있습니다. 그녀는 어린 시절 아버지의 직장 일로 학교를 너무 자주 옮겨 다녔기 때문에 작별 인사를 매우 싫어했습니다. 마지막 날 그녀는 마침내 결석을 하고 말았습니다. 마지막에 대한 감정은 그녀가 견디기에 너무 힘든 일이었습니다.

학생들에게 마지막은 흥분과 안도감이 뒤섞인 양가적인 감정을 주기도 합니다. 걱정, 슬픔, 심지어 분노를 느끼기도 합니다. 뒤섞인 감정은 아이는 물론 어른에게도 힘든 일입니다. 사랑하는 선생님에게 버려지는 느낌은 슬픔과 분노를 일으킵니다. 만약 학생의 가정이 행복하지 않다면, 이 감정이 특히 강해서 학년 말에 반항 행동으로 나타날 수 있습니다. 따라서 학기 말에 학생의 행실이 나빠지는 것은 선생님을 향한 또 다른 메시지일 수 있습니다. "선생님은 너무 소중하고 저에게 많은 의미가 있어요. 그런 선생님과 헤어지기 싫어요."라고 말하는 아이만의 방식일 수 있기 때문입니다.

마무리 행사를 통해 이별에 대해 생각을 나누는 일은, 선생님과 학생의 복잡한 감정들을 다룰 수 있는 좋은 방법입니다. 마무리 행사는 한 달 혹은 며칠간에 걸쳐 진행할 수 있습니다. 마지막 작별 인사에 대해 곰곰이 생각해 보는 것만으로도 자신의 기분을 진정시킬 수 있습니다. 이는 마치 압력솥에서 김을 단번에 내보내는 것이 아니라 서서히 빠져나가게 하는 원리와 같습니다. 마무리 행사는 성찰하고, 되돌아보고, 무엇이 좋았고 즐거웠는지, 이제는 어떻게 좋은 추억을 떠나보낼지에 초점을 맞춰야 합니다.

아이들과 마찬가지로 어른도 지나 온 한 해를 돌아볼 시간이 필요합니다. 어떤 특별하고 행복한 추억을 어떻게 간직할 것인지 생각해 보고, 교직원들과 학교 전체의 성과를 공유하고 축하하기 위한 직원 모임을 개최할 수도 있습니다. 많은 경우에 직원 모임에서 그동안 잘못한 일, 개선해야 할 점에 대해 너무 집중하고, 이미 잘하고 있는 것들에 대해서는 논의하지 않기도 합니다. 좋은 마무리가 되기 위해서는 교직원들을 위해 특별한 식사를 마련하고, 내년에 대한 희망을 함께 나누며, 한 해 동안의 성공과 발전을 공유하는 시간이 필요합니다.

졸업하는 학생들에게 올해가 마지막 해라서 슬프기도 하지만 졸업이 신나는 일이라고 말해 주기 바랍니다. 긍정적인 마음으로 각자 이번 단계를 잘 마무리하고, 새로운 단계로 나아갈 준비를 하도록 도와야 합니다.

인간은 불편한 감정을 해소하고, 서로를 위로하기 위해 맛있는 것을 먹습니다. 이것이 마지막 날 음식이 있는 파티를 준비하는 이유입니다. 작별 인사를 하기 위해 함께 마음껏 먹는 축제를 여는 것은 고대로부터 내려오는 전통입니다. 우리 모두에게는 때때로 편안한 마음으로 마음껏 먹는 경험이 필요합니다. 따라서 축제에서 필요한 음식을 준비하고 함께 먹는 것을 마무리 행사에 포함하면 좋습니다.

마무리 행사와 관련된 강점들은 절제와 자제의 강점입니다. 용서, 자기조절, 신중성과 같은 절제 강점은 지나침이나 극단에 치우치는 것으로부터 우리를 보호해 줍니다.

용서는 작별 인사를 하는 것, 상처와 분노를 내려놓는 것, 좋았던 것을 기억하려는 의도적 선택과 관련된 강점입니다.

자기조절은 마지막과 관련된 힘든 감정을 다스리고, 적절하게, 건설적인 방식으로 생각하고, 행동하도록 돕습니다.

신중성이란 진부하게 여길 수도 있지만 너무나 중요한 강점입니다. 신중성은 미래에 좋은 선택을 하려는 강점인데, 다소 지루하고 재미없고 매력 없어 보일지라도 신중한 선택을 한 사람들이 그렇지 못한 사람들 비해 더 건강하고 행복하며 풍요한 삶을 사는 것으로 보고됩니다.

마무리 행사 동안에 들려주는 이야기들이 이러한 강점들을 상기시켜 줄 수 있습니다. 이 장의 마지막에 스코틀랜드 셀키(Selkie, 역자 주: 스코틀랜드 전설에 나오는 존재로, 때로는 사람 모습으로, 때로는 바다표범의 모습으로 나타나는 가상적인 존재) 이야기가 소개됩니다. 이것은 이별에 대한 이야기입니다. 저는 바다 전설을 인용하는 것을 좋아합니다. 왜냐하면 바다에는 변화와 발전에 대한 훌륭한 은유가 있기 때문입니다. 바다 전설 중에는 좋은 이야기가 많습니다. 전통 이야기들은 때때로 신중성의 중요성을 전하고 있어서 이러한 이야기가 신중성을 가르칠 때 중요한 매개체가 될 수 있습니다. 많은 전통 이야기가 낯선 사람과 함부로 말하지 말고, 짚으로 집을 짓지 말고, 보물을 공짜로 준다는 사람을 절대로 따라가지 말라는 것을 은연중에 가르칩니다.

저는 새 학기 첫날과 학년 마지막 날 사이에 의도적으로 유사점을 만들어 냅니다. 학생들이 첫날에 받은 새 책을 마지막 날에 다시 읽게 했습니다. 이러한 연결은 교사, 학생 모두에게 깊은 만족감을 느끼게 하고, 조용하고 긍정적인 마무리를 돕습니다.

마지막 종례는 마무리의 가장 중요한 부분입니다. 마지막 시간 '기억의 진주들' 활동을 학교 전체가 함께 할 수도 있습니다. 각 반별로 가장 행복했던 일을 이야기하고 모든 학생과 교직원이 그 해의 귀중한 경험을 나누고, 잘못을 서로 용서하면서 한 해를 되돌아볼 수 있습니다. 행복한 추억을 담은 사진 앨범이 있다면 가장 좋은 사진 몇 장을 뽑아 함께 공유하며 이야기할 수도 있습니다. 지난 한 해 가장 행복했던 추억들로 가득 찬, 큰 마법의 진주를 만들어 학교가 이를 귀하게 소중한 기억물로 보관할 수도 있습니다. 학생 전체가 만든 마법의 기억 진주를 물이 담긴 웅덩이, 인공 연못, 혹은 상징적인 '바다(파란 천으로 홀 중앙에 인공적으로 만든)' 가운데에 남겨 놓을 수도 있습니다.

용서 강점을 기르는 활동

용서란

용서(forgiveness)는 좋은 관계를 유지하기 위한 매우 중요한 능력입니다. 나쁜 일을 곱씹고 분노를 품는 성향은 주변 사람들과의 관계를 해칩니다. 반대로 악의를 버리는 일, 더 나쁜 점보다 더 나은 점을 생각하는 일은 인간관계뿐만 아니라 우리 자신의 건강과 행복을 증진시킵니다.

지금부터 용서 강점을 증진하는 활동들을 소개하겠습니다.

용서 프로젝트

용서는 모든 문화와 전통에서 가치 있게 여기고 있습니다. 아이들과 함께 우리에게 영감을 주고, 자신을 겸허하게 만드는 전 세계의 특별한 용서 이야기를 수집해 보기 바랍니다.[1] 광범위하게 용서에 관한 이야기들을 수집하되 아이들에게 이 이야기를 그대로 따라하도록 강요해서는 안 됩니다. 하지만 매일 발생하는 학교생활의 다툼, 원망, 억울함을 줄이기 위해 학생의 용서 능력을 키우는 좋은 기회로 사용할 필요가 있습니다.

모델링

용서 능력은 발달 수준이나 연령과 관계가 있어 보입니다. 성인들은 아동 · 청소년보다 더 관대할 수 있습니다. 이러한 까닭에 모델링이야말로 용서를 개발하는 가장 중요한 요소가 됩니다. 따라서 말과 행동을 통해 선생님이 용서를 소중하게 생각하고, 용서를 용기 있는 행동으로 여긴다는 것을 실제로 보여 줄 필요가 있습니다.

용서를 기르는 강점 건축가

심리학적으로 용서는 상처를 준 사람에 대한 감정, 생각, 행동의 세 가지 요소로 구분할 수 있습니다. 용서의 세 가지 측면을 강점 건축가들을 사용하여 키워 나갈 수 있습니다.

용서는 공감, 즉 타인의 감정을 이해하는 능력과 밀접한 관련이 있습니다. 공감 능력을 기르기 위해서는 다른 사람의 감정을 이해하기 전에 먼저 자기 자신의 감정을 알아차리고 이해할 수 있어야 합니다. '와우'는 분노 감정에 직접적으로 저항하기 위해 사용할 수 있는 강점 건축가입니다. 이 활동은 우리를 성가시게 하거나 상처를 준 누군가에 대해 좀 더 긍정적으로 느끼기 위한 의식적인 노력이 될 수 있습니다.

좋아하지 않는 누군가에게 선물을 주는 모습을 그림으로 그려 보게 하거나 그들에게 할 수 있는 친절한 말을 적어 보게 할 수 있습니다. 이를 통해 우리는 다른 사람들에 대한 감정을 스스로 선택할 수 있음을 알게 됩니다. 또한 용서를 가치 있게 여기는 효과를 가져 올 수 있습니다.

다른 사람의 관점에서 바라볼 수 있는 능력 또한 용서의 중요한 요소입니다. '철학 토론' '토론 라인' 강점 건축가 활동을 통해 이러한 용서 능력을 길러 줄 수 있습니다.

우리의 생각을 통제하는 법을 배우는 것은 용서를 기르는 또 다른 중요한 방법입니다. 걱정이나 화를 곱씹는 경향은 용서를 방해하고, 인간관계에 악영향을 끼치며, 우울증까지 초래할 수 있습니다. 이러한 성향을 치유하기 위해 자기조절이 어려운 학생이나 전체 학급 학생을 대상으로 명상 활동을 할 수 있습니다. 아이들에게 휴식을 주고, 마음을 진정시켜 주는 음악을 틀어 준 후, 상상 속의 이야기 세계(용서하는 모습 상상, 미래에 도전할 일을 상상, 자기조절하며 행동하는 자신의 모습을 상상)로 이끌어 줄 수 있습니다. 이러한 명상은 학생이 원하는 행동을 더 쉽고, 무의식적으로 하도록 도와줍니다. 비관이의 생각은 걱정, 화를 곱씹는 반추에 도전하므로 용서를 기르는 강점 건축가로 활용될 수 있습니다. 명상도 마찬가지입니다. 여러분의 학급에서 즐기는 명상 중 어떤 것이든 용서 강점을 기르는 데 도움이 될 수 있습니다.

용서의 마지막 요소는 내게 상처를 준 사람을 어떻게 대할 건지를 결정하는 행동입니다. 이 행동 요소는 '와우' 활동을 통해 학습할 수 있습니다. 나와 친하지 않은 사람 혹은 내게 상처 준 사람에게 와우 카드를 보낼 수 있습니다. 또한 친절과 관련된 강점 건축가들을 용서 강점 증진에 활용할 수 있습니다. 진정한 친절이란 나와 가까운 사람뿐만 아니라 나와 친하지 않은 사람에게까지 베푸는 것이기 때문입니다.

용서와 관련된 이야기

용서 프로젝트의 실생활 이야기 외에도 용서 주제를 반영하는 다양한 이야기가 있습니다. 이 장의 마지막에 소개하는 「셀키 부인(Selkie Wife)」은 제가 가장 좋아하는 용서 이야기입니다. 또한 저는 스코틀랜드 기독교의 「성자 콜룸바(St. Columba)」 이야기를 좋아합니다. 그는 귀중한 책을 훔쳤고, 이 사건이 전쟁을 일으켰습니

다. 하지만 결국 그는 용서를 찾았고, 스스로를 놓아 주는 법을 배
웠습니다.

자기조절 강점을 기르는 활동

자기조절이란

자기조절에는 두 가지 요소가 있습니다. 첫째, 충동적 혹은 자극
에 대한 반응을 자제하는 일입니다. 둘째, 목표를 달성하도록 자신
을 이끄는 것과 자신 혹은 타인의 기준을 충족시키는 일을 하는 것
입니다. 자기조절 실패는 알코올 중독, 약물 남용, 폭력, 빚, 비만,
반사회적 행동 등 많은 문제를 야기합니다. 자기조절력이 높은 학
생은 학교생활을 더 잘하고, 자존감이 높으며, 교우관계가 좋고, 분
노가 낮으며, 문제 행동이 적게 나타납니다.

자기조절은 근육처럼 연습을 통해 발달시킬 수 있다는 근거들이
존재합니다. 또한 자기조절에는 에너지가 사용된다는 것을 명심해
야 합니다. 만약 아침에 자기조절에 힘쓴다면 오후에는 자기조절
할 에너지가 없을 것입니다. 분노, 불안감이 높은 학생의 경우 많은
자제력이 필요한 활동 후에는 충분한 휴식이 필요합니다. 따라서
교육과정에서 균형과 휴식을 조화롭게 구성해야 합니다. 선생님들
은 학생들이 어떤 활동을 할 때 많이 힘들어하는지, 높은 자기조절
이 요구되는지를 알아야 합니다.

자기조절을 기르는 강점 건축가

자기인식은 자기조절의 중요한 측면입니다. 무언가를 조절하기 위해서는 내가 그것을 어떻게 느끼고 생각하고 있는지 알아야 하기 때문입니다. 자기인식을 길러 주는 강점 건축가들이 있습니다. '어떻게 느끼니?' 'LAUGH'와 같은 강점 건축가가 자기인식을 길러 줍니다. '이야기 공간 만들기' 역시 자기조절력을 길러 주는 차분하고, 편안하면서 사랑스러운 방법입니다.

특정 영역에서 자기조절이 어려운 학생이나 전체 학급 학생들과 함께 명상 활동을 할 수도 있습니다. 아이들에게 휴식을 주고, 마음을 진정시켜 주는 음악을 틀어 준 후, 상상 속의 이야기 세계(용서하는 모습, 미래에 도전할 일, 자신이 원하는 대로 행동하는 자신의 모습 등을 상상)로 이끌어 줄 수 있습니다. 이러한 명상은 학생이 원하는 행동을 더 쉽고 자동적으로 하도록 도와줄 수 있습니다.

한편 명확한 목표를 갖고 나아가는 것, 자신이 어떻게 하고 있는지 관찰해 보는 것은 자기조절에 도움이 됩니다. 학생이 마땅히 가야 할 길로 가지 않을 때, 탈선의 길로 빠질 가능성이 커집니다. 의지 사용하기, 자신의 발전 상황을 도표화할 수 있는 지도 만들기, 목표를 상기시키기 위해 도표를 눈에 띄는 곳에 전시하기 등이 용서에 도움이 되는 전략이 됩니다. '무엇이 잘 되었지?(WWW)' '비관이의 생각' 강점 건축가도 여기서 함께 사용할 수 있습니다.

향유(음미)하기는 자기조절을 기르는 명상이 될 수 있습니다. 향유하기는 학년 마무리에 어울리는 좋은 활동입니다. 마무리의 시기에 1년 동안 쌓인 불편한 감정들을 해소하는 데 음식 음미 명상은 즐거운 활동이 될 수 있습니다.

이야기의 느낌 말하기

'이야기의 느낌들'은 선생님이 이야기를 들려주고 학생이 그 안에 있는 감정을 찾는 활동입니다. 학생들이 이러한 감정을 나타내도록 그림을 그리거나 낙서를 할 수도 있습니다. 이 강점 건축가는 감정 인식 능력을 길러 줍니다.

행동의 습관화

행동이 습관화될 때 자기조절이 쉬워집니다. 이것이 강점 축하 교육이 긍정적인 생각, 말, 행동의 습관화를 목표로 삼는 이유입니다. 습관화는 자기조절이 필요한 영역에서 우리의 에너지를 아껴 줍니다. 좋은 습관이 삶의 많은 부분을 지배한다면 중요한 순간에 필요한 자기조절 능력이 절약되고 있다는 것을 의미합니다.

우리는 근육처럼 자기조절력을 기를 수 있습니다. 공손함, 좋은 자세, 바른 옷차림 같은 작은 자기조절 행동의 습관화는 스트레스 상황에서 필요한 더 큰 자기조절력을 발휘하도록 도울 것입니다. 작은 변화가 큰 변화를 만들면서 점차 더 큰 변화가 더해질 것입니다.

미래를 바꾸라

'미래를 바꾸라'는 우리가 마음으로 어떤 행동을 연습할 수 있다는 사실을 이용하여 마음으로 행동을 연습하는 강점 건축가입니다. 학생이 스스로 자기조절하는 상황을 그림으로 그리거나 글로 쓰면서 상상하도록 합니다. 이러한 연습은 자기조절력 사용이 더 자연스럽게 습관적으로 이루어지도록 만들어 줍니다.

이야기

자기조절 부족에 따른 나쁜 결과들이 많은 전통적인 이야기들에 나타나고 있습니다. 그중 하나가 「룸펠슈틸츠킨」입니다. 이 이야기에서 아버지는 적절한 자기조절을 하지 않고 딸 자랑을 지나치게 자주 했습니다. 앞서 언급한 바와 같이 「룸펠슈틸츠킨」에는 여러 버전이 있는데, 이것들을 모아 그중 몇 가지에 대해 이야기해 볼 수도 있을 것입니다.

신중성 강점을 기르는 활동

신중성이란

신중성(prudence)은 많이 사용하면 할수록 발전되는 훌륭한 강점입니다. 때때로 재미없는 강점으로 여겨지지만 우리가 어떤 영역에서 좋은 성취를 하고 행복하게 살아가는 데 절대적으로 필요한 강점입니다.

신중성은 좋은 선택을 만듭니다. 적당히 먹기, 술 취하지 않기,

현명하게 소비하기, 저축하기, 운동하기, 일과 여가 활동의 균형을 맞추기 등은 모두 신중성이 활용된 결과입니다. 아리스토텔레스에 의하면 신중성에는 훨씬 더 광범위하고 긍정적인 의미가 내포되어 있습니다. 그에 의하면 신중성은 실용적인 지혜의 한 형태입니다. 신중한 사람은 무모하거나 강경하지 않고, 충동적이거나 강박적이지 않고, 균형 있고 유연합니다. 신중한 사람은 인생이 무엇을 위한 것인지, 어떻게 하면 장기적인 목표를 위해 단기적인 쾌락을 조절할지에 대해 깊이 고려하는 사람입니다. 그들은 진보적으로 생각하며, 양심적인 반면 인색하거나 편협되지 않습니다. 신중성은 다른 강점을 적절하게 활용하기 위해서도 필요합니다. 무언가 끈기 있게 지속하기 전에 먼저 신중하게 선택할 필요가 있습니다.

학교에서 가르쳐야 하는 것은 신중성에 대한 광범위하고 긍정적인 개념입니다. 이런 실용적 지혜를 가진 학생들은 보다 더 행복하고 학교생활도 잘하는 경향이 있습니다. 성인의 경우에도 신중한 사람이 더 건강하고 행복할 뿐 아니라 더 큰 직업 만족도를 느끼는 것으로 나타납니다.

신중성이란 아무 분별없이 행하는 것이 아니라 사려 깊은 태도와 행동을 취하고, 이를 여러 영역에 적용하는 능력을 의미합니다. '기억의 진주들' '무엇이 잘 되었지?(WWW)'와 같은 강점 건축가는 신중성을 증진시키는 데 도움이 됩니다. 신중성 강점의 증진을 위해서는 목표를 달성한 자신의 미래를 상상하는 능력이 필요합니다. 또한 상상력을 자극하는 모든 강점 건축가와 '스토리텔링' '이야기 공간 만들기' 활동을 사용할 수 있습니다.

신중성을 구축하는 방법에 대해서는 많은 연구가 이루어지지 않았지만, 일정한 체계가 부족하거나 미래 계획 없이 혼란스럽고 분주한 삶이 신중성 발달을 저해할 수 있다고 보고됩니다. 비록 좋은 목표일지라도 성취할 수 없는 목표는 아무런 의미가 없습니다. 일관성 있는 학교 교육 체계는 미래를 예측할 수 있는 감각 형성에 도움을 주고, 미래에 대해 생각하는 것을 가치 있게 만들어 줍니다. '의지 기르기' 강점 건축가 활동도 신중성 개발에 도움이 될 것입니다.

지금부터 신중성 강점을 증진하는 또 다른 활동들을 소개하겠습니다.

나는 내가 책임져요

신중성의 또 다른 중요한 측면은 개인적 규칙을 준수하고, 충동성을 극복하는 능력과 관계가 있습니다. 아이들이 스스로 개인적인 규칙을 세우고 실천하는 행동은 신중성을 길러 줄 수 있습니다. 이것을 '나는 내가 책임져요' 강점 건축가라고 부를 수 있습니다. 이 활동은 아이들이 긍정적인 목표 성취에 필요한 규칙을 만들도록 도와줍니다. 예를 들어, '내가 할 일을 매일 소리 내어 읽는다.' '과제를 제출하기 전에 한 번 더 살펴본다.'와 같은 규칙이 이에 해당될 수 있습니다. 학생이 스스로 책임지면서 규칙을 잘 지켰을 때 받는 보상 또한 학생 스스로 정할 수 있습니다.

신중성을 보여 주는 이야기: 룸펠슈틸츠킨

신중성 강점을 반영하는 많은 이야기가 있습니다. 예를 들어, 「빨간 망토」「룸펠슈틸츠킨」 같은 이야기는 우리가 미리 생각하고 좋은 선택을 해야 한다는 것을 가르쳐 줍니다. 이 이야기를 통해 아이들에게 어떤 강점을 찾을 수 있었는지, 그 강점의 좋은 점은 무엇인지, 그 강점을 가진 친구는 누구인지 함께 나누어 볼 수 있습니다.

「룸펠슈틸츠킨」

옛날 한 방앗간 주인은 자신의 딸이 짚을 물레로 짜면 황금으로 변한다는 거짓말을 했다. 그 근처를 지나던 황금을 좋아하는 왕은 그 말이 사실인지 시험해 보기로 하고 방앗간 주인의 딸을 왕궁으로 데려왔다. 딸에게 방 안 가득히 짚과 물레를 준 왕은 사흘 후 아침까지 짚을 황금으로 바꾸지 못하면 살려 두지 않겠다고 말했다.

시름에 빠진 딸 앞에 난쟁이가 나타나 짚을 황금으로 만들어 줄 테니 대가를 달라고 말했다. 딸은 난쟁이에게 첫째 날은 목걸이를, 둘째 날은 반지를 주었고, 난쟁이는 방 안 가득했던 짚을 황금으로 만들어 주었다. 왕은 황금을 보고 몹시 기뻐하며 마지막 하루도 성공하면 딸을 왕비로 삼겠다고 말했다. 다시 난쟁이는 딸을 찾아왔지만 딸은 더 이상 줄 것이 없었다. 난쟁이는 왕비가 되어서 낳은 첫 아기를 달라고 요구했고, 딸은 결국 허락했다. 다음 날 왕은 이번에도 황금이 있는 것을 보고 약속대로 딸과 결혼했다.

1년 후, 왕비가 된 딸은 아기를 낳았고 난쟁이가 약속했던 아이를 받으러 찾아왔다. 왕비는 아기를 데려가지 말라고 사정했고, 난쟁이는 사흘 내에 자신의 이름을 맞히면 아이를 데려가지 않겠다고 말했다. 왕비는 자신이 아는 모든 이름을 말해 보았고, 신하를 시켜 나라 안의 희귀한 이름도 찾게 시켰지만 난쟁이의 이름을 맞힐 수가 없었다. 사흘째 되는 날, 왕비의 신하는 숲에서 이상한 노래를 부르는 난쟁이를 발견했다고 보고했다. 그 난쟁이가 부르고 있었던 노래는 그의 이름 룸펠슈틸츠킨이었다. 마지막으로 아기를 데리러 온 난쟁이에게 왕비가 그의 이름이 룸펠슈틸츠킨이라는 것을 맞히자 분노한 난쟁이는 자신의 몸을 스스로 두 동강 내버렸다.

용기, 신중성 이야기: 셀키 부인

이 이야기를 통해 아이들에게 어떤 강점을 찾을 수 있었는지, 그 강점의 좋은 점은 무엇인지, 그 강점을 가진 친구는 누구인지 함께 나누어 보게 할 수 있습니다.

「셀키 부인」

해변에서 춤추는 셀키
그들이 항상 추는 춤
몇 시간이고 계속해서 추는 춤
'셀키 댄서들'을 보세요.

오래전, 여기서 북쪽으로 떨어진 오크니섬에 외로운 어부가 살았다. 하루 일과가 끝날 무렵 어부는 바닷가를 따라 걸으며 저녁의 평화와 빛나는 바다의 아름다움을 만끽했다. 그러나 어부는 평화와 아름다움을 함께 나눌 수 있는 누군가를 그리워했다.

어느 날 저녁. 어부는 해변가를 걷고 있을 때 웃고 있는 어떤 목소리를 들었다. 해변을 따라 더 멀리 걸어간 어부는 사람들이 춤추는 것을 보았다.

조금 더 멀리 걸어간 어부는 바위 뒤에서 부드러운 바다표범 가죽을 발견했다. 그리고 어부는 그것이 진짜 사람이 아니라는 것을 깨달았다. 그들은 단지 1년 중 단 하룻밤만 춤을 출 수 있는 셀키들이었다.

너무나 외로웠던 어부는 그들이 밤새 춤추는 것을 보기 위해 바위 뒤에 머물렀다. 그리고 그는 다른 어떤 셀키들보다 훨씬 아름다운 한 셀키 여인을 보고 사랑에 빠졌다. 새벽 해가 떴을 때. 바다표범들은 모래 아래로 뛰어가 그들의 가죽을 쓰고 빛나는 바다로 다시 들어갔다. 바다표범 가죽을 찾지 못한 가장 아름다운 여자 1명만 남아 있었다. 그녀는 어부가 가죽을 숨겨 두었기 때문에 찾을 수가 없었다.

그녀는 어부에게 달려가 바다표범 가죽을 잃어 버렸다고 말하고 찾는 것을 도와 달라고 부탁했다. 어부는 그녀에게 마음을 빼앗겼고. 함께 머물며 자신의 아내가 되어 달라고 애원했다. 그녀는 어부를 바라보았다. 그녀의 짙은 눈에 사랑이 빛나고 있었다. "좋아요. 결혼하겠어요."

그러나 그녀는 7년 동안만 함께 지낼 수 있다고 말했다. 7년의 시간이 끝나면 자신이 속한 바다로 돌아가야 하며. 그렇지 않으면 분명히 죽을 것이라고 말했다. 어부는 이 말에 동의했고 바로 다음 날 결혼했다. 그 후 어부와 아내는 저녁의 평화와 빛나는 바다의 아름다움을 즐기며 해변을 따라 함께 걸었다. 그리고 곧 그들에게는 함께 걷는 아이들이 생겼고 어부의 행복이 이루어졌다.

하지만 7년이 너무 빨리 지나가 셀키는 바다를 그리워하기 시작했다. 그녀의 피부는 건조해졌고 그녀의 깊고 어두운 눈은 흐려졌다.

그녀의 손과 발이 그녀를 다치게 했고 그녀는 해변을 따라 걷는 것이 힘들어지기 시작했다. 마침내 어느 날. 그녀는 어부에게 가서 바다표범 가죽을 돌려 달라고 부탁했다. 어부는 그녀와 이별 인사를 한다는 생각을 견딜 수 없어 싫다고 말했다.

그 후 그녀는 점점 더 많이 집에만 머물렀고. 가족은 그녀 없이 해변을 따라 걸었다. 어느 날. 그녀가 집에 혼자 머물며 청소를 하고 있을 때. 오래된 항아리 속에 숨긴 열쇠를 발견했다. 그것은 어부가 항상 잠궈 두었던 바다표범 가죽이 담긴 나무 상자의 열쇠였다.

어부와 그의 아이들은 저녁의 평화와 빛나는 바다의 아름다움을 즐기며 해변을 따라 함께 걷고 있었다. 하지만 갑자기 그들의 가슴은 기쁨이 아닌 두려움으로 가득 찼다. 그들의 어머니가 바다표범 가죽을 입고 모래 위로 뛰어가고 있었기 때문이었다.

그녀는 물속으로 뛰어들어 바로 사라졌고. 가족은 다시는 그녀를 볼 수 없을 거라고 생각했다. 그때 그녀의 머리가 물결 위에 떠오르면 그녀가 말했다. "난 우리 가족을 사랑해요. 언제나 그들을 기억할 거예요." 그러고 나서 그녀는 물속으로 뛰어들어 사라졌다. 이제 정말로 다시는 그녀를 볼 수 없을 거라고 생각했다. 그런데 다시 한번 그녀의 머리가 파도 위로 올라왔다. 그녀는 깊고 짙으며 사랑이 빛나는 눈으로 그녀의 남편을 바라보았다. "당신을 사랑해요. 항상 기억할 거예요. 하지만 전 바다로 돌아가야만 하고 그렇지 않으면 죽게 될 거예요." 그녀는 파도 속으로 뛰어들어 헤엄쳐 가 버렸다.

가족들은 그녀를 다시 보지 못했다. 하지만 때때로 저녁에 밝게 빛나는 바다의 평화와 아름다움을 즐기면서 해변을 따라 걸을 때 바다표범의 머리가 파도 밖으로 떠오르는 것을 보았다. 깊고 짙은 바다표범의 눈에서 사랑이 빛나는 것을 보게 되었다. 사실인지 모르겠지만 어부는 바다표범의 도움으로 오크니에 사는 다른 어떤 사람보다 더 많은 물고기를 잡게 되었다.

해변에서 춤추는 셀키

그들이 항상 추는 춤
몇 시간이고 계속해서 추는 춤
'셀키 댄서들'을 보세요.

16
나만의
강점 축하 교육
프로그램 만들기

이 책에 소개된 프로그램, 행사, 축제들은 여러 학교에서 시행되며 발전되었습니다. 독특한 강점을 기념하기 위해 선생님의 학교에 하나 이상의 강점 개발 교육 프로그램을 기획할 수 있습니다. 그러면 선생님만의 강점 교육 프로그램을 만들기 위해 어디서부터 시작해야 할까요?

시작점

지역 전통이나 기존 축제, 선생님의 믿음 혹은 다른 믿음, 학교 전통(이미 존재하거나 여러분이 새로 세우기를 원하는) 등이 시작점이 될 수 있습니다. 계절을 주제로 봄, 여름, 가을 축제를 시작할 수도 있습니다. 공기, 물, 불, 지구를 생각하며 그 요소들로 시작할 수도 있습니다. 이미 즐기고 있거나 즐기고 싶은 활동, 예를 들어 춤, 노래, 연 날리기, 요리로 시작할 수도 있습니다. 선생님 스스로 새로운 출발점을 만들어 낼 수도 있을 것입니다.

종교 문화와 관련된 프로그램을 만들 수도 있습니다. 강림절과 부활절은 기독교의 중심 이야기를 전달해 줍니다. 불교와 무슬림 신앙 이야기를 추가할 수도 있습니다. 종교적 명칭이 부담스럽다면 축제를 다른 이름으로 부르고 이에 적절한 강점 요소들을 선택할 수 있습니다. 학생들은 각 종교 문화의 이야기, 음식, 노래, 게임 등을 알게 될 것입니다. 또한 인간의 보편적 강점과 덕목들이 연결된 것을 알아차릴 수 있을 것입니다.

학생들의 일상 생활에서는 여러 다른 문화의 종교를 접할 수 있는 일이 드물기 때문에 유대교, 이슬람교, 힌두교 축제는 학생이 새로운 문화를 배우는 매우 적절한 행사가 될 수 있습니다. 이 같은 행사는 다른 문화 사이를 연결하는 다리를 놓는 좋은 방법이 될 것입니다.

각 프로그램의 구성요소는 무엇인가

강점

프로그램은 선생님이 적절하다고 생각하는 어떤 강점과도 연결시킬 수 있습니다. 어떤 강점이 좋고 다른 강점은 좋지 않다는 특별한 구분은 없습니다. 선생님이 중점을 두는 강점이나 학생들 각자의 대표 강점을 놓치지 않기 위해서 매년 모든 강점을 한 번씩 다룬다는 원칙이 중요합니다. 특정 강점에 집중한다고 해서 그 안에 갇히는 것은 아닙니다. 어떤 강점에 초점을 두더라도 다른 강점과 적절한 연결고리를 만들어 다양한 강점을 다루는 창의력을 발휘해 나가기 바랍니다.

성찰

조용히 성찰하는 시간은 모든 강점 프로그램에서 필수적인 부분입니다. 기억의 진주들, 명상, 돌아보기 등과 같은 성찰하기 강점 건축가를 선택하여 학급이나 모임에서 활용해 보기 바랍니다. 진정한 교육을 위해서는 회상과 성찰을 위한 조용한 시간이 필요합니다. 우리의 학교에서는 교사, 학생 모두에게 이러한 시간이 부족합니다. 따라서 이러한 시간을 만들고, 이를 확보하기 위해서 적극적으로 노력하기 바랍니다.

이야기

프로그램과 연계된 강점을 결정했을 때, 그 강점을 보여 주는 이야기를 함께 전해 주기 바랍니다. 그 이야기는 종교적 이야기가 될 수도 있고, 세속적 이야기나 전통적 이야기가 될 수도 있습니다.[1]

자신이 사는 지역의 이야기를 찾아보기 바랍니다. 자신이 살고 있는 지역의 이야기를 듣고 지역의 전통을 알고 느끼는 것이 필요

합니다.[2]

이때 이야기의 내용을 먼저 잘 숙지하고, 스토리텔링하기 쉽게 이야기 구조를 바꿀 필요도 있습니다. 내용을 단순화시키고, 단어와 스타일을 자신에게 맞게 바꾸어, 이제는 다 되었다고 느낄 때까지 이야기를 반복해서 연습해야 합니다. 저와 비슷하게 여러분도 이야기를 전할 때마다 그 단어나 표현, 스타일이 계속 바뀔 것입니다!

스토리텔링에 개인적 이야기나 지역사회 이야기를 포함시킬 수 있습니다. 제 딸의 학교에는 역경을 극복하고 큰 용기를 보여 준 학생에게 주는 상이 있습니다. 어린 나이에 비극적으로 죽은 딸의 부모님이 이 상을 받은 이야기를 듣고 저는 큰 감동을 받았습니다. 이 위대한 상이 수여될 때마다 짧은 생을 마감한 10대 소녀의 이야기는 계속 반복해서 울려 퍼질 것입니다. 그녀는 긍정적이고 희망적인 학생으로 학교 공동체에 오랫동안 기억될 것입니다.

축하

선생님의 창의력을 발휘해 보기 바랍니다. 노래를 만들어 부르고, 춤을 만들어 추고, 읽고, 쓰고, 시를 낭송하고, 연극을 하고, 파티를 하고, 소풍을 가고, 긴 산책을 하고, 경연 대회를 개최해 보기 바랍니다. 강점을 축하하는 방법은 이렇게 수없이 많이 있습니다.

음식

음식은 축제, 프로그램의 필수 요소입니다. 축하 행사에는 항상 잔치가 있습니다. 건강한 식단이나 생활을 잠시 제쳐 두기 바랍니다. 자기조절이 중요하지만 축제에서 잔치하는 시간에는 자기조절도 잠시 제쳐 두기 바랍니다. 음식을 함께 준비하고 나누는 것은 우리의 기본적 원초적 욕구로서 협력 공동체를 만드는 핵심이 됩니다. 아이들이 축제와 맛있는 음식을 자동적으로 연결해서 생각하도록 만들어 보기 바랍니다. 여름 축제인 경우, 음식은 과일이 될 수 있습니다. 무엇이든 아이들과 선생님이 좋아하는 음식을 선택할 수 있습니다. 때로 지역사회의 필요를 축제에 반영할 수도 있습니다. 지역사회에서 쉽게 구할 수 있는 풍족한 음식을 축제에 포함시킬 수도 있습니다.

냄새

냄새는 특별한 기억을 상기시킵니다. 따라서 목표로 하는 강점을 특정 냄새와 연결시켜 보기 바랍니다. 그러면 아이들이 그 냄새를 맡을 때마다 그 강점을 기억해 낼 것입니다. 이 또한 매우 심층적이고, 탁월한 교육 방법이 될 것입니다.

냄새는 정서적인 기억을 다시 불러옵니다. 뇌에서 냄새와 관련된 부분은 우리의 기억, 감정과 밀접하게 연결되어 있기 때문입니다. 축제가 특정 냄새와 연결될 때 축제의 즐거움, 흥분, 특별함을 더욱 강하게 느낄 수 있습니다. 강점 축제나 행사 기간에 특정 음식을 요리하거나 특정 식물이나 꽃을 학교에 가져오게 할 수 있습니다. 이것들이 선생님을 생각할 때 기억나는 특별한 향기가 되고, 학생들은 선생님을 그 향기와 함께 오랫동안 기억하게 될 것입니다.

색깔

저는 기독교에서 금식을 상징하는 보라색을 강림절, 부활절과 연결해 보았고, 축제마다 그 상황에 맞는 여러 가지 색을 사용했습니다. 강점 프로그램을 보완해 주고 학교 환경과 강점 축제가 서로 조화롭게 어우러지는 색을 생각해 보기 바랍니다.

음악

선생님이 만들고 싶은 분위기에 도움이 되고, 프로그램이나 축하 행사에 적합한 음악을 직접 선택해 보기 바랍니다. 예를 들어, 저는 강림절과 부활절에는 아름답고 평화로운 곡을 사용했습니다. 탱고 같은 빠른 박자의 곡이나 민요 멜로디를 선택할 수도 있습니다. 적절한 음악을 선택해야 음악과 축제 강점 사이에 조화로운 연결이 이루어집니다. 앞서 소개한 색깔과 마찬가지로 음악을 통해 잠재적 교육이 자연스럽게 이루어질 것입니다.

개인, 교실, 전체 학교

강점 축하 프로그램은 개인, 교실, 전체 학교 등 여러 수준에서 진행될 수 있습니다. 교사, 학생 모두 가정과 학교에서 자신의 대표 강점을 다양한 방법으로 적절하게 사용할 수 있습니다. 학교에서 어떤 강점에 집중하고 있는지, 강점에 대한 간략한 설명과 더불어, 가정에서 강점을 발견하는 방법 및 실천 가능한 강점 활용 방법을 제시하는 가정통신문을 보낼 수도 있습니다.

자신의 대표 강점에 초점을 두고 이에 주의를 기울임으로써 대표 강점을 사용할 기회를 발견하고, 이를 주변 사람에게 보여 줄 기회를 제공해 주세요. 또한 강점 건축가로 사용할 수 있는 작은 카드를 만들어 특별한 순간에 자기보상 도구로 활용할 수도 있습니다.

수업에서 기존 강점 건축가를 사용하거나 이를 상황에 맞게 변형해서 사용하거나 또는 새로운 강점 건축가를 만들 수도 있습니다. 대부분 학생들은 새로운 아이디어를 내는 것을 즐거워합니다.

전체 학교 수준에서 학교 행사나 모임, 기념행사를 열 수 있습니다. 요리사, 경비원, 구청장 등 지역사회 사람들을 초대할 수 있습니다. 그들은 모두 우리 공동체의 구성원인데, 이렇게 사람들이 자주 함께 모일수록 공동체의 연대감은 더 강해질 것입니다.

즐거움

만약 교실이나 학교에서 학생들이 스트레스가 많은 경우 학습 효율이 떨어지고 공동체 의식이 향상되기가 어렵습니다. 즐거운 감정을 느껴야 학습 효과가 증진되고 학급 응집력도 높아집니다.

축제는 항상 지속됩니다. 지속되는 축제, 행사 속에서 새로운 전통을 창조하고 그 전통에 몇몇 강점을 연결시키기 바랍니다. 그러면 학생과 학교 전체가 오랫동안 참여하고 기념하는 무언가를 창조할 수 있습니다. 선생님은 행복한 추억과 함께 오래 지속될 긍정적인 새 전통을 창조하게 되는 것입니다. 또한 선생님은 세상을 더 나은 곳으로 만드는 작은 변화를 만드는 것입니다. 축제는 매년 똑같다고 느껴지지만 실제로는 그렇지 않습니다. 우리 인생과 마찬가지로 축제도 조금씩 변화하면서 진화해 갑니다. 때로는 완전히 새로운 방법으로 대치될 수도 있습니다. 선생님의 직감과 판단력을 믿고 따라가 보기 바랍니다.

17
어디부터
시작할까

학교에서 강점을 축하하려 할 때 어디서부터 시작할 수 있을까요? 그것이 어디든, 무엇이든, 스토리텔링이든, 어떤 강점 건축가이든, 가장 중요한 것은 '시작한다'는 그 자체입니다. 전체 학교 수준에서의 특별한 행사, 교실 수준에서의 강점 프로그램이나 스토리텔링, 개인 수준에서의 강점 건축가 활용 등, 어떤 것, 어떤 수준에서든 일단 시작하기 바랍니다.

변화를 위해서는 작은 일 한 가지를 시작하는 것이 중요합니다. 진정한 차이는 작은 변화들이 더해질 때 만들어집니다. 매일 조금씩 우리 자신과 다른 사람들의 강점을 축하하고, 활용하며, 다른 사람들도 그렇게 하도록 조력한다면 정직, 용기, 친절, 진실성의 작은 행동이 쌓여 변화는 시작될 것입니다.

세상 전체를 단 한 번에 변화시킬 수 없습니다. 한 번에 한 가지 강점, 한 가지 이야기, 학생 1명과 같이 여러분이 매일 만나는 세상의 작은 부분에서부터 시작하기 바랍니다.

오늘부터 여러분 자신의 강점, 학교와 학생들의 강점을 발견하여 꾸준히 축하하기 바랍니다. 자신의 강점을 조금씩 더 많이 활용하는 것이 세상을 변화시키기 위해 우리가 할 수 있는 가장 작지만 의미 있는 일이 될 것입니다. 이 책이 여러분의 삶, 가정, 학교, 여러분의 학생들의 삶에 긍정적인 변화를 가져오는 데 효과적으로 사용될 수 있기를 희망하고 기대합니다.

CELEBRATING STRENGTHS

미주

1장 강점 축하 교육이란

1) 이 책의 강점 목록은 피터슨과 셀리그먼의 강점 분류체계(Virtue In Action Classification of Strengths)를 참고했습니다. Peterson, C., & Seligman, M. E. P. (2004). *Character Strengths and Virtues: A Handbook and Classification.* Oxford, UK: Oxford University Press.

2) 홈페이지(https://www.viacharacter.org/)를 통해 선생님은 물론 10세 이상 아동의 강점을 찾는 설문을 실시할 수 있습니다. 이 책 3장의 강점 건축가에 자세한 설문 참여 방법이 소개되어 있습니다.

3) Fox Eades, J. M. (2006). *Classroom Tales.* London, UK: Jessica Kingsley.

4) 직장 내 긍정심리학 활용을 활성화시키고자 하는 사람들을 위해서 긍정직장연합은 원격 회의 토론을 제공합니다. 더 자세한 내

용을 원한다면 jocelyn@positiveworkplace.com 또는 amanda@ positiveworkplace.com에 문의해 주세요.

2장 긍정심리학과 교육

1) Seligman, M. E. P., Steen, T. A., Park, N., & Peterson, C. (2005). Positive psychology progress, empirical validation of interventions. *American Psychologist, 60*(5), 410-421. 이 논문은 홈페이지(www. authentichappiness.sas.upenn.edu/images/apaarticle.pdf)를 통해 무료로 열람 가능합니다.

2) Fredrickson, B. (1998). What good are positive emotions? *Review of General Psychology, 2*(3), 300-319.

3) Ben-Shahar, T. (2006). Positive Psychology Lecture 2, 'Why Positive Psychology?', 7/2/06. 벤-샤하르는 하버드 대학교에서 긍정심리학을 강의했습니다. 이 강의는 하버드 대학교에서 최고의 출석률을 기록했습니다. 이 강의는 인터넷(http://isites.harvard.edu/icb/icb.do?keyword=k14790&pageid=icb.page69189)을 통해 무료 시청 가능합니다.

4) Fredrickson, B. (1998). What good are positive emotions? *Review of General Psychology, 2*(3), 300-319, p. 308.

5) Seligman, M. E. P. (2002). *Authentic Happiness.* London, UK: Nicholas Brealey Publishing.

6) Seligman, M. E. P. (2002). *Authentic Happiness.* London, UK: Nicholas Brealey Publishing, p. 36.

7) 아동의 설명 양식에 관한 더 자세한 설명은 다음 책을 참고하세요.

Seligman, M. E. P. (1995). *The Optimistic Child*. New York, NY: Harper Perennial.

8) Peterson, C. (2006). *A Primer in Positive Psychology*. Oxford, UK: Oxford University Press.

9) Ben-Shahar, T. (2006). Positive Psychology Lecture 11, 9/3/06.

10) Seligman, M. E. P. (1995). *The Optimistic Child*. New York, NY: Harper Perennial.

11) 회복탄력성에 관한 더 자세한 정보는 다음 책에서 찾아볼 수 있습니다. Reivich, K., & Shatte, A. (2002). *The Resilience Factor*. New York, NY: Broadway Books.

3장 강점, 교육의 새로운 관점

1) 교사의 강점에 관한 내용은 멘토코치(www.MentorCoach.com)에서 제공하는 셀리그먼의 강의에서 볼 수 있습니다. Peterson, C. (2006). Lecture 2 in Positive Psychology and Coaching, 28/9/06.

4장 이야기와 스토리텔링

1) Kerr, J. (2002). *Goodbye Mog*. London, UK: HarperCollins.

2) Fox Eades, J. M. (2006). *Classroom Tales*. London, UK: Jessica Kingsley.

3) 역자 주: 성탄절 4주 전 주일을 포함하는 예수의 탄생일(크리스마스)을 준비하는 기간입니다.

4) 역자 주: 수줍은 수도승이 두려움을 극복하고 노래를 만들고 부르는 이야기로, 그 노래가 영어 역사상 첫 번째 시가 되었습니다.

5) Muir, F. (1982). *Super What-a-Mess.* London, UK: Picture Corgi.

6) Bettelheim, B. (1976). *The Uses of Enchantment.* London, UK: Penguin Books.

7) 다음 책에 Godly Play에 대한 자세한 정보가 담겨 있습니다. Berryman, J. (1995). *Teaching Godly Play: The Sunday Morning Handbook.* Nashville, TN: Abingdon Press.

5장 강점 축하 행사

1) Salzberger-Wittenberg, I., Williams, G., & Osborne, E. (1983). *The Emotional Experience of Learning and Teaching.* London, UK: Karnac.

2) Sieghart, M. (2007). Why take Prozac when you can sing Prokofiev? In *The Times*, January 18, 2007.

3) 역자 주: 캐드먼은 목동이었습니다. 목동들은 돌아가며 노래를 부르는 시간을 가졌는데, 노래를 잘 하지 못했던 캐드먼은 자기 차례 때 노래 부르기 싫어서 마구간에서 잠을 잡니다. 그런데 꿈속에서 하느님을 만나게 되고, 하느님이 그에게 노래를 가르쳐 줍니다. 노래를 잘하게 된 그는 성직자가 되어 노래를 가르칩니다. 캐드먼가의 찬가는 종교 시이자 최초로 영어로 쓰인 시입니다.

4) 역자 주: 프랙탈은 수학적 도형으로도 연구되고 있습니다. 프랙탈 도형은 종종 컴퓨터 소프트웨어를 이용한 재귀적 또는 반복적 작업을 통해 반복되는 패턴으로 만들어집니다.

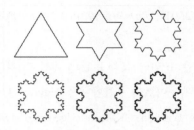

5) 웹사이트(https://www.gratefulness.org)에서 전 세계의 세속적 · 신앙적으로 축하하는 날을 기록한 달력을 찾을 수 있습니다. 이 사이트에서 다양한 축제와 축하의 날을 탐험하고 여러분 교실에 적용할 수 있을 것입니다.

6장 개인 강점 축하 교육

1) Linley, P. A. (2006). *Listening and Observing for Strengths.* CAPP Pathfinder Paper #3. Coventry, UK: Centre for Applied Positive Psychology.
2) 설명 양식에 관한 더 자세한 내용은 다음 책을 참고하세요. Seligman, M. E. P. (1995). *The Optimistic Child.* New York, NY: Harper Perennial.

7장 학급 강점 축하 교육

1) 명상을 배우기 위해서 다음 책을 추천합니다. Wilson, P. (2007). *The Quiet.* London, UK: Macmillan. He strips away the jargon and makes meditation accessible to everyone.

2) Chodron, P. (2001). *The Wisdom of No Escape*. London, UK: HarperCollins.

3) 아이들과 함께할 수 있는 철학 토론에 대한 더 자세한 정보를 얻기 위해 다음 책과 웹사이트를 추천합니다. Haynes, J. (2002). *Children as Philosophers*. London, UK: Routledge. http://www.sapere.net

8장 학교 강점 축하 교육

1) Ben-Shahar, T. (2006). Positive Psychology Lecture 5, 'Beliefs as Self Fulfilling Prophecies', 16/2/2006. 벤-샤하르는 2006년 하버드 대학교에서 긍정심리학에 대해 강의했습니다. 그 강의는 하버드 대학교 역사상 최고의 출석률을 기록했습니다. 이 강의는 인터넷(http://isites. harvard.edu/icb/icb.do?keyword=k14790&pageid=icb.page69189)에서 무료로 볼 수 있습니다. 벤-샤하르는 심리학자, 작가인 동시에 훌륭한 교사입니다. 짧지만 깊이 있는 그의 책을 강력히 추천합니다. Ben-Shahar, T. (2002). *The Question of Happiness*. London, UK: Writers Club Press.

9장 새 학기 시작: 창의성, 학구열, 개방성 강점 기르기

1) 콜린스의 다음 책을 추천합니다. 그녀의 모든 말에 동의할 필요는 없지만 그녀는 놀랄 정도로 제게 용기와 영감을 줍니다. Collins, M., & Tamarkin, C. (1982). *Marva Collins' Way*. New York, NY: Penguin Putnam.

2) Wilson, P. (2007). *The Quiet*. London, UK: Macmillan.

3) 여러 신화를 찾아볼 수 있는 다음 책을 추천합니다. 고학년 학생들은 자신만의 창조 신화 만들기 활동을 통해 창의성을 증진할 수 있을 것입니다. Scott Littleton, C. (Ed.) (2002). *The Illustrated Anthology of World Myth and Storytelling*. London, UK: Duncan Baird Publishers.

10장 추수 시기: 감사, 관용, 공정성 강점 기르기

1) 역자 주: 이집트를 탈출한 이스라엘 사람들이 40년 동안 광야에서 장막 생활을 한 것을 기념하기 위한 유대인의 절기입니다.

2) 역자 주: 형제자매의 관계를 축하하는 힌두교의 축제입니다.

3) 감사가 당신의 대표 강점이거나 증진시키고 싶은 강점이라면 저는 다음 책과 웹사이트를 강력하게 추천합니다. David Steindl-Rast, (1984). *Gratefulness, the Heart of Prayer*. Ramsey, NJ: Paulist Press. https://www.gratefulness.org

4) 이 사랑스러운 책은 다양한 감사의 기도와 인용구들을 제공합니다. Tagore, T. (2005). *Seasons of Thanks: Graces and Blessings for Every Home*. New York, NY: Stewart, Tabori & Chang.

11장 연말: 희망, 낙관성, 영성, 유머 강점 기르기

1) 웹사이트(https://www.gratefulness.org)에서 아동의 영성에 관한 더 많은 정보를 찾아볼 수 있습니다.

12장 1, 2월: 용기, 끈기, 심미안 강점 기르기

1) 다음 책에서 이탈리아 예술가들의 작업실에 관해 알 수 있습니다. Gandini, L., Cadwell, L., & Schwall, C. (2005). *In the Spirit of the Studio*. London, UK: Teachers College Press.

13장 따뜻한 봄: 사랑, 친절, 우정 강점 기르기

1) 웹사이트(https://www.actsofkindness.org)에서 친절에 대한 좋은 인용구들을 찾아볼 수 있습니다.
2) 개인적, 사회적 및 정서지능은 피터슨과 셀리그먼의 24개 강점 중 하나입니다. Peterson, C., & Seligman, M. E. P. (2004). *Character Strengths and Virtues: A Handbook and Classification*. Oxford, UK: Oxford University Press.

14장 여름: 리더십, 시민의식, 정직, 청렴, 진정성 강점 기르기

1) Westwood, J., & Simpson, J. (2005). *The Lore of the Land*. London, UK: Penguin Books, p. 440.

15장 마무리: 용서, 자기조절, 신중성 강점 기르기

1) 웹사이트(https://www.theforgivenessproject.com)에는 고학년 학

16장 나만의 강점 축하 교육 프로그램 만들기

1) 웹사이트(http://www.sacred-texts.com/index.htm)에서 다양한 이야기를 찾을 수 있습니다.
2) 다음 책에는 영국의 지역 이야기들이 담겨 있습니다. Westwood, J., & Simpson, J. (2005). *The Lore of the Land*. London, UK: Penguin Books.

찾아보기

내용

ㅊ

저자 소개

Jennifer M. Fox Eades

영국 케임브리지 커튼 컬리지를 졸업하고, 에지힐 대학교의 박사과정에서 수학하였다. 정신역동이론, 스토리텔링, 웰빙, 강점 및 미덕 윤리, 철학, 장애 및 특수교육에 관심을 갖고 연구 및 실천 중이다. 마음챙김 교육, 웰빙, 긍정 행동 및 성격강점 관련 전문 강사로 학교와 지역사회, 기업 등에서 다양하게 강의를 하고 관련 자료들을 제공하고 있다. 4년에 걸쳐 학교 현장 적용을 토대로 저술한 『Celebrating Strengths: Building Strengths-based Schools』 외에도 『Classroom Tales: Using Storytelling to Build Emotional, Social and Academic Skills across the Primary Curriculum』 (Jessica Kingsley, 2005), 『Listening to Life: A Practical Approach to Spiritual and Emotional Development in the Classroom』 (Cromwell Press, 2004), 『Strengths Gym (R): Build and Exercise Your Strengths!: (R) Strengths Gym』 (Lulu Publishing Services, 2019) 등을 저술하였고, 긍정심리 네트워크과 강점 컨설팅 포럼 등에서 열정적으로 활동 중이다.

역자 소개

김광수(Kim Kwang-soo)

서울대학교 대학원에서 상담교육전공으로 석사학위와 박사학위를 받았고, 미국 조지아 대학교 연구교수로 학교심리 및 긍정심리를 연구하였다. 한국청소년상담복지개발원(전 한국청소년상담원)에서 상담교수로 재직하였고, 서울교육대학교 대학생활문화원장, 한국초등상담교육학회장을 역임하였다. 현재 한국상담학회 수련감독 전문상담사이며, 서울교육대학교 교육과 교수 및 교육전문대학원 상담교육전공 교수로 재직 중이다. 주요 저서로는 『한국형 초등학교 생활지도와 상담』(개정판, 공저, 학지사, 2014), 『KICS 아동 진로성격강점검사 및 전문가 지침서』(공저, 인싸이트, 2015), 『아동 성격강점카드 및 전문가 지침서』(공저, 인싸이트, 2016), 『용서를 통한 치유와 성장』(공저, 학지사, 2016), 『학교폭력의 예방과 상담: 이론과 실제』(2판, 공저, 학지사, 2016), 『긍정심리학 성격강점 기반 인성교육: 아동·청소년 행복을 위한 교육과 상담』(학지사, 2019), 『인간발달과 상담』(2판, 공저, 학지사, 2019), 『청소년 성격강점카드 및 전문가 지침서』(공저, 인싸이트, 2019), 『사과를 통한 치유와 성장』(공저, 와이즈박스, 2020) 등이 있고, 역서로는 『학교긍정심리학 1: 학생의 긍정적 심리특성과 발달』(공역, 학지사, 2017), 『학교긍정심리학 2: 긍정적 학교환경 조성과 긍정심리의 교육적 적용』(공역, 학지사, 2018) 등이 있다. 그 외 다수의 관련 학술 논문을 발표하였다.

양곤성(Yang Gon-sung)

　서울교육대학교를 졸업하고 동 대학원에서 상담교육을 전공하였다. 서울의 여러 학교에서 학생들을 가르쳐 왔고, 현재 서울구암초등학교에 근무 중이다. 박사과정에서 상담, 심리학을 꾸준히 공부하고 있으며, 이를 통해 얻은 것들을 아이들에게 돌려주려고 노력하고 있다. 저서로는 『KICS 아동 진로성격강점검사 및 전문가 지침서』(공저, 인싸이트, 2015), 『심리학 교실을 부탁해』(우리교육, 2016), 『아동 성격강점카드 및 전문가 지침서』(공저, 인싸이트, 2016), 『선생님도 아프다: 학생, 학교, 나와의 관계에서 상처받은 선생님을 위한 감정수업』(팜파스, 2017), 『십 대를 위한 행복 찾기 심리 실험실: 행복의 비밀을 생생하게 알려 주는 홍미진진한 심리 실험들』(팜파스, 2019), 『청소년 성격강점카드 및 전문가 지침서』(공저, 인싸이트, 2019), 『사과를 통한 치유와 성장』(공저, 와이즈박스, 2020), 『사춘기라 그런 게 아니라 우울해서 그런 거예요: 십 대들의 우울한 마음을 보듬어주고 자존감을 높여주는 심리 에세이』(팜파스, 2021) 등이 있고, 역서로는 『학교긍정심리학 1: 학생의 긍정적 심리특성과 발달』(공역, 학지사, 2017), 『학교긍정심리학 2: 긍정적 학교환경 조성과 긍정심리의 교육적 적용』(공역, 학지사, 2018) 등이 있다. 그 외에 『학생정서 · 행동특성검사 매뉴얼 및 사용자 설명서』(공저, 교육부, 2017) 등의 연구자료가 있다.

긍정심리학 강점 축하 교육법
강점 기반 행복한 교실 만들기
Celebrating Strengths: Building Strengths-Based Schools

2021년 9월 15일 1판 1쇄 인쇄
2021년 9월 25일 1판 1쇄 발행

지은이 • Jennifer M. Fox Eades
옮긴이 • 김광수 · 양곤성
펴낸이 • 김진환
펴낸곳 • ㈜ **학지사**

　　　　04031 서울특별시 마포구 양화로 15길 20 마인드월드빌딩
대표전화 • 02-330-5114　팩스 • 02-324-2345
등록번호 • 제313-2006-000265호

홈페이지 • http://www.hakjisa.co.kr
페이스북 • https://www.facebook.com/hakjisa

ISBN 978-89-997-2510-4 93370

정가 15,000원

출판 · 교육 · 미디어기업 **학지사**

간호보건의학출판 **학지사메디컬** www.hakjisamd.co.kr
심리검사연구소 **인싸이트** www.inpsyt.co.kr
학술논문서비스 **뉴논문** www.newnonmun.com
교육연수원 **카운피아** www.counpia.com